Christian Schmidt
»Wir sind die Wahnsinnigen ...«

Inhalt

Vorwort 9

Unter Wurstfabrikanten 15

Frühe Sünden (1968–1976) 21

Auf der Suche nach der Arbeiterklasse 21
Nichts ist unmöglich – mit Dany 32 Im Jammertal 42
Der Revolutionäre Kampf haut auf den Putz 47
Bomben oder Steine schmeißen? 52
Comandante Joschka Fischer 59
Drei Strophen: Rot 71
»Verteidigungsminister« Fischer dreht durch 81
»Wir sind die Wahnsinnigen …« 95

Spätere Sühne (1977–1981) 101

»Stalin war so ein Typ wie wir …« 101
Der Kongreß der Irren 113
Im Kloster ist 'ne Zelle frei 120
Der rote Dany verfärbt sich 125
Jetzt oder nie – Amnesie! 131
Macht kaputt, was bei der Macht nicht mitmacht! 141

Letzte Chance (1982–1985) 145

Alle für Joschka 145 Joschka für alle 160
Die Eroberung der Grünen 167 Familienkrach 180
Habemus Joschkam 185

Neues Glück (1985–1988) 194

Der grünste Minister des Planeten 194
Voll auf Regieren 215 Die Beamtenseele 224

Alles ist gut (1989–1993) 233

Im Großstadtrausch 233 Der neue Mensch 246
Auf zum letzten Gefecht 259

Zurück in die Vergangenheit (1993–?) 275

Die Sparstrumpfjahre 275 Hessen vorn 289
Die grüne Nation 292 Die große Illusion 302

Alle Macht den Drögen! 309

Bibliographie 315

Vorwort

Zugegeben: Mir sind Joschka Fischer und seine politischen Freunde nicht gerade sympathisch. Das wird man bei der Lektüre dieses Buches unschwer feststellen. Und doch gab es Zeiten, in denen ich andere Gefühle hegte – nicht zuletzt deshalb, weil es zwischen den Porträtierten und mir selbst einige biographische Parallelen gibt. Auch ich besetzte in den siebziger Jahren Häuser, kämpfte in meiner Heimatstadt Bielefeld tapfer gegen die Stadtsanierung und bewegte mich in einer politischen Szene, deren Protagonisten Joschka und Co. nicht unähnlich waren. Was mich aber von den letzteren unterschied, war mein Alter. Bei meiner ersten Hausbesetzung war ich fünfzehn, ein eher einfältiger und durchschnittlich begeisterter Mitläufer, der den Bielefelder Joschkas jedes entschlossene revolutionäre Wort gerne glaubte.

Als 1980 die Grünen gegründet wurden, war ich schon skeptischer. Was mich an der Partei hauptsächlich schreckte, war das schlabberige Ökogehabe und unfrohe Weltuntergangsgemähre ihrer Mitglieder. Schon deshalb wäre ich nie in diese Partei eingetreten. Doch so belustigend ich Habitus und Outfit der Grün-Alternativen auch fand, so teilte ich doch die meisten ihrer politischen Forderungen und Ziele. Und natürlich gefiel es mir, als nach den Bundestagswahlen 1983 ein gewisser Joschka Fischer mit geschliffenen Parlamentsreden die Abgeordneten der »Altparteien« provozierte. Auch als derselbe Mann 1985 hessischer Umweltminister wurde, hatte ich im Gegensatz zur Mehrheit der grünen Parteimitglieder nichts dagegen. Einen Versuch, so dachte ich, sei eine grüne Regierungsbeteiligung doch allemal wert.

Im Frühjahr 1989 zog ich nach Frankfurt am Main. Hier las ich erstmals die von Fischers Mitstreiter Daniel Cohn-Bendit herausgegebene Stadtzeitung *Pflaster-Strand*. Es war keine sehr angenehme Lektüre. Nicht nur der das Blatt prägende Lifestyle-Journalismus, oft gepaart mit einer wirren politischen Propaganda (z. B. in Cohn-Bendits Kolumne »C'est la vie«), ging mir auf die Nerven. Vor allem fiel mir auf, daß die Stadt, die in diesem Magazin beschrieben wurde, wenig bis gar nichts mit der zu tun hatte, in der ich lebte.

Gerade weil diese Leute unaufhörlich das Wort »Realpolitik« im Munde führten, fand ich das verdächtig und begann mich intensiver mit dieser seltsamen Szene zu beschäftigen. Für dieses Buch begann ich 1996 in Bibliotheken und Archiven zunächst nach schriftlichen Zeugnissen diverser Frankfurter Szenegrößen zu forschen. Wenig später traf ich bei meiner Recherche jedoch auf unerwartete Schwierigkeiten: Ich wollte mich mit Leuten unterhalten, von denen ich wußte, daß sie wie Joschka Fischer, Daniel Cohn-Bendit und andere in den siebziger Jahren zur linksradikalen Szene Frankfurts gehört hatten. Es war zwar nicht gerade eine Mauer des Schweigens, auf die ich traf: Doch nachdem ich am Telefon gleich zu Anfang erklärt hatte, daß ich nicht beabsichtigte, eine Jubelbiographie zu schreiben, waren einige von ihnen an einem Gesprächstermin mit mir nicht mehr interessiert. Es dauerte einige Zeit, bis mir klarwurde, weshalb.

Denn ich fand dann doch ein paar Leute, die mir Details gerade aus Joschka Fischers politischer Vergangenheit erzählten, die ihm heute sicher unangenehm sein dürften. Einiges davon hatten sie, wie sie sagten, lange Zeit für sich behalten, wollten es aber angesichts der politischen Entwicklung, die Fischer mittlerweile genommen habe, nicht länger verschweigen.

Jene, die nicht mit mir reden wollten, hatten gleichfalls gute Gründe. Denn die Mitglieder der ehemaligen linksradikalen Szene Frankfurts sind bis heute eng miteinander verflochten, und zwar in einem wesentlich höheren Maße als in anderen deutschen Großstädten. Das liegt daran, daß die linke Bewegung in Frankfurt bei weitem nicht so zersplittert war wie anderswo, aber wohl auch an dem simplen Umstand, daß Frankfurt im Gegensatz zu anderen alten linken Hochburgen wie Berlin oder Hamburg relativ klein und überschaubar ist. Wie in einem Dorf kennt in diesem Milieu jeder jeden, zum Teil seit dreißig Jahren – und man ist sich um so näher, je enger man politisch oder gar qua Posten in jenes Netz um Joschka Fischer und seine Parteifreunde eingebunden ist, von dem in diesem Buch noch ausführlich die Rede sein wird. Da hält man zumal einem Fremden gegenüber lieber die Klappe.

Ich habe lange überlegt, ob ich bestimmte Fakten aus Fischers revolutionärer Vergangenheit hier präsentieren soll. Ist es nicht heute allzu sehr en vogue, mit Ideologie und militanten Aktionsformen der Achtundsechziger abzurechnen? Ist diese Abrechnung nicht auch ziemlich billig, gerade jetzt, da offensichtlich ist, wie naiv vieles von dem war, was die Führer der sich bis spät in die siebziger Jahre fortsetzenden Revolte dachten und taten? Und halte ich nicht vieles von den einstigen Widerstandsformen auch heute noch in bestimmten Situationen für angebracht, zumindest jedoch für verständlich? Sollte man also nicht wenigstens hier und da ein kleines Mäntelchen des Schweigens über das breiten, was Joschka Fischer heute selbst als dumme Jugendsünden begreift?

Es war Fischer selbst, der meine Bedenken ausräumte: Ich las ein Interview, das der damalige hessische Umweltminister 1992 dem *Spiegel* gegeben hatte: »Man erkläre mir bitte«, sagte Fischer hier, »warum die Inoffiziellen Stasi-Mitarbeiter gejagt werden, während Egon Krenz unbehelligt spazierengehen darf. Warum soll niemand bestraft, warum sollen alle bloßgestellt werden? Pranger statt Strafprozeß, weil eine friedliche Revolution sich nicht getraut hinzulangen.« Nicht daß ich Egon Krenz oder andere DDR-Größen zu meinen Freunden zählte: Aber wer sich so staatstragend wie Fischer über die politische Vergangenheit eines Gegners erhebt, der schon längst geschlagen ist, wer so vehement und nur, weil es gerade opportun ist, dessen Bestrafung fordert, ja insgeheim sogar wünscht, man hätte mit ihm kurzen Prozeß gemacht: der fordert geradezu dazu auf, daß auch bei ihm selber einmal »hingelangt« und Licht in seine staatsabträgliche Vergangenheit gebracht wird.

In Anbetracht der geschilderten Frankfurter Verhältnisse habe ich mich andererseits dazu entschlossen, einige Interviewpartner, die mir mit Informationen speziell zu Joschka Fischers militanter Phase weiterhelfen konnten, in der Anonymität zu belassen. Für sie, die gewissermaßen den Ehrenkodex der ehemaligen linksradikalen Szene Frankfurts verletzt haben, hätte eine Namensnennung vermutlich unangenehme Folgen. Ich versichere aber, daß alle hier wiedergegebenen Details von mehreren Personen unabhängig voneinander bestätigt wurden und beweisbar sind, wenn sich Fischer sein Verdrängen gerichtlich bestätigen lassen will.

Ich habe mich allerdings auch bei der Darstellung der Frühzeit der Frankfurter Spontiszene hauptsächlich auf schriftliche Zeugnisse gestützt, u. a. auf die Zeitung *Wir wollen alles* der Spontiorganisation »Revolutionärer Kampf« und das Frankfurter Studentenmagazin *Diskus*. Für die Entwicklung der »Fischer-Gang« von revolutionären Spontis zu grünen Realos war Daniel Cohn-Bendits *PflasterStrand* eine wesentliche Quelle; um der besseren Lesbarkeit willen wird diese nur dort explizit angeführt, wo es mir notwendig erschien. Eine wichtige Hilfe waren mir darüber hinaus die ausgezeichneten Aufsätze von Wolfgang Kraushaar (heute Mitarbeiter des »Hamburger Instituts für Sozialforschung«) zur Frankfurter Spontiszene und zu Joschka Fischer. Auch den 1996 erschienenen dokumentarischen Roman »Fuchstanz« von Heipe Weiss habe ich für dieses Buch herangezogen. Er sei jedem empfohlen, der mehr atmosphärische Details aus der Frankfurter Spontiszene erfahren will. Ergänzt wurden diese Informationen durch Gespräche, die ich mit beiden Autoren geführt habe. Richard Herding vom Frankfurter »Informationsdienst (ID): Zentrum für alternative Medien« stellte mir zudem einiges Material aus seinem Privatarchiv zur Verfügung, u. a. Flugblätter und interne Protokolle des Revolutionären Kampfes, an die ich ansonsten kaum gelangt wäre. Allen dreien sowie meinen zahlreichen, hier ungenannt gebliebenen Interviewpartnern sei hiermit herzlich gedankt. Mein Dank gilt auch Dieter Bott, Gerhard Fischer, Thomas Gsella, Mariela Milkowa, Claudia Römer, Jürgen Roth, Oliver Schmitt und Hans Zippert. Ohne ihre Hilfe bei der Materialbeschaffung, ihre Anregungen und Korrekturen wäre dieses Buch sicher niemals in Druck gegangen.

Unter Wurstfabrikanten

Die Party endete, als der DJ gegen halb eins den Rolling-Stones-Titel »Sympathy for the devil« auflegte. Das mußte wohl so sein. Trotzdem tanzten nur ein paar verloren wirkende Gestalten. Dann setzte die Anlage aus. Doch auch das war eigentlich Wurscht. Die meisten Gäste waren um diese Zeit bereits gegangen.

Schon vorher war diese Feier so aufregend gewesen wie das Ambiente, in dem sie stattfand. Die Architektur der nordrhein-westfälischen Landesvertretung in Bonn erinnert stark an das Foyer einer Gesamtschule. Dabei sollte der achtzehnte Geburtstag der Grünen an diesem 12. Januar 1998 eigentlich ein rauschendes Fest werden. Nicht nur ein Jubiläum wollte man feiern, sondern zugleich ein Signal setzen. Ein Signal zum Aufbruch der grünen Partei in den Bundestagswahlkampf 1998, von dem man sich vieles erhofft.

Woran aber liegt es, daß von einer Aufbruchstimmung nicht viel zu spüren ist? An den überall herumhängenden Wahlplakaten? Sie zeigen ein großes »Ü« (für Grün), dem man ein lächelndes Strichgesicht gemalt hat. Das »Ü« wird hier erstmals der Öffentlichkeit vorgestellt. Von Claudia Roth, der grünen Europaparlamentarierin, die offensichtlich so etwas wie die Betriebsnudel der Partei ist. Sie moderiert die Veranstaltung zusammen mit Volker Beck, stöckelt auf hochhackigen Absätzen unbeholfen über die Bühne, wiegt den roten Mob auf dem Kopf und singt »Mit achtzehn hat man noch Träume«. Ihr Konterpart antwortet gespielt empört. »Wir wollen keine Träume, wir wollen die Bundestagswahl gewinnen!« Das soll komisch wirken. Aber es klingt nur fürchterlich schief und verkrampft. Vielleicht liegt es auch an den verschiedenen Rednern und Rednerinnen, die jetzt ans Pult treten. Zum Beispiel an Gunda Röstel. Sie ist Parteisprecherin und Lehrerin und sieht auch so aus. Leiernd liest sie einen Text vom Blatt ab, der aber niemanden im Saal so recht interessiert. Erst als nach ihr einer auftritt, dessen Erscheinungsbild an jemanden erinnert, der in Fußgängerzonen Teppichshampoo verkauft, legt sich das allgemeine Gebrabbel. Jürgen Trittin gibt sich locker und aufgeräumt. Den neunzehnten Geburtstag, verkündet er augenzwinkernd, wollten die Grünen nicht mehr hier im Saal, sondern im Haus gegenüber feiern. Gegenüber, da liegt das Kanzleramt. Angesichts einer solch subtilen Bemerkung wird es im Saal doch etwas lebhafter. Erst recht, als der Redner noch einen draufsetzt: »Jetzt wird's ernst. Denn das Jugendstrafrecht ist mit achtzehn nicht mehr garantiert!« Wie bitte? Ach so: Die Grünen wollen regieren, und deshalb, dies meint wohl der lustige Onkel dort auf dem Podium, sollen sie sich gefälligst am Riemen reißen.

Leicht onkelig oder auch tantig wirken sie hier alle, auf dieser grünen Familienfeier. Und auch bei der offensiv zur Schau getragenen Zwangslustigkeit fühlt sich der Beobachter mit Schaudern an die eigene frühe Jugend erinnert, als man ähnliches im Kreis der eigenen Familie erdulden mußte. »Jürgen, tritt ihn, den Schröder!« wortspielt Tante Claudia. Und die ganze Verwandtschaft ist jetzt ernsthaft begeistert.

Natürlich werden, wie es sich für ein Familientreffen

gehört, auch Dias vorgeführt. Aus der Zeit, als die ganze Sippschaft noch so viel jünger war. Damals trugen die Männer lange, gern auch fettige Haare und die Frauen Hosen oder exotische Gewänder. Guck mal, da wird Joschka Fischer von Polizisten weggetragen! Und da entrollt Jutta Ditfurth ein Plakat mit der Aufschrift »Stillegung aller Atomanlagen«! Und hier, das ist doch Hubsi Kleinert, der da mit einem Ball zum Basketballkorb springt! Dazu erzählt Onkel Jürgen die Geschichte, wie er einmal zusammen mit 800 Leuten (in zehn Jahren werden es 8000 sein) ein Haus besetzte. Und Michael Vesper, grüner Bauminister in Nordrhein-Westfalen, schwärmt davon, wie man damals, vor achtzehn Jahren bei der Parteigründung in Karlsruhe, noch auf dem Fußboden in einer Turnhalle übernachtete. O ja, was waren sie doch damals für Draufgänger. Und gesellschaftliche Außenseiter, geächtet und verfemt.

Das ist heute nun wirklich längst passé. Heute schaut Guido Westerwelle auf der Party vorbei und in Vertretung des Regierungschefs dessen Kanzleramtsminister Bohl. Artig nimmt man ihre Glückwünsche entgegen. Auch der Bundesgeschäftsführer der SPD, Müntefering, läßt sich für zehn Minuten blicken. Vor den Fernsehkameras, die ihn umringen, stellt er den Grünen im Namen seiner Partei in holpernder Reimform »das Reifezeugnis« aus. Ach ja, die grüne Partei wird achtzehn. Ist jetzt reif zum Regieren. Da ist ein Reifezeugnis allemal ein originelles Mitbringsel.

Liegt es also auch an diesen schwer hofierten Gästen, daß sich auf der Feier trotz des permanent beschworenen Aufbruchs nur mehr gehobene Wartesaalatmosphäre verbreitet? Oder hat eventuell Joschka Fischer diese Stimmung aus seinem Bundestagsbüro mitgebracht? Der Auftritt des Superstars der grünen Partei unterscheidet sich so überhaupt nicht von dem der Prominenz der anderen Parteien. Auch Fischer ist von einem Troß von Anhängern und Kameraleuten umringt, auch er ist nicht gekommen, um sich zu amüsieren, sondern um für eine dreiviertel Stunde Präsenz zu zeigen, Interviews zu geben und natürlich um jedermann Regierungsfähigkeit zu demonstrieren. Und dabei verkniffen dreinzuschauen.

Es liegt wohl an allen und allem zusammen. Dabei hatte derselbe Joschka Fischer vor Jahren noch gewarnt: »Das Grauschleierhafte der Altparteien greift zunehmend auch auf die Grünen über. Die Langeweile, die auch von den Grünen ausgeht, könnte sich für uns als gefährlich erweisen.« Doch die Warnung hat offenbar nichts gefruchtet. Das zeigt sich nicht nur hier auf dieser Geburtstagsparty. Auch die Parteitage, Wahlveranstaltungen und Geschäftsstellen der Grünen verströmen schon seit Jahren denselben Mief wie die aller anderen Parteien.

Diese Langeweile, sie scheint der zwangsläufige Ausdruck einer grünen Politik zu sein, die sich von der der »Altparteien« nicht mehr unterscheidet. Auch das kann man auf dieser Geburtstagsfeier erfahren. Findet sie doch nur wenige Tage vor einem Sonderparteitag statt. Auf diesem wollen die nordrhein-westfälischen Grünen darüber abstimmen, ob sie die rot-grüne Koalition in Düsseldorf fortsetzen sollen, obwohl ihr Koalitionspartner, die SPD, den Braunkohletagebau »Garzweiler II« genehmigen will. Wie angestrengt eifrig und aufgeregt auf der Party die verschiedensten kleinen Grüppchen darüber diskutieren! Als ob sie nicht wüßten, daß die Entscheidung längst gefallen ist und wie die Abstimmung ausgehen wird. Nämlich so, wie sie in den letzten Jahren immer ausging, wenn die Grünen die Wahl hatten zwischen Regierungsbeteiligung und Opposition: fürs Regieren.

Immer irgendwo mitzuregieren, das ist offensichtlich das einzige Ziel, das die Grünen noch verfolgen. Und dafür sind sie bereit, auch ihre letzten inhaltlichen Forderungen aufzugeben. Wie aber konnte das passieren, wo doch die Partei vor achtzehn Jahren gegründet wurde, um als »Anti-Parteien-Partei« die herrschende Politik außer- und innerparlamentarisch kompromißlos zu bekämpfen? Klaus Kinkel, ein Mann, der sich als FDP-Mitglied in opportunistischen Gefilden bestens auskennt, erklärt mit einer hübschen Metapher, wie solche Positionswechsel zustande kommen: »Die Diskussion mit Vegetariern wird anders, sobald sie eine Wurstfabrik geerbt haben.« Anders schon. Aber, wie man sieht, nicht interessanter.

Der erste, der sich in der grünen Partei für dieses Erbe interessierte, war der so verkniffen wirkende Herr Fischer. Er, der Metzgerssohn, meinte als erster, es sei für die Grünen besser, sich am Management der Würstchenbude Staat zu beteiligen, als weiter auf den radikalen Forderungen zu beharren, für deren Umsetzung sie einstmals angetreten waren. Fischer war auch der erste, der in diese Firma eintrat und als grüner Minister mit ihrer Verwaltung begann. Doch damals, vor über dreizehn Jahren, war Fischer lediglich der Anführer einer grünen Fraktion, die sich »realpolitisch« nannte, einer kleinen Minderheit innerhalb einer buntgemischten Partei. Diese »Realpolitiker« erklärten schon bald, dieser Staat sei zwar, so wie er ist, etwas reformbedürftig, im Prinzip aber voll in Ordnung. Während die große Mehrheit der Grünen noch lange an der Vorstellung festhielt, erst einmal gelte es, einige grundlegende Dinge zu ändern, bevor man sich aufs Regieren einlassen könne.

Heute sind die Zeiten der unterhaltsamen Flügelkämpfe in der grünen Partei vorbei. Heute ist es Joschka Fischer, der den Kurs vorgibt, auch wenn die sogenannten Parteilinken, die Trittins, Volmers und Müllers, sich hin und wieder ein wenig zieren. Doch es braucht immer nur ein Weilchen, bis auch sie auf die Linie des unumschränkten Bosses einschwenken und ihm folgen. Denn eines ist völlig klar: Realos, das sind heute bei den Grünen alle.

Eben das macht die Partei zu dem faden Verein, der sie heute ist. Und daß sie dazu wurde, daran ist Joschka Fischer maßgeblich beteiligt, auch wenn er die Langeweile nicht wahrhaben will und immer noch meint, die von ihm propagierte »Realpolitik« sei eine »spannende« Sache. Wie aber konnte sich Fischer mit seinen Vorstellungen in doch relativ kurzer Zeit durchsetzen? Wie war es ihm möglich, vom Boß einer Minderheit zum Chef der Mehrheit zu werden? Soviel ist sicher: Allein hat er es nicht geschafft. Ein ganzer Pulk um Fischer herum hat dabei kräftig mitgeholfen; Leute, die zuerst von anderen, später dann von ihrem Boß selbst nicht ohne Stolz die »Fischer-Gang« genannt wurden. Mögen auch Politik und Zustand der Grünen heute nur noch ein müdes Gähnen hervorrufen; wie sie zu dem tristen Haufen wurden, der sie heute sind, ist hochinteressant. Es ist eine Geschichte des Hauens und Stechens, der hübschen Intrige und der plumpen Verleumdung, kaum zählbarer gebrochener Versprechen und ebenso vieler Täuschungsmanöver, aber auch des Unsinns und des Klamauks.

Diese Geschichte ist nicht zu verstehen, wenn man ihre Vorgeschichte nicht kennt. Vielleicht ist sie für manchen sogar von größerem Interesse, enthält sie doch einige Kapitel, die Fischer und seine Kumpane am liebsten für immer im dunkeln beließen. Denn wie kam es, daß sich ausgerechnet Joschka Fischer zu dem stinknormalen staatstragenden Realpolitiker entwickelte, der er heute ist? Hat man nicht irgendwo läuten gehört, daß gerade er sich einst ganz besonders wild und aufmüpfig gebärdete? Waren nicht Fischer und seine Genossen vor langer Zeit so etwas wie aufrechte Kämpfer für – ja, wie hieß das damals? – genau: die Revolution? Wollten uns nicht gerade Joschka Fischer und die Seinen für immer von allem Unrecht und jedweder Unterdrückung befreien? Und von der Trostlosigkeit und Langeweile dazu?

Frühe Sünden
(1968–1976)

Auf der Suche nach der Arbeiterklasse

Die Geschichte der grünen Realos beginnt lange vor der Gründung der grünen Partei im Jahr 1980, nämlich etwa Ende 1969, zu einer Zeit also, da in Deutschland die Herren Ho Chi Minh und Mao Tse-tung, Karl Marx und Che Guevara regierten. So erzählten es jedenfalls diejenigen, die heute um die Fünfzig sind, und wir müssen es ihnen wohl glauben.

In dieser sagenumwobenen Zeit wurde in Frankfurt am Main von rund dreißig Leuten eine kleine Organisation gegründet, die sich zunächst »Betriebsprojektgruppe« (BPG) nannte. Ein bescheidener Name, der noch nichts von den großen, ja welthistorischen Zielen dieser Gruppe verriet, eher eine gewisse Unentschlossenheit auszudrücken schien. Fast könnte man glauben, hier hätten sich Wissenschaftler zusammengeschlossen, die ein gemeinsames Forschungsprojekt verfolgten. Für Außenstehende wurde erst klar, daß die BPG keineswegs beabsichtigte, Forschungsgelder zu beantragen, als sie sich rund ein Jahr später umbenannte. Wild entschlossen und programmatisch hieß man jetzt »Revolutionärer Kampf«, und als Gruppensymbol wählte man sich eine geballte Faust, die dem Betrachter schwungvoll direkt ins Gesicht zu fliegen scheint.

Im Gründungsjahr 1969 allerdings hatte die Revolution gerade eine größere Niederlage erlitten. Waren die antiautoritären Studenten in den Jahren 1967/68 in der ganzen Bundesrepublik, ja, wie es schien, auf der ganzen Welt auf dem Vormarsch, konnte man in jenem Jahr die Zeichen des Niedergangs ihrer Bewegung nicht mehr übersehen. Schon im Mai 1968, auf dem Höhepunkt der Revolte, hatten die Studenten ihr erklärtes Ziel, die Verhinderung der Notstandsgesetze, verfehlt. Jetzt begann der Sozialistische Deutsche Studentenbund (SDS), der den Widerstand organisiert hatte und die Revolution herbeiführen wollte, zu zerfallen.

Das große Problem der revoltierenden Studenten waren die Arbeiter. Anfangs hatten ihre Führer geglaubt, daß die »werktätigen Massen« sich dem Aufstand der Studenten anschließen und zusammen mit ihnen das kapitalistische System hinwegfegen würden, um anschließend eine sozialistische Gesellschaft zu errichten. Die Mehrzahl der Arbeiter jedoch dachte anders. Sie hielt die Studenten für ungewaschene Faulenzer, die lediglich deshalb Krawall machten, weil sie keine Lust hatten, zu arbeiten bzw. zu studieren. Die Studenten wiederum wußten, daß es ohne die Arbeiterklasse keine Revolution geben würde. Sie standen vor einem echten Dilemma. Und man fragte sich mit Lenin: »Was tun?«

Ein Teil der Studentenführer war der Meinung, nur eine gut organisierte kommunistische Partei könne die Arbeiter für die Revolution begeistern. Man nahm ein Vollbad, ließ sich die Haare schneiden, verfluchte harte wie weiche Drogen, brach mit dekadenten Erscheinungen wie freier Liebe und machte sich munter an die Gründung der Partei der Arbeiterklasse. Da aber die diversen Studentenführer im Laufe der Kämpfe nicht nur den Staat und die herrschende Kapitalistenklasse zu hassen gelernt hatten, sondern sich mittlerweile auch gegenseitig verabscheuten, entstanden gleich mehrere revolutionäre kommunistische Parteien oder Bünde. Schon Ende 1968 wurde die KPD/ML (Marxisten/Leninisten) gegründet, der Anfang der siebziger Jahre u. a. die KPD, der Kommunistische Bund Westdeutschland (KBW) und der Kommunistische Arbeiterbund Deutschlands (KABD) folgen sollten. Gemeinsam war all diesen Parteien, daß sie für sich in Anspruch nahmen, die legitime Nachfolgerin der 1956 vom Verfassungsgericht verbotenen Kommunistischen Partei Deutschlands (KPD) zu sein oder es in naher Zukunft zu werden, daß sie straff organisiert waren und sich ideologisch an der KP Chinas orientierten.

Ein anderer Teil der Studenten zog aus dem Scheitern der Revolte den Schluß, man müsse in die Parteien eintreten, in denen die Arbeiter traurigerweise schon organisiert waren, zum Beispiel in die SPD. Nur so lasse sich tatsächlich etwas erreichen. Die Jusos erhielten 1969 großen Zulauf und entwickelten sich von einem zahlenmäßig eher unbedeutenden Diskutierzirkel zu dem mitgliederstarken, angeblich linksradikalen Haufen, den besonders die *Bild*-Zeitung jener Tage gerne in dieser Organisation sehen wollte.

Auch die 1968 von alten KPD-Funktionären gegründete DKP, die, anders als die studentischen K-Gruppen, tatsächlich zu einem Drittel aus Arbeitern bestand, wurde in dieser Zeit um ehemalige SDS-Mitglieder verstärkt. Gemeinsam war den Jusos und der DKP allerdings – bei allen sonstigen Unterschieden –, daß sie die Revolution aus ihren Programmen gestrichen hatten und den Sozialismus über den Weg der Reformen erreichen wollten.

Das kleine Häuflein der Gründer der Frankfurter Betriebsprojektgruppe jedoch gab sich viel radikaler als alle anderen Gruppierungen. Kompromisse mit dem »System« kamen für diese Revoluzzer nicht in Frage, auch nicht nach der Niederlage der Studentenrevolte. Die Reformisten von SPD und auch DKP, so meinte man, verbreiteten nur Illusionen über den wahren Charakter des kapitalistischen Staates; der sei nämlich keinesfalls reformierbar, sondern durch und durch marode und müsse auf jeden Fall mit Gewalt gestürzt werden. In diesem Punkt waren sich die Basisgrüppler mit den frisch gegründeten kommunistischen »Sekten« einig. Was ihnen aber an den Parteigründern nicht gefiel, war ihr dogmatischer Marxismus-Leninismus, die autoritäre Organisationsform einer klassischen kommunistischen Kaderpartei und – der biedere Kurzhaarschnitt der Parteimitglieder. So wurde die Betriebsprojektgruppe das Sammelbecken derjenigen in Frankfurt, die weder Lust verspürten, sich die gerade erst zur Matte ausgewachsenen langen Haare abzuschneiden, noch mit den radikalen antiautoritären Inhalten der Studentenbewegung zu brechen.

Dazu gehörten ehemalige SDS-Funktionäre wie Frank Wolff, Reimut Reiche oder Udo Riechmann. Auch der aus Frankreich ausgewiesene und seit 1968 in Frankfurt ansässige Anführer der französischen Studenten, Daniel Cohn-Bendit, war mit von der Partie. Neben diesen bereits öffentlich profilierten APO-Prominenten stießen etliche Aktivisten aus der zweiten Reihe der Frankfurter Studentenbewegung zur Gruppe. Der wohl schon damals wichtigste: ein schmächtiger junger Mann aus dem Schwäbischen, ein gewisser Joseph Fischer. Er ließ sich »Joschka« rufen.

Für Joschka Fischer sollte die Betriebsprojektgruppe alias Revolutionärer Kampf in den nächsten Jahren eine entscheidende Bedeutung gewinnen, bildete sie doch so etwas wie die Keimzelle seiner späteren Gang. Viele, die später zum verzweigten Geflecht um den grünen Realochef zählen werden, waren hier bereits dabei. Tom Koenigs zum Beispiel, später u. a. grüner Umweltdezernent und Stadtkämmerer in Frankfurt, oder Thomas Schmid, damals ein wichtiger Ideologe nicht nur dieser Gruppe, viele Jahre später stellvertretender Chefredakteur des Boulevardblatts *Hamburger Morgenpost*. Auch Magarethe Nimsch, zukünftige Gesundheitsstadträtin in Frankfurt, dann hessische Staatsministerin, kämpfte in diesem Verein für die endgültige Zerschlagung des Kapitalismus, genauso wie Johnny Klinke, seit einigen Jahren Chef eines Frankfurter Varietés, der Kabarettist Matthias Beltz, der Kneipier und Musikveranstalter Ralf Scheffler oder Klaus Trebes, heute Besitzer eines Nobelrestaurants im Frankfurter Westend.

Auch den damals noch keineswegs so illustren Mitgliedern der Betriebsprojektgruppe war klar, daß sie als Studenten oder Gymnasiasten allein keine Revolution zustande bringen würden. Aber wie könnte man, so fragte man sich – noch eher wie ein braver Bruder Grimm als ein berufsrevolutionärer Genosse – in einem ersten theoretischen Papier, »das Proletariat aus seinem Dornröschenschlaf erwecken«? Während man darüber noch angestrengt diskutierte, hatten Mitglieder verschiedener K-Gruppen die Idee, einfach die Universitäten zu verlassen und dorthin zu gehen, wo sich die Arbeitet in der Regel tagsüber versteckt hielten: in die Fabriken. Auch in Frankfurt war es die KPD/ML, die als erste damit begann, ihre Kader in diverse Abteilungen des Hoechst-Konzerns einzuschleusen und die Arbeiter vor Ort zu agitieren.

Kurze Zeit vorher waren bereits einige der Arbeiter, die 1968 noch nichts von Rudi Dutschke und Genossen wissen wollten, von ganz allein aus ihrem Dornröschenschlaf erwacht und hatten in dem Moment, in dem die revoltierenden Studenten dabei waren, sich zu zerstreiten, einfach allein mit dem Klassenkampf begonnen. Im September 1969 brach, ausgehend von Hoesch in Dortmund, plötzlich eine Welle spontaner Streiks los, an denen sich schließlich insgesamt rund 150000 Arbeiter beteiligten.

Das schien das Signal dafür zu sein, daß es wirklich ernst wurde mit der erwarteten Revolution. Für Cohn-Bendit, Fischer und Genossen galt es, keine Zeit mehr zu verlieren, sollte der Lauf der Weltgeschichte nicht über sie hinwegeilen: »Aufgewühlt durch die Septemberstreiks 1969 standen wir vor dem Problem, ein neues Verhältnis zu den Arbeitern zu finden.« (Cohn-Bendit)

Klar war, daß man es der Konkurrenz von der KPD/ML nachmachen und ebenfalls in einer Fabrik arbeiten wollte. Weniger klar war allerdings, was man dort eigentlich – außer eben arbeiten – genau machen sollte, auf welche Weise man also seine »Prinzessin« – doch, genau so formulierte man – zur Revolution verführen konnte. Die orthodoxen Marxisten-Leninisten – im linksradikalen Milieu auch kurz »MLer« genannt – hatten es da einfacher, sie erhielten die Direktiven für die Betriebsarbeit direkt von ihrem jeweiligen Zentralkomitee. Darin saßen leitende Genossen wie Christian Semler oder Joscha Schmierer, die Tag und Nacht die Klassiker des Marxismus-Leninismus, vergilbte Ausgaben der *Roten Fahne* aus den zwanziger Jahren und die *Peking-Rundschau* studierten, um die Parteilinie und damit das festzulegen, was ihre einfachen Parteimitglieder zu denken, zu tun und zu lassen hatten. Doch während sie heute in diversen Blättern den Weg zur freiheitlich-demokratischen Grundordnung samt der ihr angeschlossenen Marktwirtschaft weisen (Peter Gauweiler über das jüngste Buch des ehemaligen KBW-Chefs Schmierer: »... hätte bei jedem Aufsatzwettbewerb der Jungen Union gute Chancen«), lautete damals ihre Direktive für die ihnen unterstellten K-Grüppler, sich in den Betrieben den Gepflogenheiten des Proletariats möglichst geschmeidig anzupassen. Nur derart domestiziert hätten Kommunisten eine Chance, von den Arbeitern akzeptiert zu werden und ihre revolutionären Ideen an den Mann zu bringen. Konkret bedeutete das – neben dem obligatorischen Gang zum Friseur – nicht nur, sich in der Fabrik möglichst wie ein Arbeiter zu geben und so zu reden, sondern auch das Privatleben eines vorbildlichen, moralisch einwandfreien, also eher langweiligen Arbeiters zu führen: Nicht nur eine Ehe wurde auf diese Weise gestiftet.

Die Mitglieder der Betriebsprojektgruppe hingegen verspürten keinen Drang, wegen des Proletariats zu heiraten oder so zu tun, als wären sie waschechte Arbeiter. »Wir konnten«, so formulierte es der Genosse Thomas Schmid, »in den Lebensformen der Arbeiter wirklich kein Vorbild sehen.« Und so beschloß man in Ermangelung eines Zentralkomitees, das einen mit Proletkult-Weisungen versorgen konnte, vor dem entscheidenden Schritt in die unbekannte Welt der Arbeit, sich zunächst einmal selbst eine Theorie zusammenzuzimmern. Ein ganzes Jahr lang trafen sich die Genossen der Betriebsprojektgruppe zu intensiven Schulungen, lasen Marx, Mao und diverse linksradikale Autoren, bis sie endlich gleich zwei theoretische Papiere formulierten, die dafür sorgen sollten, daß beim revolutionären Einsatz im Betrieb nichts danebenging.

Was bei dem einjährigen Studium herauskam, liest sich indes recht mager. Noch immer wußte man nicht so recht, welche Strategie man im Betrieb verfolgen sollte, doch nun erklärte man diesen Mangel zum Teil des eigenen Konzepts. Zunächst einmal müßten die Studenten, die in einen Betrieb gingen, dort genauso wie einst die chinesischen Revolutionstruppen unter der Führung Mao Tsetungs sogenannte »Untersuchungsarbeit« leisten. Erst wenn diese Phase abgeschlossen sei, könne man zu konkreten Aktionen übergehen. In deren Folge würden sich die Arbeiter im Betrieb zu einer revolutionären Organisation zusammenschließen und dann weiter konsequent bis zum Sieg der Arbeiterklasse kämpfen.

Mit diesem »Untersuchungskonzept« wollte sich die Betriebsprojektgruppe – trotz des ausdrücklichen Bezugs auf den großen Vorsitzenden Mao und die chinesische Revolution – von den konkurrierenden K-Gruppen abgrenzen. Die Revolutionäre, betonten die anonymen Theoretiker der BPG, dürften den Arbeitern keinesfalls ein in irgendeinem Zentralkomitee beschlossenes Revolutionskonzept von außen aufzwingen, sondern dieses Konzept sei erst aus der Realität des Arbeitsalltags zusammen mit den Arbeitern selbst zu entwickeln. Das klang vernünftig. Und nach so etwas wie revolutionärer Realpolitik. Doch der Eindruck täuschte. Weil die »Massen« – ein damals gerne gebrauchtes Synonym für Arbeiter, Angestellte usw. – »selbst ›das Richtige‹ wollen müssen, müssen die Massen lernen, das Richtige, Kommunistische, vom Falschen, Kapitalistischen, Revisionistischen usw. zu unterscheiden«. Was also die Arbeiter in den Fabriken zu wollen hatten, stand zu Beginn der Untersuchungsarbeit längst fest, genauso wie man bereits zu diesem Zeitpunkt festgelegt hatte, daß sich die Betriebskämpfe von der »Untersuchung« über die »Aktion« hin zur »Organisation« entwickeln mußten. Daß die Arbeiter eventuell gar kein Interesse an Aktionen haben könnten oder an einer Organisierung, wie sie den Linksradikalen vorschwebte, war als Ergebnis der Untersuchung nicht vorgesehen. Auch wenn die Betriebsprojektgruppe einen anderen Eindruck erwecken wollte: Theoretisch war sie kaum weniger dogmatisch als eine K-Gruppe, man verfolgte bloß eine etwas umständlichere Strategie.

Auch in der organisatorischen Praxis konnte man, was Rigidität und Disziplin betraf, durchaus mit der parteikommunistischen Konkurrenz mithalten. Wer Mitglied in der Gruppe werden wollte, mußte sich vorher verpflichten, mindestens ein Jahr in einem Betrieb zu arbeiten. Zwar gab es offiziell überhaupt keine Hierarchie, weder einen Vorsitzenden noch ein Zentralkomitee, doch stellte mancher Genosse bald ernüchtert fest, daß es auf dem Plenum, das alle wichtigen Entscheidungen traf, keineswegs so basisdemokratisch zuging, wie gerne behauptet: »Wir nehmen in Kauf«, kritisiert ein Betriebsarbeiter in einem internen Papier, »daß immer 4 oder 5 das große Wort haben, während die Masse der Genossen sprachlos aber pflichtbewußt herumsitzt.« Und auch der Jargon der vorgeblich Antiautoritären kam einem bekannt vor: »Innenkader« wurden die Mitglieder des Grüppchens vollmundig genannt, die in der Fabrik die alles entscheidende Untersuchungsarbeit leisteten, »Außenkader« diejenigen, die sie von außerhalb unterstützen sollten.

Zusammen bildeten je zwei Außenkader und ein Innenkader einen sogenannten »Zellkern«; und während der tapfere Innenkader dazu verpflichtet war, über seinen Tagesablauf und alle seine Beobachtungen in der Fabrik genau Protokoll zu führen, hatten die ihm zugeteilten Außenkader – in der Regel Soziologiestudenten – die Aufgabe, diesen Rechenschaftsbericht zu begutachten und zu kritisieren. Das erinnerte nun weniger an eine kommunistische Kaderpartei als an eine obskure Psychosekte. Und las sich auch so: »Für das weitere Verhalten Reimuts im Betrieb« – hier urteilten die Außenkader des Genossen Reimut Reiche – »haben wir diskutiert, daß er sich zunehmend ›reaktiv offensiv‹ verhalten muß.« Oder aber: »Hier und an anderer Stelle wird deutlich Reimuts individualistische Beziehung zur Betriebsarbeit.« Da dürfte dem Genossen Reimut wohl nichts anderes übriggeblieben sein als harte Selbstkritik, wenn er nicht fürderhin von seinen Außenkadern solidarisch zur Schnecke gemacht werden wollte.

In ihrem revolutionären Endziel immerhin unterschied sich diese ganz spezielle linksradikale Sekte von ihrer Konkurrenz mit dem großen K dann doch. Auch wenn man in die erste Opel-Betriebszeitung schrieb: »Natürlich sind wir Kommunisten«, so wollte man doch keinesfalls die Revolution machen, um anschließend getreu der Maxime Lenins die Diktatur des Proletariats mit all den dazugehörigen Schikanen zu errichten. Auch an der Verbesserung der Arbeitsbedingungen und an höheren Löhnen, wie es die kreuzbraven Gewerkschafter forderten, war diesen Revolutionären nicht gelegen. Sie wollten viel, viel mehr, nämlich, wie man ganz entschieden diffus verkündete: »Wir wollen alles!« Das klang schwerstradikal, aber was bedeutete es genau? Man erklärte es so: »Greifen wir die Manöver an, mit denen die Abwiegler aller Lager, die Gewerkschaften, die Parteien, die meisten Linken, alles ablehnen, was wirklich sagt: ›Dieses Leben ist Mist, wir wollen ein anderes!‹ Um dahin zu kommen, muß der jetzige Laden erst einmal ganz und gar umgekrempelt werden. Das heißt: Wir wollen, daß dieser Laden nicht mehr läuft! Nur so kann unser Programm wirklich werden; eine Gesellschaft, die die unsere ist, ohne die jetzige Unterdrückung, ohne die Scheißarbeit, ohne alles, was jetzt nur besteht, um uns auszubeuten. Genau das bedeutet: Wir wollen alles!« Noch genauer aber bedeutete das, man wollte gar nichts: weder einen Staat noch eine Arbeit, nur erst einmal die Revolution. Danach könne man ja weitersehen. Ein interessanter Standpunkt, bei dem man gespannt sein durfte, was die Arbeiterklasse wohl von ihm halten würde.

Doch dazu fehlte der Betriebsprojektgruppe noch ein Betrieb, in dem sie (paradoxerweise) mit ihrer Arbeit gegen die »Scheißarbeit« beginnen konnte. Die Wahl fiel zunächst auch auf das Chemieunternehmen Hoechst. Hier wollte man der marxistisch-leninistischen Konkurrenz, von der man »lauthals ausgelacht wurde« (Thomas Schmid), in derselben Fabrik endlich praktisch zeigen, daß man vom Revoluzzen mehr verstand. Doch man hatte Pech. Als die Genossen bei Hoechst anheuern wollten, war dort gerade ein Einstellungsstop verhängt worden. Innerhalb weniger Tage mußten die Revolutionäre umdisponieren. Sie schauten sich in der näheren Umgebung Frankfurts um und wählten schließlich Opel in Rüsselsheim zum Objekt ihrer revolutionären Begierden. Bevor man aber den Fließbandarbeitern dort die frohe Botschaft überbringen konnte, daß die Stunde der Befreiung nahte, gab es noch ein Problem zu lösen: Der Name »Betriebsprojektgruppe« klang den Revolutionären doch zu sehr nach Förderunterricht in der gymnasialen Oberstufe; damit konnten sie dem Proletariat unmöglich unter die Augen treten. Nach heftiger Diskussion – zur Debatte stand unter anderem der Name »Der Kampf beginnt« – entschied man sich endgültig für »Revolutionärer Kampf«.

Im November 1970 rückten die ersten Kämpfer, ausgestattet mit gefälschten kleinbürgerlichen oder gar proletarischen Lebensläufen, bei Opel ein. Nach und nach folgten weitere »RKler«, unter ihnen Thomas Schmid, Johnny Klinke – er ging als Gastwirtssohn –, Tom Koenigs und Joschka Fischer, um ihr obligatorisches Betriebsjahr abzuleisten. Nur einen aus der Gruppe hatte man von der Arbeitspflicht am Fließband entbunden: Daniel Cohn-Bendit war es aufgrund seines Bekanntheitsgrades nicht möglich, durch die Maschen des Opel-Personalbüros zu rutschen. Und so nahm denn »der Dany«, wie er von seinen Frankfurter Genossen bis heute genannt wird (oder auch »der Danny«, wichtig ist nur der bestimmte Artikel), im Revolutionären Kampf gleich zu Beginn eine Sonderrolle ein – sicher nicht zu seinem großen Unglück.

Nichts ist unmöglich – mit Dany

Ohne Daniel Cohn-Bendit wäre der Revolutionäre Kampf wohl eines der unzähligen linksradikalen Grüppchen geblieben, die Anfang der Siebziger oft genauso schnell wieder verschwanden, wie sie gegründet wurden. Doch mit ihm gehörte der Gruppe ein tatsächlich weltbekannter »Revolutionsführer« an, was ihr nicht nur verstärkte Aufmerksamkeit in der gesamten linken Szene einbrachte, sondern auch größeren Zulauf. Aber der »rote Dany« war mehr als nur ein simples Aushängeschild. Während die seltsame Sekte an Bedeutung gewann, entwickelte er sich zusehends zu ihrem noch seltsameren Guru.

1945 in Montauban im Südwesten Frankreichs geboren, wuchs der Sohn eines emigrierten jüdischen Anwalts zunächst in seinem Geburtsland, dann in der Bundesrepublik auf. Um dem Wehrdienst in Frankreich zu entgehen, nahm er 1960 die deutsche Staatsbürgerschaft an, denn Kinder von verfolgten Juden mußten im Land der Verfolger nicht zur Bundeswehr. Nach dem Abitur kehrte der junge Cohn-Bendit nach Frankreich zurück, um an der Universität von Nanterre bei Paris Soziologie zu studieren. Daß er hier zum Anführer der linksradikalen französischen Studenten wurde, verdankte er dem Zufall. Als 1967 der französische Minister für Jugendfragen, Misoffe, ein Schwimmbecken auf dem Campus der Uni eröffnen wollte, erzählte Cohn-Bendit ihm provokativ von den eigenen sexuellen Problemen. Der Minister empfahl dem Unbefriedigten als Therapie, einfach in den neuen Pool zu springen. Dany beschimpfte ihn darauf als üblen Faschisten. Zwar entschuldigte sich der Heißsporn wenig später, aber der Fall machte Schlagzeilen, nicht zuletzt, weil Misoffe den vorlauten Soziologiestudenten zum Essen einlud. Cohn-Bendit wurde berühmt, 800 Studenten der Universität von Nanterre wählten ihn zu ihrem Sprecher. Damit kam eine Entwicklung ins Rollen, die im Beinahe-Sturz der französischen Regierung im Pariser Mai '68 gipfelte. Immer an der Spitze der Bewegung: Daniel Cohn-Bendit, für die Presse nichts weniger als der »neue Danton«, für die immer besonders gut informierte *Zeit* sogar ausgestattet mit des Vorläufers »legendärer ›Danton-Stimme‹«. (Offensichtlich verfügt dort jemand über Tonaufzeichnungen aus der Zeit der Französischen Revolution.)

Anders als die deutschen Studentenführer Rudi Dutschke, Hans-Jürgen Krahl oder Bernd Rabehl war und ist Cohn-Bendit kein Theoretiker. Und auch wenn er immer wieder gerne als »Journalist« oder »Publizist« firmiert und sein Name mittlerweile auf dem Titel von über einem halben Dutzend Büchern prangt, so ist er doch auch des Schreibens nur mäßig kundig – was man besonders schmerzhaft erfährt, wenn man einmal einen unredigierten Artikel aus seiner Feder zu lesen bekommt. Bereits sein erstes Buch hatte er, wie er einst gestand, zu »dreiviertel aus Zeitschriften abgeschrieben«. Die folgenden Werke wurden entweder auf Tonband gesprochen und anschließend abgetippt oder von Co-Autoren verfaßt, die den Namen des »Volkstribuns der Pariser Barrikaden« (*essen & trinken*) offenbar der besseren Verkäuflichkeit wegen mit auf den Titel nahmen. Aber der Mann ist ein Redner, der bei seinem Publikum nicht schlecht ankommt.

Wenn auch kein »Großmeister des Wortes« (*Stuttgarter Zeitung*), so beherrscht er doch einige rhetorische Grundbegriffe. Bis heute liebt er das knatternde Pathos, das auch den Vorwand für seine Ausweisung aus Frankreich lieferte. »Die Bewegung muß die alte Welt hinwegfegen und eine neue Welt errichten«, ramenterte er damals, und »die französische Trikolore ist dazu da, zerrissen und in eine rote Fahne verwandelt zu werden«. Häufiger ist es aber eher der Sinn seiner Rede, der zerrissen wirkt, wenn sich der große Rhetor einmal wieder rettungslos verhaspelt, weil er vor dem Sprechen nicht selten vergißt, von seinem Gehirn Gebrauch zu machen. Ein Zitat mag das belegen: »Daß mit dem Sozialismus«, erläuterte er 1990 anläßlich einer Podiumsdiskussion in Frankfurt, »die traditionelle emanzipative Theorie mit zusammengebrochen ist, ist meiner Meinung nach nicht nur bewiesen, sondern eindeutig als solche anzunehmen.« Allerdings könnten derartige Ausfälle auch darin begründet liegen, daß der »Irre von der Seine« (*Titanic*) wieder einmal zu viel und zu eigenständig nachgedacht hat. Wie dem auch sei: Was dem Publikum gefällt, sind – neben dem einen oder anderen Spaß, den er sich ganz im Gegensatz zum ewig verkniffenen Dutschke erlaubte – wohl weniger seine geschliffenen Formulierungen, sondern eher, daß er ihm immer wieder in bester populistischer Manier aus der Seele spricht.

Was er aber sagt, scheint dem Mann recht schnurz und piepe zu sein. In einer stillen Stunde sprach Cohn-Bendit einmal davon, daß »ich immer die opportunistische Tendenz habe, meine Fähigkeit, spontan zu reagieren, der Situation, in der ich bin und den Leuten, mit denen ich jeweils zu tun habe, anzupassen«. Von »Tendenz« allerdings kann keine Rede sein. Alte Genossen erinnern sich, daß Dany zu Zeiten der großen Plenen und Vollversammlungen zunächst einmal im Publikum diverse Leute nach ihrer Meinung befragte, bevor er das Podium erklomm. »Was soll ich sagen?« eruierte er, um schließlich das zu vertreten, was ihm die meisten Genossen mit auf den Weg gegeben hatten. So lassen sich gut Reden schwingen, die den Leuten gefallen, wenn der begnadete Redner ihnen die Worte unmittelbar aus dem Munde nimmt.

Es sind ja gar nicht die Politik, die soziale Lage der Arbeiter oder später, als sie in Mode kam, die Ökologie, die Daniel Cohn-Bendit wirklich interessieren, es ist lediglich das Spektakel selbst. Auch das wußte er einstmals (und hat es natürlich sofort wieder vergessen), als er in seinem autobiographischen Buch »Der große Basar« (1975) über sich selbst und seine Rolle im Pariser Mai '68 urteilte: »Ich war immer das Rumpelstilzchen. Ich hatte die ganze Bühne für mich, durfte herumspringen und schreien. Das hat mir ungeheuer gut gefallen.« Und so war es der reine Zufall, daß es »den Dany« auf die politische Bühne verschlagen hat; genausogut ist er auf jeder anderen vorstellbar: als Prediger der Zeltmission, Bananenverkäufer auf Jahrmärkten oder struwweliges Monster in der Sesamstraße. Was an ihm wirklich überrascht, ist die unglaubliche Energie, mit der er Meinungen vertritt, die gar nicht die seinen sind und die schon morgen wieder ganz andere sein können.

Was ihn eigentlich antreibt, ist der unbändige Wunsch, möglichst vielen zu gefallen. Andere Menschen interessieren ihn herzlich wenig. Der Frankfurter Soziologe Oskar Negt berichtet in seinem Buch »Achtundsechzig« über den »Politiker« Cohn-Bendit: »Obwohl ich ihn seit gut fünfundzwanzig Jahren kenne, habe ich ihn doch nie kennengelernt. Wenn kein Mikrofon oder keine Kamera in der Nähe war, haben wir uns nicht gesehen.« Noch besser brachte es 1978 ein alter Genosse vom Revolutionären Kampf, Brian Michels, in einem Leserbrief an den *PflasterStrand* auf den Punkt: »Du bist der einzige Mensch, den ich kenne, der, wenn wir zu zweit reden, immer so tut, als ob er auf einen Dritten warte.« Es ist der Applaus der Menge, der diese »Sprechmaschine« (auch das sagte Cohn-Bendit in der einzigen und reichlich kurzen selbstkritischen Phase seines Lebens über sich selbst) in Bewegung setzt und zu Höchstleistungen anstachelt;

nicht eigentlich aber ein politisches Ziel oder gar »die Menschen«, die er selbst immer so gerne beschwört.

Das einzige Wesen auf diesem Planeten, dem – neben eventuell seinem Sohn und seiner Frau – wirklich seine ganze Aufmerksamkeit und Zuneigung gilt, ist er selbst. In jedem seiner Interviews und seiner selbst geschriebenen Aufsätze, ja selbst in seinen zahlreichen mißglückten Filmrezensionen ist »ich« die wichtigste Vokabel. Was Cohn-Bendit meint, was Cohn-Bendit fühlt, wie Cohn-Bendit aussieht, das zu erfahren, so meint das kleine, eher pummelige Kerlchen, darauf brenne die Welt: »Schreib bitte auch, daß ich als einziger noch ganz unheimlich lange Haare habe«, schrie er 1981 flehentlich einem *Zeit*-Reporter hinterher. Und wenn er einmal persönlich als Chronist des Weltgeschehens unterwegs ist, ist nicht dieses selbst von eigentlichem Interesse, sondern, wie vor Zeiten auf einer Pressekonferenz im Pariser Elysée-Palast, Danys Outfit: »Ich erschien gewollt lässig in brauner Lederhose und rotbrauner Lederjacke, dazu dunkelbraune, halbhohe Turnschuhe (die ich vorher geputzt hatte), ausgerüstet mit einem Notizblock.« Auf dem nach der Konferenz sicher nichts anderes stand als: Mensch, sehe ich heute wieder gut aus.

Schon diese durch nichts zu bremsende Eitelkeit, deren Peinlichkeit ihm selbst niemals bewußt wird, macht deutlich, daß Daniel Cohn-Bendit bis heute nichts weiter ist als ein großes Kind. Allerdings ein ziemlich verzogenes, bockiges Gör, das jeden tyrannisiert, der ihm nicht gibt, was es haben will. Und so hatte denn »den Dany« auch nicht die Empörung über den Vietnam-Krieg oder die ungerechte Verteilung des Reichtums in der Welt zum Revoluzzer gemacht, sondern die einfache Einbildung, er selbst (wer sonst) sei irgendwie zu kurz gekommen: »Die kapitalistischen Gesellschaften haben mir die Möglichkeiten verbaut, eine Identität zu finden, die meinen Lebensbedürfnissen entsprochen hätte.« Dabei war er von Anfang an gar nicht so schlecht mit dem Kapitalismus gefahren. Für das Buch, das er zu 70 % abschrieb (»Linksradikalismus – Gewaltkur gegen die Alterskrankheit des Kommunismus«), kassierte er schon kurz nach dem Mai '68 eine fünfstellige Summe, genauso wie er manches Exklusivinterview nur gegen Geld gab. Ansonsten lebte er das nicht sonderlich anstrengende Leben eines revoluzzenden Bohemiens, etwas später das wohl etwas anstrengendere einer »Bezugsperson« in einem antiautoritären Kinderladen. Mit welcher Identität »die kapitalistischen Gesellschaften« dem Rabauken Mitte der Siebziger, zum Zeitpunkt der Formulierung seiner Klage, hätten dienen können, verriet er nicht – die eines Multi-Kulti-Dezernenten, eines Europaabgeordneten oder eines Talk-Show-Moderators waren bedauerlicherweise noch nicht im Angebot.

Von Anfang an war für Cohn-Bendit das, was er später großspurig »die Revolte« nennen sollte, nichts anderes als eine Klingeljagd, ein großer Schabernack, mit dem er die Erwachsenen zu ärgern gedachte. Das macht ihn auf den ersten Blick sympathisch. Im »Kaufhof« in Frankfurt, den Andreas Baader und Genossen noch kurz zuvor versucht hatten anzuzünden, schmiß dieser Karlsson vom Dach einer Propagandistin, die Plastikdelphine feilbot, Spielzeug ins Demonstrationswasserbecken, weil er sich mal wieder über irgendwas geärgert hatte. Das waren die putzigen revolutionären Zeichen, die Cohn-Bendit setzte. Denn wenn er auch zu Jähzorn neigte – die Wutanfälle des kleinen Fuchsteufels sind in Frankfurt Legende –, so blieb er doch als Revolutionär durch und durch harmlos. »Im Grunde ist er ein guter Kerl«, sagte Minister Misoffe nach dem gemeinsamen Essen über den vorgeblichen Staatsfeind Nr. 1 Damit hatte er sicher nicht unrecht. Eine Fliege würde »der Dany« nicht totschlagen, er würde sie totlabern.

Nicht aufgrund einer objektiven Gefährlichkeit wurde denn Cohn-Bendit nach den Mai-Unruhen aus Frankreich ausgewiesen – selbst der Polizeipräsident von Paris hatte sich gegen die Ausweisung ausgesprochen –, sondern weil der kindliche Unruhestifter mit seinen verrückten Reden zu einem Symbol der französischen Studenten und ihres Aufstandes geworden war. Diese Ausweisung aber sollte sich als der zweite Glücksfall im Leben des großen Sabbelphilipps erweisen, wenn er sie auch selbst zunächst als großen Schicksalsschlag begriff. In Frankreich wäre mit dem Niedergang der Revolte der Mythos des Daniel Cohn-Bendit sicherlich schnell verblaßt, im deutschen Exil dagegen konnte er weiter von seinem im fernen Paris erworbenen Ruhm zehren – bis heute. Hier galt er wirklich als gefährlicher Radikaler, der de Gaulle »fast mit gestürzt hätte« (J. Fischer), hier wurde er bereits kurz nach dem Pariser Mai als historische Gestalt gehandelt, umweht »vom Mantel der Geschichte« (*natur*).

Dennoch bemerkten zumindest die linksradikalen deutschen Akademiker recht schnell, daß ihr neuer Konkurrent neben einer Revoluzzershow fürs breite Publikum intellektuell nicht viel zu bieten hatte; in diesem Milieu galt er bald als Clown, den man nicht sonderlich ernst nehmen mußte. Aus Enttäuschung darüber gab sich Dany kurz nach seiner Ausweisung erst einmal dem revolutionären »High-Life« (Cohn-Bendit) hin. Er fuhr kreuz und quer durch Europa, gab hier ein Interview und machte sich dort wichtig. Bald trat er in Carrara auf, um an einem Anarchistenkongreß teilzunehmen, bald zog es ihn mit einer Schauspielerin nach Sardinien. »Zwei Wochen lang lebten wir dort in einem teuren Hotel«, diktierte er später für seine Lebensbeichte »Der große Basar« aufs Band, »was ich heute unter keinen Umständen mehr machen würde.«

In Frankfurt aber blieb der Adorno-Schüler Hans-Jürgen Krahl bis Ende der sechziger Jahre der eigentliche Star der linken Szene. Erst als der neben Rudi Dutschke wohl wichtigste Theoretiker der APO im Februar 1970 bei einem Verkehrsunfall starb und sich in der Folgezeit die linken Studenten in verstärktem Maße von der Universität ab- und der Betriebsarbeit zuwandten, ging Daniel Cohn-Bendits Stern in Frankfurt richtig auf.

Für den Revolutionären Kampf (RK) wurde er sogar bald unersetzlich. Dessen ursprüngliches theoretisches Konzept erwies sich nämlich im konkreten Kampf bei Opel als recht unpraktikabel. Erfolge wollten sich nicht oder nur marginal einstellen. Da kam »der Dany« gerade recht. Er hatte sich schon immer mehr auf »eigene Eingebungen« (Cohn-Bendit) oder erspürte Trends als auf Analysen verlassen und damit mindestens einmal einen geradezu überwältigenden Erfolg gehabt. Die Revolte in Frankreich war fast wie von selbst losgebrochen, die antiautoritären Studenten, die eher lose organisiert waren, hatten nur hier und da agitiert, demonstriert und gestreikt, dann hatten sich auch die Arbeiter erhoben, und beinahe hätte man die französische Regierung davongejagt. Warum sollte sich dies alles nicht ebenso einfach wiederholen lassen, fragten sich die Revolutionären Kämpfer. Zählte denn nicht einer zu den Ihren, der wußte, wie man Revolution machte? Nämlich ohne große theoretische Vorbereitungen, einfach so, aus dem Bauch heraus: »Unsere Ideologie war die absolute Spontaneität« (Cohn-Bendit).

Diese »vom Dany« propagierte Spontaneität wurde zum zentralen Kampfbegriff der RK, als sich herausstellte, daß das alte, komplizierte Konzept der mühseligen »Untersuchungsarbeit« in der Fabrik kaum Erfolge brachte. Schon bald schrieben die revolutionären Opel-Arbeiter keine Protokolle mehr und lösten die harten Zellkerne auf; aus den an Marx und Mao geschulten »Natürlich-sind-wir-Kommunisten« wurden »Spontaneisten«. Die »Spontis« verzichteten von nun an weitgehend auf zeitraubende soziologische Analysen der gesellschaftlichen Realität, auch wenn die führenden Köpfe der Gruppe weiterhin Thesenpapiere am Fließband produzierten. Statt dessen setzte man jetzt dort mit der revolutionären Wühlarbeit an, wo man glaubte, schnellere und größere Erfolge erzielen zu können. So wurde aus einer theoretisch noch halbwegs fundierten mehr und mehr eine Lust-und-Laune-Politik.

Die ideologische Kurskorrektur änderte allerdings nichts an der Hierarchie im nach außen hin weiter basisdemokratischen Revolutionären Kampf. Im Gegenteil. Je weniger ideologisch verbindliche Richtlinien existierten, auf deren Einhaltung das einzelne Gruppenmitglied pochen konnte, desto mehr wurde die ganze Gruppe abhängig von den »Einschätzungen« und persönlichen Vorlieben ihrer Häuptlinge. Sie waren es, die letztlich entschieden, wo es »spontan« langgehen sollte und was »spontan« zu tun war. Klingt also das Prinzip »absolute Spontaneität« zunächst einmal nach mehr Freiheit, Unverbindlichkeit und revolutionärem Abenteuer für den einzelnen, stärkte es tatsächlich doch nur die Position der Sektenführer. Und zu denen mußte der quirlige Cohn-Bendit allein deshalb zählen, weil er schließlich der einzige Garant, ja die Personifikation des spontanen Erfolgs war.

Problematisch wurde es allerdings für den Spontireligionsstifter, als sich auch nach jahrelangen spontanen Aktionen partout keine Revolution à la Mai '68 einstellen wollte. Er behalf sich damit, eine Zeitlang auch die Rolle eines Propheten zu übernehmen, der nicht nur wieder und wieder seinen eigenen Mythos beschwor, sondern sogar einen recht genauen Termin für die bevorstehenden gigantischen Umwälzungen vorhersagte – ähnlich wie ein tiefgläubiger Zeuge Jehovas mit Präzision den Weltuntergang. In »Der große Basar« schrieb er: »Die Stimmung auf den Barrikaden wird für mich immer ein unvergeßliches Erlebnis bleiben. Das gemeinsame Handeln materialisierte sich im Ausreißen des Straßenpflasters und im Bau der Barrikaden. Diese Barrikadengemeinschaft verkörperte den Einbruch der Zukunft in die Gegenwart. Nachdem ich diese Stunden erlebt habe, werde ich nie mehr sagen: es ist unmöglich! Ich bin vollkommen davon überzeugt, daß das Unmögliche möglich sein wird. Wie ich auch glaube, daß es eine radikale Veränderung vor dem Jahr 2000 geben wird.«

Mit dieser Vorhersage lag Cohn-Bendit sogar fast richtig. Zwar ist bis kurz vor der Jahrtausendwende auf dem Territorium der alten Bundesrepublik kein zuvor wirklich unmöglich erschienener gesellschaftlicher Wandel zu konstatieren. Aber wenigstens Cohn-Bendit selbst hat sich, wenn auch nicht radikal, so doch immerhin banal verändert: Wie viele seiner Altersgenossen bekleidete er in der Zwischenzeit diverse Ämter, nahm Posten an und übte verschiedene Berufe aus, darunter Rundfunkmoderator, Dezernent für Multi-Kulturelles, Literatur-Talk-Show-Gastgeber, Aufsichtsratsmitglied und Abgeordneter. Was ihn aber von seinen Generationsgenossen unterscheidet, ist die Tatsache, daß er sich für alle diese Jobs – sieht man von der heutzutage allerorten obligatorischen großen Klappe ab – durch wahrhaftig nichts anderes als einen kleinen historischen Zufall qualifiziert hat, der ihn vor rund dreißig Jahren wunderbarerweise an die Spitze eines Aufstandes in Frankreich spülte.

Im Jammertal

Wenn die ehemaligen Revolutionären Kämpfer heute in Shows oder Interviews auf ihre Zeit als Opel-Arbeiter im nahe Frankfurt gelegenen Rüsselsheim zurückblicken, geraten sie zuweilen ins Schwärmen. Der Varieté-Direktor Johnny Klinke aber ist wohl der einzige, der bei seiner »Erinnerungsarbeit« jedesmal vollständig ausrastet. »Ich war 14 Tage nach dem Abitur am Fließband beim Opel, mit Joschka Fischer. Am Fließband, das hat gutgetan. Da hat man Sprachen gelernt, da hat man arbeiten, da hat man's Leben gelernt. Wunderbar.« Das klingt nach einem längeren Kur- und Bildungsurlaub, in den man den Mann allzu gerne zurückschicken würde, damit er lernt, daß man auch in Talk-Shows nicht falsch Zeugnis reden soll wider seine eigene Vergangenheit.

Am Anfang stürzten sich die »Innenkader« Schmid, Klinke, Beltz, Koenigs, Fischer und Co. tatsächlich mit großem Enthusiasmus auf ihre neue Aufgabe »beim Opel«, wie die Opel-Werke aus vermutlich revolutionären Gründen grundsätzlich genannt werden mußten. Morgens in der Frühe startete man im klapprigen WG-Auto gemeinsam in Frankfurt, klotzte am Fließband als Schweißer oder in der Endmontage ran, leistete nebenbei noch wichtige Untersuchungsarbeit und ließ sich abends bei Wein oder Bier im Genossentreff »Pizza-Peter« von seinen Sympathisanten für den kompromißlosen Einsatz im Dienste der Weltrevolution feiern. Derweil standen mehrmals in der Woche die tapferen Genossen »Außenkader« frühmorgens vor dem Opel-Tor und verteilten Flugblätter.

»Was wir brauchen das müssen wir uns erkämpfen«, »Macht kaputt, was euch kaputt macht« und »Kampf dem System, das uns auf Raten tötet« lasen die verblüfften Opel-Arbeiter auf den Flugblättern, die man ihnen in die Hand drückte. Auch zur konkreten Sabotage machte der RK hübsche Vorschläge. Um etwas Abwechslung in den grauen Produktionsalltag zu bringen, sollten die Proleten am Band doch hin und wieder statt vollständiger Automobile neuartige »Frischluftwagen« produzieren. Dies sei leicht zu bewerkstelligen: Bei der Endmontage vergesse man einfach hier mal eine Tür, ein anderes Mal vielleicht eine Kühlerhaube oder eine Heckklappe. In einem heißen Sommer gab es Flugblätter zur selbst initiierten »Hitzekampagne« – wurde es zu heiß in den Fabrikhallen, sollten die Opelaner für »hitzefrei« streiken. In der Betriebszeitung griff man »die Dollarkrise« auf und versuchte »aufzuzeigen, daß die Konsequenz der Proleten nicht heißen kann, sich still zu verhalten«. Und im Herbst agitierte man die Werktätigen zur laufenden Tarifrunde mit der wohlformulierten Forderung »Eine Mark mehr für alle«. Die Genossen gaben sich wirklich alle erdenkliche Mühe im Kampf um die Herzen und Hirne der Arbeiter – doch die schalteten auf stur. »Die haben uns blöd angeguckt, wenn wir immer wieder mit dem Käs' anfingen«, berichtete 1972 schwer genervt ein Kämpfer in einem RK-internen Papier.

Es war der schiere Jammer, der viele ehemalige APO-Kämpfer oft schon nach einigen Wochen Maloche »beim Opel« anfiel. Irgendwie hatte man sich die Klasse, die dazu auserkoren war, die Revolution zu machen, doch anders vorgestellt: »Ich wäre«, schrieb der revolutionäre Opel-Aktivist Reimut Reiche, »schon nach zwei Tagen in der Psychiatrie echt gelandet, wenn ich mit ihnen ihre Lebensweise auch noch nach Feierabend teilen müßte, in den Kneipen oder zu Hause und den Fraß fressen müßte, den sie fressen!« Auch von sich selbst als Revolutionär hatte man sich ein tapfereres, entschlosseneres, Che-Guevara-mäßigeres Bild gemacht. »In Frankfurt, da sind wir der Prinz, der das Dornröschen wecken will. Im Betrieb aber ists aus mit dem Prinzendasein – da hat man selbst Angst, kriegts Zittern und Schweigen, wenn der Meister brüllt. Da ist man erst mal genauso wie die Proleten – falsch: blickt noch weniger durch, hat noch weniger Ahnung, ist noch unsicherer als die.« Von wegen: Am Fließband, das hat gutgetan.

Nach einem ganzen Jahr Agitationsarbeit konnte man immerhin einen ersten kleinen Erfolg verbuchen: Im Herbst 1971 gab es auf einer Betriebsversammlung Randale. Nachdem man lange hin und her diskutiert hatte, ob man es wagen sollte, traten verschiedene Mitglieder des Revolutionären Kampfes vor die versammelten Arbeiter, unter ihnen Joschka Fischer und Johnny Klinke, und präsentierten ihre radikalen Forderungen jetzt live. Als man schließlich zum Streik aufrief, kam es zu einem Gerangel ums Mikrofon, der Ton wurde abgedreht. Daraufhin stürmten einige Arbeiter nach vorne und zerlegten das Podium sowie die Lautsprecheranlage. Andere zerschlugen Stühle oder warfen mit ihnen nach den Gewerkschaftsfunktionären, die für die Zensur verantwortlich waren. Endlich sah es so aus, als hätte ein Teil der Arbeiter begriffen und damit angefangen, die Parole »Macht kaputt, was euch kaputt macht« in die Tat umzusetzen. Und dies, so wollte der Revolutionäre Kampf vor allem die mit ihm konkurrierenden linken Gruppen glauben machen, sei sein Verdienst gewesen.

War es aber nicht, denn die Krawalle waren hauptsächlich von den spanischen und italienischen Arbeitern in Rüsselsheim ausgegangen. Rund 2000 von ihnen waren von ihrer eigenen, parallel verlaufenden Betriebsversammlung zu der der Deutschen marschiert, um hier für ihre Lohnforderungen zu demonstrieren. Angeführt wurden sie dabei von ihren eigenen Gruppierungen, die Spanier von eher traditionell kommunistischen, die Italiener von »Lotta Continua«, einer mit dem Revolutionären Kampf ideologisch verschwisterten Organisation. Den Marsch hatte man zwar mit dem RK abgesprochen, wie auch die Forderungen der Ausländer mit denen des RK identisch waren, aber die deutschen Arbeiter, die die Revolutionäre mobilisieren wollten, hatten sich bei der kleinen Betriebsrevolte weitgehend zurückgehalten. Das mochte nun alles so sein wie es wollte, die Opel-Revoluzzer ließen es sich nicht nehmen, den Krawall als einen ersten Schritt auf dem Weg zur Befreiung von der »Scheißarbeit« gebührend zu feiern: »Die massenhafte, lautstarke und in Ansätzen gewaltsame Intervention der Ausländer... war eine der ersten Massenaktionen der ausländischen Arbeiter in der BRD!« Jetzt konnte es nur noch aufwärtsgehen mit dem Klassenkampf.

Für viele an der »massenhaften Massenaktion« Beteiligte ging es aber zunächst einmal nach auswärts: Zwanzig von ihnen wurden in den folgenden Wochen entlassen, darunter auch der Agitator Joschka Fischer, der so nur für wenige Monate in den Genuß des Kuraufenthaltes in Bad Rüsselsheim gekommen war. Und ob es mit dem Verlust seines Spitzenmannes zu tun hatte oder nicht: danach lief für den Revolutionären Kampf bei Opel, pardon, beim Opel immer weniger.

Nach gut zwei Jahren harter Agitationsarbeit verging dem Betriebskollektiv die Lust am Klassenkampf langsam; am liebsten, lamentierten die Kämpfer, würden sie »den Kram hinschmeißen«: »Auf einmal«, heißt es in einem RK-Protokoll von Anfang 1973, »saßen wir alle doch recht depressiv herum – jetzt sind wir so lange im Opel, machen Betriebsarbeit, rackern uns ab: und? Warum – wozu – woraufhin – was bringts?« Mehr und mehr begann man am eigenen Konzept zu zweifeln: »Es ist irgendwie hirnverbrannt, gegen soviel Arbeit zu wettern, wenn die meisten eine Motivation haben, mehr zu arbeiten, ohne die ganze kapitaladäquate Konsumscheiße zu diskutieren. Wer unbedingt einen Farbfernseher haben will, ein neues Auto oder Schlafzimmer, wird kaum etwas gegen Überstunden unternehmen.« Und manch einer ging sogar mit höchst ketzerischen Gedanken schwanger: Vielleicht sei die Arbeiterklasse ja gar keine schöne, schlafende Prinzessin, sondern, wie ein anonymer Verfasser 1972 meinte, »ne alte faschistoide Fettel, die aufzuwecken sich nicht verlohnt«?

Im Februar 1973 versetzte die alte Schlampe ihren zusehends enttäuschteren Liebhabern einen wirklich gemeinen Schlag. Es wurde gestreikt! Zunächst wieder einmal bei Hoesch in Dortmund, dann folgten die Drucker und schließlich die Opel-Arbeiter – allerdings nur die in Bochum. Das besonders niederschmetternde an der Sache: In Dortmund und Bochum waren es Kader verschiedener K-Gruppen, die die Streiks angezettelt hatten, die ärgsten Konkurrenten des Revolutionären Kampfes auf dem Revolutionsmarkt. Schwer geschockt stellte der RK fest, daß man selbst nichts Gleichwertiges auf die Beine stellen konnte: »Unsere Genossen in den Abteilungen waren überrascht und hilflos.« Nicht einmal die Verteilung von Flugblättern klappte; der RK-Vorzeigebetrieb Opel-Rüsselsheim blieb von der wilden Streikwelle verschont. Einige kritischere Genossen stellten in einem RK-Dossier fest, ihr Verein stünde immer noch da, wo er 1970 begonnen habe: »Wir haben heute noch keine Möglichkeit, die Probleme, die die Arbeiter unübersehbar artikulieren, zu erkennen und auf sie einzugehen, wir registrieren sie immer nur im nachhinein.« Es war schon zum Mäusemelken mit den Proletariern. Hätten sie nicht einfach zu den Revolutionären kommen können und sagen: »Ey, Brillenschlangen, ihr habt das vielleicht nicht ganz mitgekriegt, aber wir artikulieren da schon die ganze Zeit unübersehbar Probleme. Wollen wir nicht trotzdem zusammen einen kleinen Streik vom Zaun brechen?« Taten sie aber nicht, die falschen Hunde.

Der Revolutionäre Kampf haut auf den Putz

Im Herbst 1970, etwa zur selben Zeit, als die ersten Innenkader des Revolutionären Kampfes noch hoffnungsfroh ihre Arbeit in Rüsselsheim aufnahmen, wurden im Frankfurter Westend drei Häuser besetzt. Die rund 100 Besetzer wollten mit diesen Aktionen vor allem ein Zeichen gegen die wilde Spekulation setzen, die das ehemals noble Wohnviertel zu zerstören drohte. Schon seit längerer Zeit kaufte hier eine Handvoll Geschäftemacher, hauptsächlich von in Frankfurt ansässigen Banken finanziert, im Rahmen einer geplanten City-Erweiterung ganze Straßenzüge auf. Sie ließen die Häuser nach bekanntem Muster zunächst leerstehen und verfallen, um sie danach abzureißen und auf den freigeräumten Grundstücken lukrativere und besonders scheußliche Neubauten zu errichten.

Auch wenn Joschka Fischer in einem Anfang 1983 für die Grünen geschönten Lebenslauf die Geschichte gerne umschreiben möchte (»... besetzten wir in Frankfurt die ersten Häuser«): Die Genossen vom RK beteiligten sich nicht an den Hausbesetzungen, und für die Wohnungskämpfer hatten sie nur ein müdes Lächeln übrig. Diese, so argumentierte man, hätten nicht die leiseste Ahnung davon, wie man eine kapitalistische Gesellschaft korrekt umwälze. Sonst wüßten sie ja wohl, daß nur ein Bündnis mit der Arbeiterklasse, keineswegs aber Kämpfe im sogenannten »Reproduktionsbereich« den Sturz des Ausbeuterregimes herbeiführen werde. So mußten sich die Besetzer mit der Unterstützung von Bürgerinitiativen und Jusos zufriedengeben, beides Gruppen, die für die echten Revolutionäre im Verdacht der Kollaboration mit keinem Geringeren als der Bourgeoisie persönlich standen. Und daß die sozialdemokratische Stadtregierung Frankfurts die Hausbesetzungen duldete, machte sie in den Augen des Revolutionären Kampfes auch nicht unverdächtiger.

Nach den Niederlagen »beim Opel« stellte sich allerdings nicht nur der grübelnde Genosse Thomas Schmid »insgeheim« die besorgte Frage, was bloß mit den Arbeitern los sei: »Was muß noch alles passieren, bis die revolutionär handeln, ihr Leben in die eigenen Hände nehmen?« Und so begann man, ein wenig neidisch nach den Hausbesetzern zu schielen, hatten die doch wenigstens greifbare Erfolge vorzuweisen. Könnte man da nicht vielleicht einfach Fabrik- und Häuserkampf kombinieren? Der RK versuchte es und besetzte im Dezember 1972 eine leerstehende Villa in Rüsselsheim, die man in ein selbstverwaltetes Jugendzentrum umzuwandeln gedachte. Auch wenn sich an der Aktion tatsächlich einige Arbeiterjugendliche beteiligten, so lief anschließend einmal mehr nichts nach Plan: »Wir haben uns darauf verlassen«, schrieb eine Genossin in der RK-Zeitung *Wir wollen alles*, »daß die Spontaneität der Massen in der Aktion entfesselt wird, ohne die geringste Ahnung zu haben, wie diese wohl inhaltlich aussehen würde.« Und zwar, reichlich erwartbar, genau so: »Zigarette lutschen, Bier saufen, den ganzen Tag rumhängen und sich von der Musik durchschütteln lassen.« Die Revolutionäre, die geglaubt hatten, die Opel-Lehrlinge würden »sofort anfangen, Arbeitsgruppen über Kriegsdienstverweigerung und Sexualität zu machen«, waren entsetzt. Auf dieser proletarischen Brut, so dürfte sich mancher noch insgeheimer gedacht haben, lag wahrhaftig kein Segen.

Genausowenig wie auf dem Revolutionären Kampf. In Frankfurt hatte nämlich der Häuserkampf schon zuvor einen unerwarteten Aufschwung genommen. Ein Jahr nach den ersten Besetzungen sollte Ende September 1971 ein weiteres Haus in Besitz genommen werden. Das nun wollte die Stadtregierung nicht mehr dulden. Im Römer, dem Frankfurter Rathaus, wurde die sofortige Räumung angeordnet. Die Polizei erfüllte ihren Auftrag mit äußerster Akribie: Nicht nur Besetzer, sondern auch unbeteiligte Personen wurden verprügelt, es wurden Zähne ausgeschlagen, Knochen gebrochen und Fotografen die Kameras zertrümmert. Was mehr überraschte als diese bis heute nicht unübliche Form des Polizeieinsatzes, war das Verhalten der Demonstranten vor dem Haus. Sie ließen sich nicht umstandslos in die Flucht prügeln, sondern blieben stehen und leisteten der Polizei erbitterten Widerstand. Und zwar so nachdrücklich, daß Frankfurts Oberbürgermeister Möller seine Entscheidung revidierte, künftig jedes neubesetzte Haus sofort räumen zu lassen. Ihm sei, so erklärte er für einen deutschen Lokalpolitiker ziemlich souverän, die Gesundheit von Polizeibeamten und – man staune – Demonstranten wichtiger als die Interessen der Spekulanten.

Dieser politische Sieg der Straßenkämpfer in der »Schlacht um den Grüneburgweg« wurde für den Revolutionären Kampf zum Signal. Irgendwie schien der »Reproduktionsbereich« doch vielversprechender, als die marxistischen Theoretiker und man selbst sich das gedacht hatte, und vielleicht sollte man sich doch zukünftig ein wenig mehr um diesen »Nebenwiderspruch« kümmern. Gedacht, gesagt, getan. Drei Tage später, am 2. Oktober 1971, demonstrierten 3000 »Studenten, Lehrlinge und Arbeiter« gegen die Räumung des Hauses am Grüneburgweg. Dem Frankfurter Polizeipräsidenten Müller fiel auf: »Die alten APO-Kämpen sind fast alle wieder dabei.« Kein Wunder, denn jetzt, da aufgrund des Räumungsmoratoriums die Stunde günstig war, ergriff der Revolutionäre Kampf die Initiative. Unter seiner Führung wurde während der Demonstration ein ganzer Häuserblock direkt neben der Universität besetzt, der in den nächsten zwei Jahren die zentrale Basis der nun immer mehr zu echten »Spontis« mutierenden Betriebskader werden sollte.

Echt spontaneistisch war die Entscheidung, einfach deshalb auf Hausbesetzungen zu setzen, weil sich offensichtlich mehr Leute für diese Aktionsform mobilisieren ließen als Arbeiter für Streiks und Sabotage. Wie der Revolutionäre Kampf allerdings den Straßenkampf selbst organisierte, hatte wenig mit den Vorstellungen zu tun, die man sich nach der Lektüre eines Bändchens »Sponti-Sprüche« von lustigen, antiautoritären Spontaneisten macht. Schon bei der »Schlacht um den Grüneburgweg«, zu der die Spontigeschichtsschreiber die erste härtere Auseinandersetzung bald großspurig verklärten, hatten einige RK-Genossen mitgemischt und sich den Fabrikfrust im Kampf gegen die Polizei von der Seele geprügelt. Dabei mußten sie mit ansehen, daß zwar viele Genossen entschlossen und tapfer an die anrückende Polizei austeilten, ihnen aber ein wirklicher Sieg nicht gelingen wollte und sie sich schließlich doch geschlagen geben mußten. Ein Autor des Revolutionären Kampfes analysierte im Studentenmagazin *Diskus*: »Diese Form des Widerstandes mußte, unvorbereitet und ohnmächtig, wie er war, erfolglos bleiben.«

Das, so meinte der Revolutionäre Kampf, sollte sich zukünftig ändern. Und zwar nicht nur, weil man »Bullen« natürlich lieber verdrosch, als sich von ihnen verprügeln zu lassen. Man lief auch Gefahr, sein Ansehen als revolutionärste unter den revolutionären Organisationen zu verlieren. Am Grüneburgweg war unter anderem auch deshalb solch massiver Widerstand geleistet worden, weil sich in der Menge der studentischen Hausbesetzer eine ganze Reihe von jugendlichen Trebegängern, entlaufenen Fürsorgezöglingen und jungen Gelegenheitsarbeitern befunden hatte, für die eine Prügelei nichts Ungewöhnliches war.

»Da haben wir hingehauen wie die Kesselflicker«, berichtete einer von ihnen 1978 dem *Spiegel*, ein gewisser Hans-Joachim Klein, allgemein nur »Klein-Klein« gerufen, der später als Entführer diverser arabischer Ölminister unter dem Kommando des Terroristen Carlos noch zu internationaler Berühmtheit gelangen sollte. Doch während die jungen Außenseiter ihre Haut in der Straßenschlacht so teuer wie möglich verkauften, mußten die Führer des RK immer wieder feststellen, daß sich »viele der studentischen Genossen individuell verdrücken«. Für die Organisation, »die das meiste Ansehen unter den Frankfurter Gruppen genießt« (O-Ton *Diskus*), befürchtete man böse Folgen: »Damit liefern wir nicht nur in der konkreten Situation der Auseinandersetzung diese Genossen der Polizei aus, wir verstärken noch ihr Mißtrauen uns gegenüber und machen sie aufnahmebereit für die Form der individuellen Mutprobe, die die RAF anbietet.«

Um nicht als eine Truppe von Weicheiern zu gelten und womöglich noch mehr subproletarische Genossen an die terroristische Konkurrenz zu verlieren (im Falle »Klein-Kleins« war dies besonders ärgerlich, hatte der doch bis zu seinem Abtauchen die betagten Autos der Spontis repariert), begann der Revolutionäre Kampf mit einem Training, das seine Mitglieder für den Straßenkampf fit machen sollte. Das Programm griff rasch. Als nur zwei Monate nach der Räumung des Grüneburgwegs erneut ein Haus besetzt wurde, bot sich dem zufällig vorbeiflanierenden Betrachter ein für bundesdeutsche Verhältnisse höchst ungewöhnliches Bild. Auf der Straße hatte eine mit

Helmen und »Sackschutz« ausstaffierte und mit Knüppeln bewaffnete Einheit Aufstellung genommen. Es handelte sich aber nicht um eine Spezialeinheit der Polizei. Im Gegenteil, dieser Trupp in doppelter Kompaniestärke sollte die Besetzer vor dem Eingreifen der »Bullen« schützen. Die aber hielten sich, getreu der neuen Frankfurter Linie, auch diesmal noch zurück, so daß es zu keinen Auseinandersetzungen kam und auch die Besetzung ohne Mühe gelang. Manches Mitglied einer gefährdeten Randgruppe allerdings erkannte an diesem Dezembertag des Jahres 1971, daß es nicht nur bei den Genossen Baader und Meinhof, sondern auch beim Revolutionären Kampf ganz schön hart zuging. Und es sollte noch schöner werden.

Bomben oder Steine schmeißen?

Aber erst einmal war die neue Konkurrenz von der Roten Armee Fraktion am Zug. Am 11. Mai 1973, Joschka Fischer saß, wie er 1997 die Historiker des *Stern* wissen ließ, gerade im besetzten »Block« in der Badewanne, detonierte vor dem Offiziersclub des Hauptquartiers der US-Armee in Frankfurt eine Bombe. Bei der Explosion – es soll sich um die stärkste in Frankfurt seit dem Zweiten Weltkrieg gehandelt haben – wurden ein amerikanischer Offizier getötet und dreizehn weitere Soldaten verletzt. Kurz darauf bekannte sich die RAF zu dem Anschlag, den sie als Solidaritätsaktion mit dem kämpfenden vietnamesischen Volk rechtfertigte. Drei Wochen später fand im traditionellen Versammlungslokal der Frankfurter antiautoritären Studenten, dem Hörsaal VI der Universität, eine Veranstaltung mit 2000 Teilnehmern statt, die der Präsident der Uni bereits im Vorfeld verboten hatte, die aber schließlich doch toleriert wurde.

Die verschiedenen revolutionären Gruppierungen Frankfurts wollten auf diesem sogenannten Teach-in ihre Haltung zu den jüngsten Anschlägen verdeutlichen und diskutieren. Das Spontilager war u. a. durch die Rote Hilfe vertreten, eine Organisation, die sich zur Unterstützung von politisch motivierten Angeklagten und Gefangenen gegründet hatte, durch die italienische Gruppe »Lotta Continua« und natürlich durch den Revolutionären Kampf. Auch die RAF selbst beteiligte sich an der Veranstaltung. Sie schickte allerdings verständlicherweise keinen Referenten vorbei, sondern ließ ein Tonband mit einer Rede Ulrike Meinhofs abspielen. Die endete mit der dringenden und sehr persönlich gehaltenen Aufforderung an die Versammelten, sich nicht mehr vor der Konsequenz aus den »eigenen Erkenntnissen« zu drücken und endlich selbst den bewaffneten Kampf aufzunehmen.

Die Reaktion der Gruppen auf den Appell und die vorangegangenen Anschläge fiel unterschiedlich aus. Die Vertreter der Roten Hilfe gaben sich hart; sie erklärten, da der Imperialismus weltweit gewaltsam operiere, müsse selbstverständlich auch der Kampf gegen ihn »gewaltsam und bewaffnet geführt werden«. Zwar gehe deshalb nicht gleich jeder x-beliebige Anschlag in Ordnung, doch einer auf ein solches »Zentrum imperialistischer Herrschaft« wie das US-Hauptquartier sei »in jeder Hinsicht gerechtfertigt«. Die Revolutionäre vom RK waren da anderer Meinung. Zwar befand man: Wenn der Anschlag »unter anderem einem amerikanischen Oberst, der selbst zweimal in Vietnam an dem zynischen Vernichtungskrieg beteiligt war, das Leben gekostet hat, so sind wir über sein plötzliches Ableben nicht mit Trauer erfüllt«. Trotzdem hielt man Terrorakte momentan doch eher für falsch:

»Wir sind nicht der Meinung, daß Bomben gegenwärtig das richtige Mittel im Kampf gegen die beschissenen Zustände sind.«

Jahre später wird Joschka Fischer wohl genau dieses Zitat seinem Regierungschef Holger Börner gezeigt haben, um zu beweisen, daß er schon immer ein friedliches Lamm gewesen war: »Ich weiß von Joschka Fischer«, erzählte Börner 1985 dem *Spiegel,* »daß er sich schon 1972 als junger Mann von Gewalt als Mittel der politischen Auseinandersetzungen distanziert hat.« Nicht ganz unwahrscheinlich ist, daß der gerade ernannte Umweltminister schmunzeln mußte, als er Börners Satz las. Denn vom Terror der RAF distanzierte sich der Revolutionäre Kampf in diesen Tagen nur deshalb, weil man ihn nicht für effektiv genug hielt. Als das Tonband mit der Meinhof-Rede vorgespielt wurde, schrie Daniel Cohn-Bendit dazwischen: »Nur die Massen können Revolution machen.« Das war die Linie des RK. Gewalt als politisches Mittel sei gerechtfertigt, wenn sie nicht von vereinzelten bewaffneten Kämpfern angewendet werde, denn »das muß notwendig in der Isolation stecken bleiben«, sondern von den revolutionären Volksmassen. Für Frankfurt hieß das konkret: »Unterstützung des Wohnungskampfes«. »Sind wir bereit, die Häuser zu verteidigen gegen Bullen und Justiz? Sind wir bereit, neue zu nehmen?« Die Antwort auf diese rhetorische Frage hatte der RK mit der Aufstellung seiner Häuserkampftruppen längst gegeben. Sogenannte »Massenmilitanz« statt Bomben und Kalaschnikows, das war seine Antwort auf das »Konzept Stadtguerilla« der RAF.

Die Anhänger dieser militanten Strategie aber mußten sich nicht unbedingt nur auf Knüppel oder Steine beschränken. Das zeigte der Beitrag der italienischen Genossen von »Lotta Continua« auf dem Teach-in. Diese bezogen sich mit keinem Wort auf die jüngsten Anschläge der RAF, sondern referierten unter dem geheimnisvollen Titel »Wer war Luigi Calabresi?« dem geneigten Publikum einen politischen Mord, der einige Wochen zuvor in Mailand stattgefunden hatte und der die italienische Justiz bis zum heutigen Tag beschäftigt.

Calabresi war ein Polizeioffizier, der nach Überzeugung eines Großteils der italienischen Linken 1969 einen Linksradikalen ermordete, indem er ihn aus dem Fenster des Mailänder Polizeipräsidiums warf. (Wenig später dienten Dario Fo diese Ereignisse als Vorlage für sein Theaterstück »Zufälliger Tod eines Anarchisten«.) Dafür wurde der Polizist von Unbekannten drei Jahre später erschossen. Über diese Tat nun äußerten sich die Vertreter von »Lotta Continua« überaus lobend, ja erklärten sie zu einem Exempel. Sie versicherten zwar: »Der politische Mord ist sicher nicht die entscheidende Waffe zur Emanzipation der Massen.« Schließlich vertrat auch »Lotta Continua« die Meinung, daß in der momentanen Situation der »proletarische Massenkampf« wichtiger wäre. »Aber diese Überlegungen können uns nicht dazu führen, uns von der Erschießung Calabresis abzuwenden, von einem Akt, in dem die Ausgebeuteten ihren Willen erkennen, Gerechtigkeit zu üben.«

Eben deshalb, weil die »Massen«, wie »Lotta Continua« glaubte, diese Form der Lynchjustiz an dem Polizisten begrüßten, ging die Organisation in der Beurteilung des individuellen Terrors noch einen entscheidenden Schritt weiter: »Aber die Säuberung« – nichts anderes war für die italienischen Genossen die Erschießung Calabresis – »ist auch eine taktische Entscheidung einer revolutionären Bewegung, die sich zwar noch nicht unmittelbar der Frage der Machtergreifung und der Zerstörung des bürgerlichen internationalen Staatsapparates stellen kann, aber ihre Kraft täglich auf diesen Apparat ausübt, nicht um sich verzweifelt zu wehren, sondern um diese Maschine in all ihren einzelnen Teilen zu schwächen, auch den kleinsten und nächsten (und Calabresi war uns sehr nahe), bis hin zum ganzen Motor... Auf diese Weise aber überwindet man auch die intellektualistische und frustrierende Berufung auf die Stunde X, von der an, weil es in den heiligen Schriften so steht, der ›bewaffnete Kampf‹ beginnt.« Im Klartext hieß das für die politische Linie von »Lotta Continua«: Auch wenn der politische Mord im Moment noch nicht die entscheidende Waffe im Kampf gegen das Kapital sei, so sei er doch ein Mittel, von dem man schon heute Gebrauch machen könne, ja durchaus solle, um den Staat zu schwächen und die Frustrationen der Linken zu überwinden. Für den konkreten Fall Calabresi bedeutet das: Seine Erschießung sei nicht nur zu begrüßen; wer immer sie auch begangen haben mochte (und dabei schloß »Lotta Continua« bewußt Mitglieder der eigenen Organisation nicht aus), der habe ein gutes Werk im Dienste der Revolution getan.

Diese Ausführungen der Italiener konnten auch die Genossen vom Revolutionären Kampf nicht unberührt lassen. Denn »Lotta Continua« (»Der Kampf geht weiter«) war nicht bloß irgendeines von vielen linksradikalen Grüppchen auf der Welt, es war die Organisation, an der sich der RK orientierte, weil sie das hatte, was er selbst anstrebte: Erfolg bei den »Massen«. In Italien konnte sie bei großen Demonstrationen bis zu 100 000 Menschen auf die Beine bringen. Und diese Anhängerschaft rekrutierte sich nicht nur aus Studenten, sondern zum großen Teil aus den ungelernten Arbeitern der großen Automobilwerke Norditaliens. Schon bei der Gründung des Revolutionären Kampfes kupferten die Genossen um Fischer und Cohn-Bendit das Gros ihrer theoretischen Versatzstücke von – wie der revolutionäre Insider unbedingt sagen mußte – »der Lotta« ab. Der Name des RK-»Kampfblatts« (Eigenbezeichnung) *Wir wollen alles* war nichts anderes als die Übersetzung der »Lotta Continua«-Parole »Vogliamo tutto«. Selbst einzelne Aktionen der Italiener wurden bis ins absurde Detail kopiert. So zum Beispiel die berühmte, aber kläglich gescheiterte »Hitzekampagne« bei Opel, die hauptsächlich deshalb danebenging, weil es in den Rüsselsheimer Werkshallen einfach nicht so unerträglich heiß werden wollte wie in den Fabriken Italiens. Und mit der Aushebung eigener Truppen für den Häuserkampf und der Übernahme des Konzeptes »Massenmilitanz« folgten sie ein weiteres Mal dem bewunderten Vorbild, dessen Aktivisten es schon längst gewohnt waren, auf den Straßen ihres Landes nicht nur mit Knüppeln, Steinen und Molotowcocktails, sondern auch gut organisiert zu kämpfen. Wie lange würde es also noch dauern, so mußte sich ein besorgter Beobachter angesichts dieses manischen Nachahmungsdrangs fragen, bis auch der RK die »taktische Entscheidung einer revolutionären Bewegung« fällen und eine »Säuberung« wenigstens begrüßen würde? Wann würde man sich, wie der Führer von »Lotta Continua«, Adriano Sofri, 1973 in einer Rede in Turin, für die Ausrüstung der Massen mit Schußwaffen aussprechen? Wann also würde der Revolutionäre Kampf, einmal mehr in völliger Verkennung der gesellschaftlichen Lage, völlig durchdrehen?

Zumal die Zusammenarbeit zwischen RK und »Lotta Continua« seit geraumer Zeit auch in Frankfurt immer prächtiger gedieh. Etwa um 1971 waren einige »Lotta«-Mitglieder in die Stadt gekommen. Sie hatten sich aus Italien nach Deutschland absetzen müssen, weil ihnen in ihrem Heimatland wegen diverser Demonstrationsdelikte mehrjährige Gefängnisstrafen drohten. Im deutschen Exil nahmen sie sofort wieder ihre politische Arbeit auf, unter anderem als Betriebsarbeiter »beim Opel«, wo sie die italienischen Arbeiter für ihre Organisation und die

Revolution zu gewinnen suchten. Der Revolutionäre Kampf zeigte sich hocherfreut über diese Verstärkung des spontaneistischen Lagers in Frankfurt; in der folgenden Zeit gab es kaum einen Demonstrationsaufruf, den die beiden Gruppen nicht gemeinsam unterzeichneten, kaum eine Aktion, die sie nicht zusammen planten.

Als noch wertvoller aber erwiesen sich die Genossen in einer anderen Beziehung. Als Checco Zotti, einer ihrer in der Zwischenzeit natürlich längst geläuterten Anführer, 1990 überraschend starb, rief ihm Daniel Cohn-Bendit im *PflasterStrand* nach: »Mit den Liedern von Lotta Continua auf den Lippen, verzauberte er mehr als eine/n GenossIn durch seine selbstverständliche Art, mit den Migranten zu arbeiten und zu leben. Die in dieser Hinsicht doch schwerfälligen Antiautoritären westgermanischer Prägung lernten viel und veränderten mit ihm wohltuend ihre Lebensauffassungen.« Woran sich aber »der Dany« zu diesem Zeitpunkt schon gar nicht mehr erinnern konnte: Die schwerfälligen Antiautoritären lernten von den italienischen Genossen nicht nur »ars vivendi« und »Belcanto«; diese bezauberten die Revolutionären Kämpfer vor allem mit ihrem umfangreichen Wissen über den strategisch wohlorganisierten Straßenkampf. Dabei erwies sich einer als ganz besonders gelehriger Schüler. In linksradikalen Zeitschriften firmierte die Frankfurter Sektion von »Lotta Continua« sogar bald unter dessen Anschrift und dessen Namen. Und der lautet: Joschka Fischer.

Comandante Joschka Fischer

Zwei Stars, wie sie kaum verschiedener sein können, waren es, die den Revolutionären Kampf und später die Frankfurter Spontibewegung im wesentlichen dominierten, zusammenhielten und nach außen repräsentierten: Daniel Cohn-Bendit und Joschka Fischer. Es sind nicht nur Unterschiede im Auftreten, im Gestus, in der Lebensauffassung, die zwischen den beiden unschwer auszumachen sind; auch der Weg, der sie an die Spitze ihres revolutionären Haufens führte, verlief jeweils auffällig anders: Während »dem Dany« seine Stelle als Spontiguru mehr oder weniger in den Schoß fiel, mußte sich Joschka seine bald unumstrittene Führungsposition erst hart erkämpfen.

Fischer stammt aus Langenburg bei Gerabronn, wo er 1948 geboren wurde. Mitte der fünfziger Jahre zogen seine Eltern nach Öffingen in der Nähe Stuttgarts. Der Vater hatte hier eine Stelle als Metzger in einem Schlachthof gefunden. Schon sehr früh fand der zukünftige Rebell am geregelten kleinbürgerlichen Leben keinen rechten Gefallen mehr. Nach der zehnten Klasse verließ er das Gymnasium und ging bei einem Fotografen in die Lehre. Auch hier hielt er es nicht lange aus. Angeblich auf höheren Befehl Bob Dylans, der ihn mit seinen Songs dazu verführte, »auszuflippen« und »on the Road« zu gehen, trampte der Minderjährige durch die Welt. Beim ersten Mal kam er bis nach Hamburg, beim zweiten Mal sogar bis Kuwait. In die schwäbische Heimat zurückgekehrt, versuchte es der junge Hippie noch einmal mit der Fotografenlehre. Doch nachdem er die weite Welt gesehen hatte, konnten ihn enge Dunkelkammern nicht mehr reizen, genausowenig wie eine Karriere als Hilfssachbearbeiter beim Arbeitsamt, die er nur kurzfristig verfolgte. Joschka schnappte sich seine Freundin Edeltraut und brannte mit ihr nach Gretna Green durch, dem schottischen »Heiratsparadies«, in dem der lokale Schmied das überkommene Recht besitzt, mit seinem Hammer auch Minderjährige zu Eheleuten zu schlagen. Danach dürstete es das jungverheiratete Paar nach noch größeren Abenteuern als dem endlich legitimierten Geschlechtsverkehr. Im »magischen Jahr 1968« (Fischer), kurz nach dem Attentat auf Rudi Dutschke, zog es sie nach Frankfurt am Main, neben Berlin *die* Hauptstadt der Revolution in der Bundesrepublik.

Hier fiel der schmächtige, stark kurzsichtige junge Mann in der großen Menge der rebellierenden Studenten, die gerade die Uni besetzt und in »Karl-Marx-Universität« umgetauft hatten, zunächst nur durch seine stark vergammelten Zähne auf. Aber schon bald kursierte sein Name in der Szene als Geheimtip; über diesen Typen sollte man äußerst günstig an jedes Buch kommen, das man brauchte. Und tatsächlich: Zu jener Zeit lebte der junge Joschka hauptsächlich vom strategisch gut geplanten Bücherklau. Sogar Buchhandlungen in benachbarten Städten wie Darmstadt oder Wiesbaden suchte er heim. Sicher eine läßliche Jugendsünde. Wenn man nicht rund dreißig Jahre später als angehender Staatsmann in der *Bild am Sonntag* tönen würde: »Diebstahl ist nicht akzeptabel und muß geahndet werden.« Und voller Bekennermut fortfährt: »Aber wer hat nicht schon mal geklaut? Bei mir ging's auf dem Erdbeerfeld und bei den Kirschen los. Aber das waren andere Zeiten.« Nämlich solche, in denen sich dicke Folianten noch auf zauberhafte Weise in kleine Früchte verwandelten.

Fischers Leistung aber beschränkte sich nicht darauf, einer der raffiniertesten Exproprateure des Buchhandels im Rhein-Main-Gebiet zu werden. Schon in Stuttgart war er mit der dortigen außerparlamentarischen Opposition in Berührung gekommen, was er einem sehr leichten

Schlaf oder einem sagenhaft guten Gehör verdanken mußte. »Die Schüsse in Berlin haben mich aufgeweckt«, berichtete er später, und zwar genau die, die dort am 2. Juni 1967 den Studenten Benno Ohnesorg trafen und den jungen Joschka am nächsten Tag in einer Trauerdemonstration des örtlichen SDS mitlaufen ließen. Auch in Frankfurt suchte er den Kontakt zu den Genossen, wobei er sich zunächst damit zufriedengab, wenn man ihn zum Flugblattdrucken an den Wachsmatrizenvervielfältiger stellte. Wenig später jobbte Fischer an wichtigen informellen Schaltstellen der Studentenbewegung, u. a. im SDS-Verlag Neue Kritik oder im größten linken Buchladen am Ort, dem »Libresso« am Opernplatz. Gleichzeitig begann er die für die revolutionären Studenten obligatorischen Universitätsveranstaltungen zu besuchen: das Adorno-Proseminar in Hörsaal VI oder Oskar Negts Vorlesungen über Lenins »Staat und Revolution«, beides regelrechte Szenetreffs mit bis zu 2000 Zuhörern.

Der absolute Star im Hörsaal VI war der Adorno-Doktorand Hans-Jürgen Krahl, so etwas wie der Jim Morrison der Frankfurter Schule. Ein Trinker, den man bald häufiger in der gegenüberliegenden Bierschwemme »Nutten-Ludwig« fand als in der Universität und der kurz vor seinem Tod mit Verweis auf seine ausgeprägte Nase davon phantasierte, er sei in Wahrheit ein Adeliger. Gleichzeitig aber war er ein hochbegabter Theoretiker und charismatischer Redner, den viele Studenten wegen seiner Einwürfe und Beiträge bewunderten. Auch Joschka Fischer war von Krahl tief beeindruckt, selbst wenn er zunächst kaum etwas von dem verstand, was dort im Hörsaal verhandelt wurde. Vom Ehrgeiz beseelt, ebenfalls an vorderster Front der Studentenbewegung mitzumischen, begann er »wie ein Ochse« (Fischer) die einschlägige Literatur von Marx bis Hegel zu lesen. Möglichst schnell wollte er sich gewisse Grundkenntnisse und den Jargon draufschaffen, den jedermann im Munde führte. Mit Erfolg. Einige Zeit später meldete sich der unbekannte Nobody in dem Schulungsseminar, das Krahl für angehende Revolutionäre abhielt, immer häufiger zu Wort, so daß er bald als theoretisch äußerst beschlagen galt.

Das jedoch war dem geltungssüchtigen Fischer nicht genug. Wie sein Idol wollte er große Menschenmengen begeistern, und so trainierte er denn, wie ehemalige Wohngemeinschaftsgenossen kolportieren, sogar des Meisters Gesten heimlich zu Hause vor dem Spiegel. Der mahnend ausgestreckte Zeigefinger zum Beispiel, den Fischer bis heute im gestischen Repertoire hat, der sei von Krahl. Wenn er auch rhetorische Tricks und Körpersprache anderer imitierte, so hatte der Redner Fischer doch über seine typische Krächzstimme hinaus selbst etwas Originales anzubieten. Anders als viele der damaligen Studentenführer, die sich damit begnügten, die Probleme der Revolution abstrakt zu diskutieren, wurde Fischer immer wieder ganz konkret. Er fragte danach, welche praktischen Schlußfolgerungen man denn aus den präsentierten Analysen ziehen könne, und bot auch gleich Vorschläge für handfeste Aktionen an. Dabei argumentierte er geschickt und für die Zuhörer schlüssig. Gleichzeitig aber bediente er sich neben dem angelesenen akademischen Jargon eines einfacheren proletarischen Vokabulars, in dem immer schon eine gewisse Verachtung des abgebrochenen Gymnasiasten und Autodidakten für die universitären Eierköpfe mitschwang. Es war diese volkstribunenhafte Mischung, die auch von denen verstanden wurde, die in den Seminaren nicht mehr mitkamen; eine Mischung, die den Redner Fischer in der linksradikalen Szene Frankfurts schon nach einigen wenigen Auftritten außerordentlich populär machte.

Bei der Gründung der Betriebsprojektgruppe verstand es sich fast von selbst, daß man diesen rhetorischen Überflieger zu einem der vier Schulungsleiter kürte, die die künftigen Betriebskämpfer mit den Schriften von Karl Marx näher bekannt machen sollten. Daß ihr Lehrmeister allerdings selbst nicht ganz mit dem Stoff vertraut war, bemerkten diejenigen schnell, die schon zuvor einmal im »Kapital« geblättert hatten. Zu oft entschlüpften selbst dem gewieften Joschka Bemerkungen, die verrieten, daß er nicht mehr als das jeweils zu behandelnde Kapitel gelesen hatte. Schon damals simulierte Fischer eher Wissen, als daß er wirklich darüber verfügte. Doch darin, wie er das tat, war er nicht zu schlagen.

Als es aber mit der Betriebsarbeit ernst werden sollte, mochte der Schulungsleiter plötzlich nicht mehr mitmachen. Arbeit am Fließband ließ sich nur schlecht vortäuschen, und Joschka Fischer, der die Arbeitswelt bereits aus eigener unerquicklicher Anschauung kannte, konnte nicht viel mit der Begeisterung der Studenten fürs Proletarische anfangen. Er beschimpfte seine Genossen als abgehalfterte Studentenführer und verabschiedete sich zunächst vom kurz zuvor gegründeten Revolutionären Kampf. Erst als er bemerkte, daß das Martyrium in Rüsselsheim das Ansehen der dortigen Aktivisten gerade unter den linken Studenten enorm steigerte, kehrte er in die Gruppe zurück, nunmehr bereit, sein Pflichtjahr abzuleisten.

Das dauerte dann glücklicherweise nur wenige Monate, wobei sich alte RK-Kämpfer heute sicher sind, daß Fischer den Rauswurf bei Opel ganz bewußt provozierte. Zwar nahm er schon wenig später einen Job bei einem kleineren Karosseriebaubetrieb in Frankfurt-Heddernheim an, doch sein Hauptinteresse galt von nun dem Vorhaben, unter Anleitung der »Lotta Continua«-Genossen das rauhe Handwerk eines Straßenkämpfers zu erlernen – nach der autodidaktischen Ausbildung zum Redner gewissermaßen auf dem zweiten Bildungsweg. Auch hier legte Fischer eine enorme Versiertheit an den Tag, so daß er bald zum Kommando einer größeren Anzahl von Genossinnen und Genossen gehörte, die ebenfalls lernen wollten, wie man der prügelnden Polizei nichts schuldig blieb. Der Name dieser munteren Abteilung des Revolutionären Kampfes: die »Putzgruppe«.

»Von uns«, erzählte Fischer später stolz dem *Spiegel*, »ist nie einer geschnappt worden.« Was nicht verwundert, denn Joschka trainierte mit seiner Spezialeinheit hart. Sonntags fuhr die Gruppe im geschlossenen Konvoi zu regelrechten Manövern in den Taunus, wo Fischer mit bis zu vierzig Leuten Steineschmeißen in Formation (eine Reihe tief, die nächste hoch), einen Keil bilden oder Gefangenenbefreiung in Dreiergruppen übte. Um das Ganze realistischer zu gestalten, wurde ein Teil der Truppe, der bei der Nahkampfausbildung die bösen Bullen spielen mußte, mit bereits im Kampf erbeuteten Schilden und Schlagstöcken ausgerüstet. Ab und zu fiel dieses Revolutionär-und-Gendarm-Spiel allerdings allzu wirklichkeitsnah aus: dann blieben echte Verletzte oder Ohnmächtige auf dem Waldboden liegen und konnten für die nächsten Wochen beim noch echteren Straßenkampf nicht mehr mitmachen. Manch einer und manch eine – am Anfang trainierten auch RK-Damen im Wald –, dem oder der die Gesundheit lieber war als der Sieg im Straßenkrieg, blieb da bei der nächsten Nahkampfübung lieber zu Haus. Fischer sollte das recht sein, denn er wollte wie die anderen dieser Truppe, die nach den ersten erfolgreich geschlagenen Schlachten den neckischen Szene-Spitznamen »Proletarische Union für Terror und Zerstörung« erhielt, nur ausgesucht harte Männer um sich sehen.

Kaum weniger rabiat waren die Sitten in der zweiten stammesähnlichen Formation, in der Fischer die Rolle eines Häuptlings für sich reklamierte: der Spontimannschaft, die seit Anfang der siebziger Jahre im Frankfurter

Ostpark jeden Samstag dem Fußballspiel frönte. Was um so weniger erstaunte, als viele von denen, die hier die harmlosen Freizeitkicker gaben, mit den Kämpfern der Putzgruppe identisch waren. Entsprechend hart ging es hier zur Sache respektive an den Körper des Gegners. Ab und an blieb ein Spieler mit einem gebrochenen Bein auf dem Spielfeld liegen, wie zum Beispiel der brave Johnny Klinke. Doch das gehört selbst in stockkonservativen Fußballclubs zu den üblichen Umgangsformen, wie wohl auch bestimmte Umgangstöne der revolutionären Kicker (im *PflasterStrand* schriftlich überliefert sind: »Halt's Maul, du blöde Sau!«, »Ich tret' dir gleich in den Arsch!«, »Wenn du das noch einmal machst, leg ich dich um!«) schon auf populäreren Plätzen gehört worden sind. Die Kriterien, nach denen die Mannschaft aufgestellt wurde, sind allerdings im Regelwerk des DFB nicht vorgesehen: Nach einer unausgesprochenen Übereinkunft, erzählt Mitspieler Heipe Weiss, durften nur verdiente Genossen des Revolutionären Kampfes in den Sturm. Wo selbstverständlich auch Joschka spielte, und wehe, ein Genosse wagte es, selbst aufs Tor zu schießen, statt den Ball vorher an ihn abzugeben.

Anders als wohl die meisten seiner Mitspieler rannte Fischer aber nicht aus reinem Spaß dem Ball hinterher. Das zeigte sich, als er eines Tage erklärte, er werde künftig samstags nicht mehr in den Ostpark kommen. Und das nicht etwa, weil er nur Platz 2 in der »Schrei- und Brüllhierarchie« (ein Mitspieler) der Mannschaft einnahm – Platz 1 verteidigte unangefochten Daniel Cohn-Bendit –, sondern weil er meinte, daß angesichts des Häuserkampfs ein Karatetraining wichtiger sei als das zwar rauhe, aber im Grunde genommen nutzlose Gebolze mit den Genossen.

Auch den einzelnen Mitgliedern der verschiedenen Gangs und Clans, die Fischer im Laufe seines Lebens um sich scharte, gewährte er nur so lange seine Gunst, wie sie ihm und seinen Zielen von Nutzen waren. Und sich unterordneten. »Der kann nur Boß sein«, sagt einer, der es wissen muß, sein späterer Grünen-Spezi und Subalterner Hubert Kleinert. Fischer, der heute jedem, der ihm ein Mikrofon unter die Nase hält, erzählt, er sei einmal ein aufrechter Kämpfer für die antiautoritäre Revolte gewesen, hat sich zur Durchsetzung seines Führungsanspruchs immer auch der Mittel bedient, die bereits Anführer von Steinzeithorden im Repertoire hatten. Genauso wie Fischer seine rhetorische Begabung nicht bloß dazu benutzte, dem Klassenfeind die Maske vom Gesicht zu reißen, sondern auch, um Genossen, die ihm argumentativ nicht gewachsen waren, mit »Killerinstinkt« (Wolfgang Kraushaar) vor versammelter Spontiöffentlichkeit niederzumachen, genausowenig setzte er seine Fäuste lediglich zum Verprügeln von Vertretern der Staatsmacht ein. Auch hier machte er vor eigenen Leuten nicht halt.

Das war nicht schön. Zwar gestand Fischer zu einer Zeit, als es gerade angesagt war, in der Zeitschrift *Autonomie* seine »Lust am Schlagen«, für ihn auch immer »ein tendenziell sadistisches Vergnügen«, öffentlich und mit allen Zeichen der Reue ein. Doch besonders ernst hat er das wohl nicht gemeint. Noch 1986 prahlte er neckisch im *Spiegel*, er habe selbst im engsten Realokreis immer wieder daran gedacht, Probleme auf die bewährte Weise zu lösen: »Dann stand die Gewaltfrage im Raum.« Das ist wohl einer der Gründe, weshalb der jeweilige Kern von Joschkas Gang bis zum heutigen Tag – genauso wie die Putzgruppe oder »der Ostpark« – ausschließlich aus Männern besteht. Leute verdreschen und Genossen schinden ist nicht unbedingt das Geheimrezept, mit dem man »die Frau« (August Bebel) in den revolutionären Kampf mit einbezieht, wo doch dem weiblichen Geschlecht subtilere Kampfformen zur Verfügung stehen. Und so entwickelte sich unter Fischers Ägide zumindest eine Fraktion des Revolutionären Kampfes zu einer militanten Männerbande, während sich die Spontifrauen zusehends in autonomen Frauengruppen organisierten.

Daß dies aber weiterhin unter dem Rubrum des RK geschah, der sich mehr und mehr zu einer Art Dachverband lose miteinander verbundener Grüppchen entwickelte, war sicherlich auch Daniel Cohn-Bendit zu verdanken. Er, der intern von Genossen »der Gute« genannt wurde, bildete so etwas wie den – hin und wieder bis zur Niedlichkeit – »weichen« Pol der Gruppe. Für »den Dany« war der revolutionäre Kampf eher ein abwechslungsreiches Spiel, dessen rigorose Regeln er gerne durchbrach, indem er sich zum Beispiel öffentlich in einem noblen Restaurant ein gutes Essen gönnte. Für Joschka dagegen, den man »den Bösen« nannte, war die »proletarische Revolution«, wie er später einmal schrieb, nicht mehr und nicht weniger als ein »Religionsersatz, der meinem Leben egal welchen Sinn gegeben hat«. Nur heimlich ließ er manchmal fünf gerade sein; dann schaute er sich bei einer befreundeten Wohngemeinschaft im Fernsehen reaktionäre, aber von ihm heißgeliebte Heinz-Rühmann-Streifen an, dabei nicht selten konspirative Tränen vergießend, oder – für ihn schon bezeichnender – »Einer wird gewinnen« mit Hans-Joachim Kulenkampff.

Das aber waren seltene Ausnahmen im Leben dieses Mannes, der sich selbst mit Haut und langen Haaren dem Kampf verschrieben hatte, eines »Fighters«, der mit Räuberbart, schwarzer Lederjacke und entschlossener Miene durch Frankfurt schritt wie einst Django über die Hauptstraße eines mexikanischen Dorfes. (Tatsächlich erfreuten sich »Django-Filme« unter den 68ern großer Beliebtheit). Dabei war ihm zum Erreichen seines revolutionären Zieles fast jedes militante Mittel recht, während »der Dany« zwar verbal revolutionäre Gewalt verteidigte, selbst aber nicht wie Fischer zur schnellen Eingreiftruppe gehörte und eher selten »ganz spontan« zu Steinen griff. Auch nach außen funktionierte diese Arbeitsteilung: Später, als Fischer und die Putzgruppe sich immer rabiaterer Mittel bedienten, war es Cohn-Bendit, der sich in der Öffentlichkeit beinahe pazifistisch von der eigentlichen Aktion distanzierte. Gleichzeitig versuchte er aber, Verständnis für die Motive der ihm selbstverständlich stets völlig unbekannten Akteure zu vermitteln.

Was diese beiden so verschiedenartigen Exponenten des Revolutionären Kampfes verband, war die frappante Inhaltslosigkeit ihres Strebens. Der Weg, der sie zum Ziel führen sollte, war ihnen zwar immer genauestens bekannt (Betriebsarbeit, Hausbesetzungen, Straßenkampf), das Ziel dafür um so weniger. Natürlich hätten sie das abgestritten und behauptet, das Ziel sei selbstverständlich »die Revolution«. Was aber sollte danach kommen? Wie stellten sie sich die Gesellschaft nach der Revolution vor? Da mußte Fischer sehr, sehr lange überlegen, und erst nach jahrelangem Nachdenken fiel ihm 1979 eine Antwort ein: »Und so war denn die Revolution der Neuen Linken – im geraden Gegensatz zu Marx und der Alten Linken – von Anfang an eine unpolitische Revolution.«

Joschka und Dany waren in den Siebzigern einfach im Revolutionsbusiness, das mußte als Begründung genügen. Wobei Fischer von Anfang an der Unflexiblere von beiden war. Er kann, wie ihn der ihm nahestehende Geschichtsschreiber der Grünen, Joachim Raschke, einmal grundsätzlich analysierte, »eine die Alltagspolitik überschreitende politische Perspektive nicht bringen«. In dieser Hinsicht ist ihm Cohn-Bendit überlegen, der eine neue Mode (früher: revolutionär, heute: staatstragend) schon wittert, wenn sie sich erst andeutet. Cohn-Bendit ist es, der in einem solchen Falle unbekümmert die Konsequenzen zieht und als erster die grundsätzlichen Kursänderungen (des Revolutionären Kampfes; später der Grünen) vorformuliert, während Joschka fast immer hinterherhinkt, an alten, kaum reflektierten Überzeugungen festhält und mit ihnen unbedingt durch die nächste sich bietende Wand will. Erst wenn die sich einmal mehr als unüberwindbar erwiesen hat und Joschka einsehen muß, daß der wuselige Dany wieder recht behalten hat, gibt er nach und schwenkt auf dessen Linie ein.

Als Team aber sind die beiden kaum zu schlagen. Denn nur Joschka ist aufgrund seiner unbestreitbaren machtpolitischen Qualitäten, seines taktischen und rhetorischen Geschicks in der Lage, das, was Dany ihm vorgeblasen hat, auch durchzusetzen. Allerdings dauert es fast ein Jahrzehnt, bis sich die beiden so aufeinander eingegroovt haben, daß ihr Wechselspiel völlig reibungslos funktioniert. Mit den intensiven Proben zu diesem Stück, das später immer wieder begeistern sollte, wurde im Jahr 1973 begonnen, als Joschka Fischer und Daniel Cohn-Bendit in eine gemeinsame Wohnung zogen. Hier wurden jetzt – manchmal auch zusammen mit anderen »Spontifürsten« (*PflasterStrand*) – am Nachmittag die Entscheidungen getroffen, die das Plenum dann am Abend strikt basisdemokratisch fällen würde. Um der breiten Spontimasse aber nicht das Gefühl zu geben, sie hätte gar kein Wörtchen mitzureden, übte man am Küchentisch bisweilen auch gleich die Meinungsverschiedenheiten mit ein, die man dem Publikum vor dem einmütig ausfallenden Diskussionsergebnis zu präsentieren gedachte.

Eine »urdemokratische Vorstellung«, wie Fischer der *Welt* 1986 mitteilte, die in späteren Jahren noch um dramaturgisch effektvolle Gewissensqualen (z. B. in der Aufführung »Die Bosniendebatte«) bereichert werden sollte. Der wohl scharfsinnigste Kritiker des ganzen Spontitheaters, der Politologe und ehemalige Frankfurter AStA-Vorsitzende Wolfgang Kraushaar, urteilte schon damals: Die

»informellen Strukturen gleichen zuweilen denen einer subkulturell verbrämten Kleinstadtmafia; entgegen aller propagandistisch verbreiteten Öffentlichkeitsansprüche nehmen sie den Exklusivcharakter eines alteingeschworenen Clans ein, der alternativ residiert und dessen Strukturen unangreifbarer zu sein scheinen als die Erbfolge der Monarchie«.

Schon zu Beginn seiner Karriere suchte Fischer, der Aufsteiger im linksradikalen Milieu, die Nähe des etablierten Stars Cohn-Bendit. Und noch heute sind die beiden aufeinander angewiesen. Daher hat Joschka zweifellos recht, wenn er erklärt: »Daniel Cohn-Bendit hat entscheidend auch meine linksradikale Biographie und mein Denken geprägt.« Entscheidend war immer wieder Cohn-Bendits Fähigkeit, Fischer im rechten Moment mit den jeweils neuesten und opportunsten politischen Trends zu füttern. Aber so wie in der Sesamstraße der labernde Ernie schlecht ohne den muffeligen Bert denkbar ist, so konnte auch Cohn-Bendit ohne den Pragmatiker nicht auskommen. Vor allem, als sich Sponti- und Alternativbewegungen auflösten und er seine Position als quasi von der Revolution selbst eingesetzter Guru zu verlieren drohte. Jetzt verdankte er es zu einem Großteil Fischers machtpolitischem Durchsetzungsvermögen, daß er nicht wie viele andere seiner Generation und seines Schlages in der Bedeutungslosigkeit versank. Und heute als bloßes 68er-Faktotum durch die Medienlandschaft irrt.

Freundschaft ist es – trotz aller gegenteiligen Beteuerungen – also kaum, die Fischer und Cohn-Bendit verbindet, sondern eher eine Beziehung, die auf dem jeweiligen Nutzen des einen für den anderen beruht. Und so fällt auch nie der Name Cohn-Bendits, wenn Fischer stolz die Mitglieder des harten Kerns seiner »Gang« aufzählt. Dennoch ist »der Dany« zweifellos eine der wichtigsten Personen in dem gar nicht so »undurchschaubaren Geflecht«, das die linke Szene Frankfurts beherrschte und, wie Wolfgang Kraushaar bereits 1978 fürchtete, die Szene in »ein kleines Chicago« zu verwandeln drohte. 1974 war man jedoch noch nicht ganz so weit. Fürs erste stand noch das revolutionäre Mailand respektive das nordirische Belfast auf dem Spielplan.

Drei Strophen: Rot

Der Musikfreund mag es gelassen nehmen: Auch die Frankfurter Spontibewegung hat ihr Ströphlein zum revolutionären Liedgut beigetragen. Das »Häuserkampflied« kann zwar nicht ganz an die Qualitäten der »Internationale« oder des Brechtschen Lieds von der »Einheitsfront« heranreichen, dafür muß es aber auch nur für eine kurze Revolutionssaison seinen Zweck erfüllen. Strophe eins lautet so:

Reiht euch ein, seid zu kämpfen bereit
Sind wir nur fest entschlossen
Jetzt zu kämpfen, Genossen
Dann wird unsere Stadt bald befreit.

Leider kann bis heute niemand Auskunft darüber geben, was denn eigentlich der genaue Zweck dieses Songs gewesen ist. Die »Massen« sprach er ausdrücklich nicht an, und die »Genossen« um Joschka Fischer mußten kaum agitiert werden, waren sie doch schon längst zum Kampfe fest entschlossen. Und es sollte nicht lange dauern, bis sie das unter Beweis stellen konnten. Denn das Räumungsmoratorium, das der Frankfurter SPD-Magistrat für besetzte Häuser verhängt hatte, lief im März 1973 aus.

Als erstes sollte ein Haus im Westend geräumt werden, das »die Bewegung« ein gutes Jahr zuvor in Besitz genommen hatte. Doch als die Polizei im symbolträchtigen Kettenhofweg eintraf, kam sie noch nicht einmal an das Haus heran. Jetzt zeigte die Putzgruppe, was sie bei ihren sonntäglichen Fortbildungskursen im Wald gelernt hatte. Man muß gewiß nicht jedem Polizeibericht Vertrauen schenken, doch der Rapport, den die Frankfurter Schutzpolizei dem hessischen Innenminister von ihren Räumungsbemühungen lieferte, war einfach zu kläglich, um unglaubwürdig zu sein: »Die Demonstranten zeigten ein bis dahin in Frankfurt am Main nicht gekanntes Ausmaß an Aggressivität und Brutalität. Die Angriffe durch Steinwürfe und Würfe mit schweren Eisenteilen wurden teilweise so heftig geführt, daß die eingesetzten Beamten erst nach mehrmaliger Aufforderung vorgingen. Die Wurfgeschosse waren von solcher Schwere und Größe, daß Lebensgefahr bestand. Außerdem waren die Besetzer mit Latten, schweren Knüppeln, durch Schlaufen am Handgelenk befestigt, Bleirohren, die teilweise auch geschleudert wurden, bewaffnet. Sie verschossen aus sog. ›Spatzenschleudern‹ Glaskugeln, die die Schutzschilde der Beamten durchschlugen.« Und nicht nur aus der Distanz bekamen die offensichtlich völlig überraschten Einsatzkräfte die Schlagkraft der Putzgrüppler zu spüren. Ein Zugführer berichtete von Kämpfen »Mann gegen Mann«, bei denen ihm durch ein »scharfes Schneidewerkzeug« eine Schnittwunde an der Hand zugefügt wurde: »Es wurden mehrere Sehnen durchtrennt, so daß eine Behandlung in der Uni-Klinik erforderlich wurde.« Am Schluß der Auseinandersetzungen blieben 48 Polizisten verletzt auf der Strecke, das besetzte Haus im Kettenhofweg aber wurde nicht geräumt. Die Putzgruppe hatten ihre erste »Schlacht« gewonnen.

Doch damit war die Gefahr einer Räumung nicht abgewendet, und so mußten die Truppen der Spontis in den nächsten Tagen weitere Überstunden einlegen. Auf diversen Demonstrationen in der Frankfurter Innenstadt wandten sie erstmals auch ihre lang geprobte »Hit-and-Run«-Strategie an. Blitzartig stießen sie aus der Menge der Demonstranten hervor, um einzelne Polizisten einzukreisen, mit ihren Knüppeln zu bearbeiten und anschließend wieder genauso schnell zu verschwinden. Ein anonymer »Fighter« berichtete in der Zeitung *Wir wollen alles* von der Front: »Ein Grüner hat sich zu weit vorgewagt, plötzlich ist er allein mit uns und seinem Gummiknüppel, der ihm auch nicht mehr viel nützt. Auch er ist reif fürs Krankenhaus.« Bei diesen Einsätzen kannte keiner der Genossen größere Skrupel, denn: »Wenn Demonstranten Zivilspitzel zusammenschlagen, weil sie schon allzuoft von diesen Typen verprügelt worden sind, oder wenn sie gegen die uniformierte Knüppelgarde von [Oberbürgermeister] Arndt zurückschlagen, so ist das nichts anderes, als notwendige Gegenwehr. Wer darauf verzichtet, unterwirft sich wehrlos dem staatlichen Terror.« Und das taten nur die Luschen vom KBW, über deren »hilflosen Pazifismus« sich die gestandenen Spontirevolutionäre nach getaner Arbeit amüsiert mokierten.

Eine Woche hielten die erbitterten Straßenschlachten um das Haus im Kettenhofweg an. Dann wurde es, trotz heldenhaften Widerstandes in den Schlachten des »roten Mittwoch« und des »blutigen Samstag« (Sponti-O-Ton), am nächsten wieder ganz normalen Mittwoch geräumt. Dennoch feierte der Revolutionäre Kampf, der jetzt in der Öffentlichkeit fast nur noch unter dem Namen »Häuserrat« auftrat, die Kämpfe als einen gewaltigen Erfolg. Nach italienischem Vorbild hatte man sich schließlich zum ersten Mal gewalttätig und vor allem organisiert gewehrt und damit zumindest für kurze Zeit sogar »militärisch« (genauso drückte man es aus) einen tollen Sieg errungen. Triumphierend verteilte der Häuserrat 50 000 Flugblätter mit der Parole »Widerstand ist möglich«. Alle Welt sollte wissen, daß man in Frankfurt dazu übergegangen war, die »Bullen« zu verprügeln, statt sich weiter von ihnen verdreschen zu lassen.

Gleichzeitig aber waren die Spontis um Dany und Joschka der festen Überzeugung, daß sie mit ihrem militanten Vorgehen nicht nur ihrer eigenen, ewig gleichen studentischen Klientel imponiert hatten, sondern auch dem geschundenen städtischen Proletariat. In der Tat gab es in Frankfurt angesichts von Spekulation und Wohnraumzerstörung im Westend durchaus nicht wenig Sympathie für die Hausbesetzer, und auch bei den Demonstrationen marschierten jetzt vielleicht einige hundert Leute mehr mit. Die Revolutionäre mutmaßten sogleich, ihnen sei damit ein entscheidender Durchbruch gelungen. »Die Massenmobilisierung«, krähte Daniel Cohn-Bendit, der wohl wunschträumte, der revolutionäre Mai sei (wieder)gekommen, »hat gezeigt, daß diejenigen unrecht haben, die immer sagten, daß Hausbesetzung keine Strategie sei.« Jedermann könne nun sehen, daß »linksradikale Politik« nicht irgendein sektiererischer Unsinn sei, sondern »durchaus eine Massenperspektive eröffnen kann«. Bei solch erfreulichen Aussichten mußte man den »Massen« ja nicht gleich mitteilen, daß man es selbst gewesen war, der vor noch nicht allzu langer Zeit die ersten Hausbesetzer für ihr vermeintlich uneffektives Vorgehen mit proletarisch eingefärbten Spott übergossen hatte.

Aber was zählte schon eine kleine, in Revolutionärskreisen (und anderswo) nicht unübliche Geschichtsklitterung, wenn man gerade einen weiteren Schritt von welthistorischer Bedeutung getan hatte. Trotz schwerer

Bedenken (»Wir dürfen die Stadt Fankfurt nicht kampflos den Terroristen preisgeben«) hatte nämlich der SPD-Oberbürgermeister Rudi Arndt (im Volksmund wegen seines Vorhabens, die Ruine der Alten Oper zu sprengen, auch »Dynamit-Rudi« genannt) zwischen den Schlachten eine Delegation des Häuserrats zu Geheimverhandlungen empfangen, um noch mehr Blutvergießen auf der Straße zu verhindern. Die Gespräche blieben ergebnislos, die Tatsache aber, daß sie vom Frankfurter Magistrat erstmals wie richtig ernsthafte Revolutionäre behandelt und – wie im Film – als »revolutionäre Gegenmacht akzeptiert« wurden, ließ die Genossen vom Revolutionären Kampf vor Stolz fast platzen. Und was noch toller war: Nicht nur sie selbst, sogar einige Kommentatoren der bürgerlichen Presse hielten es für möglich, daß die Frankfurter Spontis in allernächster Zeit so etwas wie eine deutsche Sowjetrepublik errichten würden. »Es ist nicht auszuschließen«, schrieb ein Kommentator in der *Frankfurter Neuen Presse*, »daß sich nach Frankfurter Beispiel inmitten der Großstädte eine Art Nebenregierung bildet, gestern die Uni-Räte, heute die Häuserräte, morgen vielleicht die Räte der besetzten Fabriken.« Siege der Putzgruppe auf der Straße, massige »Massenmobilisierungen«, Joschka, Dany und Co. in der lokalen Nebenregierung, kein Zweifel: die Zeiger der großen Revolutionsuhr, die gerade noch »beim Opel« einzurosten drohten, standen im Frühjahr 1973 auf fünf, nein, vier, nein, vielleicht sogar schon eher auf drei Minuten vor zwölf.

Eines Tages wird dann zerschlagen
was wir schon zu lang ertragen
Kapital, Banken, Spekulation
denn wir sind jetzt fest entschlossen
Auch zu siegen, Genossen
und zu siegen heißt Revolution.

Minuten? Historisch gesehen war es eigentlich nur noch eine Sekunde bis zur Machtübernahme der Linksradikalen in Frankfurt. Denn etwa auf den Jahreswechsel 1973/74 war die Räumung des »Blocks« terminiert, vier Häuser in unmittelbarer Nähe der Uni, seit Herbst 1971 besetzt und so etwas wie *das* Symbol des Häuserkampfes. Hier hatte der Häuserrat sein Büro, und hier wohnten, in »Stockwerkkollektiven« organisiert, rund 150 Spontis, darunter ein Stockwerk »Lotta Continua«-Genossen und eines, das die autonomen Frauen des RK für sich in Beschlag genommen hatten. Im Keller des Komplexes betrieb allerdings ein nicht ganz hundertprozentiger Genosse einen kleinen Puff; aber das, so wurde behauptet, war eine glatte Erfindung der bürgerlichen Hetzpresse und wurde deshalb erst rund zehn Jahre später eingestanden, als man für die nachwachsende Generation die Erinnerung an die alten Zeiten ein wenig frivoler gestalten wollte. Und noch etwas war am »Block« bemerkenswert: Keiner der Spontiführer residierte an diesem wohl allzu exponierten Ort, weder Joschka Fischer noch »der Dany«, weder Matthias Beltz noch Thomas Schmid; sie alle wohnten, genauso wie die subalternen Gang-Mitglieder Johnny Klinke und Tom Koenigs, in anderen Frankfurter Stadtteilen sicher zur Miete.

Für den Fall, daß die Polizei es wagen sollte, die vier Häuser an der Bockenheimer Landstraße/Ecke Schumannstraße anzutasten, hatten die führenden Genossen die Generalmobilmachung der Spontiszene angeordnet. Man drohte damit, die ganze Stadt lahmzulegen, um damit zu »dokumentieren, daß das Recht dieses Staates immer nur das Recht der Besitzenden meint, und daß dieses Recht in Frage gestellt und gebrochen werden muß, um der Bevölkerung zu ihrem Recht zu verhelfen«. Kurz vor dem Räumungstermin wurden neue Mitglieder für die Putzgruppen angeworben und mit den einschlägigen

Kampftechniken vertraut gemacht, und an die »Massen« verteilte man ein Flugblatt mit Tips für den Straßenkampf. »Wenn wir uns wehren«, versprachen die Spontis darin, »dann richtig!« Daniel Cohn-Bendit rief »Alarmstufe 1« aus und prophezeite der Stadtregierung eine »politisch-militärische Niederlage«, die sie nicht vergessen würde. Doch wie immer, wenn der lustige Spontiguru sich zu Aussagen über die Zukunft hinreißen ließ, wollte die sich einfach nicht daran halten. Im Februar 1974, knapp drei Monate nach dem angekündigten Termin, wurde der »Block« von schwerbewaffneten Polizeieinheiten in einer Blitzaktion geräumt. Tom Koenigs und Johnny Klinke konnten gerade noch in eine Kirche einbrechen und dort die Alarmglocken läuten, aber der angekündigte »richtige« Widerstand blieb aus.

Der wurde auf einer zwei Tage später stattfindenden Demonstration dann nachgereicht. Voller Wut über die erlittene Niederlage steigerte die Putzgruppe ihre militanten Aktivitäten derartig, daß die eingesetzten Sonderkommandos der Polizei am nächsten Tag der Presse kleinlaut gestanden: »Lieber gegen Zuhälter als noch einmal gegen die Politrocker. Sie wollen uns vernichten.« Oberbürgermeister Arndt entfuhr es so entsetzt wie unangebracht: »Das sind faschistoide Chaoten, die schlimmer sind als die SA und die SS in der Nazizeit.« Selbst die Bundesregierung richtete jetzt ihr Augenmerk auf die eskalierende Situation in Frankfurt. Der damalige Bundesinnenminister Genscher erwog ernsthaft, die offensichtlich überforderte hessische Polizei durch Bundesgrenzschutztruppen zu verstärken. Nicht nur dieser geplante Einsatz von paramilitärischen Einheiten, sondern auch die knallharte Analyse, daß im Verlauf der erfolgreichen Demo-Prügeleien aus der schlichten »massenhaften Protestbewegung« der letzten Zeit eine voll »revolutionäre Massenbewegung« geworden sei, ließ die Genossen vom

Revolutionären Kampf nun nicht mehr zweifeln: Die Stunde der Entscheidung sei da, hier und jetzt in Frankfurt sei der große Zeiger der Revolutionsuhr auf die Zwölf vorgerückt.

Damit war es an der Zeit, daß auch die Revolutionsführer aus dem Dunkel der Konspiration an das Licht der Öffentlichkeit traten, um die »Massen« mit ihrem Namen und ihrem Gesicht vertraut zu machen. Bei Daniel Cohn-Bendit war dies aus den bekannten Gründen nicht mehr nötig. Doch jetzt sollten die »Massen« auch endlich einen echten Frontkämpfer kennenlernen. Am 12. März 1974 trat Joschka Fischer im Frankfurter Volksbildungsheim erstmals mit dem vollen eigenen Kosenamen vor einem Publikum auf, das über die üblichen Spontikreise hinausging.

Die Veranstaltung trug den pathetischen Titel »Tribunal gegen Folter«, und neben Dany und Joschka saßen u. a. der Gewerkschafter Heinz Brandt, der ehemalige Juso-Bundesvorsitzende Karsten Voigt sowie der notorische Gerhard Zwerenz auf dem Podium. Gemeinsam wollte man die Polizei anklagen. Die hatte sich in den Wochen zuvor nicht nur ordentlich verdreschen lassen, sondern auch selbst kräftig zugelangt. Dabei war es vor allem im Polizeigewahrsam zu üblen Exzessen gekommen – man schlug z. B. Gefangenen mit dem Hammer auf die Füße oder ließ verprügelte Opfer ihr eigenes Blut vom Zellenboden auflecken –, was nun tatsächlich an die Praxis südamerikanischer Folterknechte erinnerte. Cohn-Bendit und Fischer ging es indes anscheinend weniger darum, diese konkreten Fälle aufzuklären. Sie nutzten das Tribunal lieber zur Propaganda für ihre Form der revolutionären Gewalt (Cohn-Bendit: »Ob wir es im einzelnen waren oder nicht: Wir sind solidarisch, unterstützen und finden richtig, was geschehen ist.«) und zur Entlarvung der SPD, deren Oberbürgermeister und Polizeipräsident für die »Terrormethoden, die gestapoartig waren,« letztlich verantwortlich seien.

Als der gerade gewählte SPD-Bundestagsabgeordnete Karsten Voigt neben den Übergriffen der Polizei auch in staatstragender Manier die Gewalt der Demonstranten verurteilte, drehten Joschka und Dany richtig auf. Fischer, der gleich zu Beginn seines Beitrags betonte, daß er als Vertreter der Putzgruppe redete (»für die Genossen, die in den letzten Tagen gewöhnlich als Politrocker bezeichnet wurden«), erklärte, es gebe schließlich nur zwei Möglichkeiten: Entweder man entscheidet sich für einen »Reformismus, der letztendlich die Praxis des Kapitals darstellt«, oder für das, »was als Aktionen von Politrockern diffamiert wird, was in Wirklichkeit aber heißt: Massenwiderstand gegen die reaktionäre Gewalt gewaltsam* zu organisieren«. Und als der SPD-Mann das partout nicht begreifen wollte und den »Genossen Fischer« eindringlich warnte, daß »diese Spielerei mit Gewalt-Aktionen an Gesetzen vorbei die Reaktion provoziert« – immerhin stünden in der BRD rund 500 000 Mann unter Waffen –, erklärte ihm »der Dany« die Sache gleich noch einmal: »Wir haben leider keine Wahl, denn ... die Alternative ist [die] zwischen Barbarei und revolutionärer Veränderung, dazwischen gibt es nichts.« Da mußte Voigt für den Moment passen und zu einer Prophezeiung Zuflucht nehmen: »Wer von uns der größere Revolutionär sein wird, wird die Praxis erweisen, und nicht seine Worte. So bin ich davon überzeugt, daß ein großer Teil derjenigen, die jetzt die Strategie von Cohn-Bendit vertreten, in eini-

---

* Dieses wichtige Wörtchen findet sich lediglich in der Urfassung des Zitates in dem von Jürgen Roth und Axel Wenzel 1974 herausgegebenen Buch »Frankfurt: Zerstörung, Terror, Folter«; in späteren Druckfassungen wie auch in Fischers Biographie ist es auf magische Weise verschwunden.

gen Jahren entweder dem Sektierertum verfallen werden oder unsere Strategie unterstützen werden.« Allerdings: Ein großer Revolutionär wurde Karsten Voigt dann auch nicht.

»Unsere Strategie«, das meinte, wie ein Autor im RK-Hausblatt *Wir wollen alles* Karsten Voigt hinterheragitierte: »Realpolitik«. Nichts auf weiter politischer Flur, so schäumte der namenlose Mann, könne schmutziger, drekkiger und gemeiner sein. »Voigts Argumentation zeigt beispielhaft, wie der Zwang zur Realpolitik die Verfälschung richtiger Ausgangspositionen erzwingt. Da wird der beste Wille zur Fratze der Macht... Das Tribunal war für die revolutionäre Linke Frankfurts sehr lehrreich: sie kennt Voigt, der im Kiel- und Brackwasser der radikalen Studentenbewegung zur politischen Figur geworden ist, schon sehr lange; am 12. März hat sie endgültig den neuen, auf seinen kapitalistischen Kern gebrachten Voigt erlebt, der die menschenfeindliche Sprache der Macht sprach. Das und auch das spontane Entsetzen der Genossinnen und Genossen darüber festzuhalten, wie einer, der irgendwie zu uns gehörte...« usw. usf. Das liest sich ganz, als habe dies derselbe Moralist geschrieben, der auf der Veranstaltung im Volksbildungsheim Karsten Voigt tief betroffen anblaffte, wie er überhaupt dazu komme, eine solch perverse Reformpolitik zu vertreten: »Da frage ich mich, wo moralische Korruption und wo Karrierismus liegt?« Und dieser Mann hieß Joschka Fischer. Manchmal gibt es sie wirklich, die sonst allzu häufig zitierte Ironie der Geschichte.

Auf dem Tribunal am 12. März 1974 aber, nach einer »militanten, siegreichen Demo« und am Vorabend noch viel größerer Schlachten, hatte Daniel Cohn-Bendit der Geschichte Dramatischeres zugedacht, als neckisch zu zwinkern. »Irgendwann«, brüllte er Karsten Voigt und seinesgleichen so laut entgegen, daß man ein Echo noch am Ende des Jahrhunderts zu vernehmen glaubt, »müßt ihr euch entscheiden. Entweder seid ihr auf der Seite derer, die foltern, oder auf der Seite derer, die gefoltert werden. Irgendwann wird euch die Geschichte diese Entscheidung abverlangen.« Spätestens beim Jüngsten Volksmassengericht, am Tag der großen Spontirevolution.

Dann, ihr Freunde, gibt es Feste
alle Menschen sind die Gäste
s' wird getrunken, geliebt und gelacht
Sind wir nur fest entschlossen
Hart zu kämpfen, Genossen
wird die Welt bald bewohnbar gemacht.

»Verteidigungsminister« Fischer dreht durch

Die Welt sollte aber auch zukünftig nur von einem unmöglichen Möbelhaus aus Schweden wohnlich gestaltet werden, denn die Revolution mußte mangels »Massen« ausfallen. Diese bittere Erfahrung machten die Spontis, als sie wenige Wochen nach der letzten großen Straßenschlacht neue Krawalle anzettelten, die »massenmäßig« den endgültigen Durchbruch bringen sollten. Weil Oberbürgermeister Arndt angekündigt hatte, daß ab sofort jedes neu besetzte Haus noch am selben Tag geräumt werden würde, erklärten Joschka und Dany den Häuserkampf fürs erste für erledigt. Ein neues Betätigungsfeld wurde gesucht und schnell gefunden. Diesmal hängte man sich an eine Kampagne der KBW-Konkurrenz, die schon seit einigen Wochen Unterschriften gegen geplante

Fahrpreiserhöhungen des Frankfurter Verkehrsverbunds (FVV) sammelte.

Bereits auf dem Folter-Tribunal hatte ein Subcomandante der Putzgruppe, der Genosse Matthias Beltz, angekündigt: »An der Erhöhung der Fahrpreistarife wird sich die Frage der Gewalt leider noch mal in allernächster Zeit stellen müssen.« Doch diesmal erhielten die Spontis auf ihre Frage eine unerwartete Antwort. Bei den FVV-Straßenschlachten, die die Putzgruppe im Mai 1974 auf der Zeil, der zentralen Einkaufsstraße Frankfurts, austrug, kam sie von der Polizei. Die war in den letzten Monaten für fünf Millionen Mark mit neuen Schilden, besseren Helmen und härteren Knüppeln ausgestattet worden, die sie jetzt, nach den blamablen Niederlagen der Vergangenheit, an den Haudegen des Revolutionären Kampfes mit besonderem Eifer ausprobierte. »Der Bullenterror geht bis zum äußersten des noch möglichen«, stellten die Kämpfer schockiert fest, und nicht nur die »Massen« blieben den Schlachten fern, sondern auch »viele Genossen machen nicht mehr mit, die meisten aus Angst«. Und so mußte nach einer ganzen Woche härtester Prügeleien »Verteidigungsminister« Fischer (auch das ein zeitgenössischer Spontispitzname für den »Bösen«) zum Rückzug blasen, ohne daß Busse und Bahnen auch nur einen Meter zum geforderten Nulltarif gefahren wären.

Es war zum Auswachsen. Da hatten die Revolutionäre geglaubt, ihre zauberhafte »Massen-Prinzessin« wäre, nachdem sie mit allem möglichen so laut Krawall geschlagen hatten, aufgewacht und hätte sich endlich erhoben; dabei war das saubere Dornröschen nur eben einmal aufgestanden, kurz herumgelaufen und hatte sich dann wieder ins üble Prokrustesbett gelegt. Wenn überhaupt. Einige jüngere Genossen meinten sogar, die ganze »revolutionäre Massenbewegung« der Häuserkampfzeit sei pures Wunschdenken der Spontiführer gewesen. Sie verwiesen spitzfindig und bürgerlich empirisch auf die seit 1968 praktisch unverändert gebliebene Zahl von durchschnittlich 3000 bis 5000 revolutionären Demonstrationsteilnehmern und höhnten: »Wenn der RK kräht auf dem Mist, kommt die Masse, oder sie bleibt, wo sie ist.« Unübersehbar: Nach der Niederlage im Fahrpreiskampf stürzten die eben noch vor Umsturzeifer überschäumenden Revolutionären Kämpfer in die nächste existentielle Krise.

Auch die wenigen in der Fabrik verbliebenen Aktivisten knüpften im Sommer 1974 ihre Hoffnungen an immer dünnere Fädchen: »Nach dem Werksurlaub kann es beim Opel in Rüsselsheim politisch nur noch aufwärts gehen. Wahrscheinlich wird der Urlaub wieder so beschissen, daß ein guter Haß entsteht, der hoffen läßt.« Doch vermutlich hatte sich die Arbeiterklasse auf Mallorca einmal mehr wie Bolle amüsiert, denn im nächsten Sommer war es mit der ganzen Revolutionären-Kampf-Herrlichkeit endgültig vorbei. Im Juni erschien die letzte Ausgabe der *Wir wollen alles*, und nur kurze Zeit später löste sich die Gruppe als Organisation offiziell auf.

Die Hoffnung auf eine Revolution aber hatte man noch längst nicht aufgegeben, auch wenn die Zeiten härter wurden. Im Zuge der Fahndung nach den Tätern, die am 10. November 1974 den Kammergerichtspräsidenten Günther von Drenkmann erschossen hatten, gerieten auch die Spontis ins Visier der Staatsschützer; im November 1974 wurden allein in Frankfurt zwanzig Wohnungen durchsucht. Heftig diskutierten die Genossen, wie man unter diesen erschwerten Bedingungen weitermachen sollte. Manche, die gerne einmal in einem richtigen Zentralkomitee sitzen wollten, liebäugelten mit der Gründung einer linksradikalen Partei, wie es die Genossen von »Lotta Continua« in Italien vorgemacht hatten. Andere, wie Cohn-Bendit und Thomas Schmid, witterten in der entstehenden Altenativbewegung eine vielversprechende Chance, die Gesellschaft auf eher schleichende Weise umzukrempeln. Joschka Fischer hatte damit nichts am Hut. Er war Revolutionär und kein Müslifresser. Und »die Pflicht des Revolutionärs ist, die Revolution zu machen« (Che Guevara). Wenn man den Bullen auf der Straße nicht mit Steinen und Knüppeln beikam, dann mußte man es eben mit anderen, effektiveren Mitteln versuchen.

Was damit gemeint war, sollte sich am Freitag, den 19. September 1975, zeigen. Am Tag zuvor hatte ein spanisches Militärgericht acht Mitglieder der maoistischen Organisation FRAP und zwei Angehörige der baskischen ETA zum Tode verurteilt. Unmittelbar danach kam es in aller Welt zu Protesten. Zehntausende baten den faschistischen Diktator Franco in Briefen um Begnadigung, unter ihnen Bundespräsident Scheel, der Papst und sämtliche Außenminister der EG. In Frankfurt am Main hingegen hatte man keine Lust, zum Griffel zu greifen; statt dessen griffen die vereinigten Sponti- und Putzgruppen aus dem Rhein-Main-Gebiet das spanische Generalkonsulat am Grüneburgpark an.

Diesmal war es die stolze Zahl von rund 200 Leuten, mit Pudelmützen und Nylonstrümpfen bizarr vermummt, die auf die von nur wenigen Polizisten bewachte spanische Vertretung zustürmten und direkt vor ihr Aufstellung nahmen. Zunächst verlief alles wie bei den klassischen Häuserkampfschlachten. Die erste Reihe der Formation warf Farbbeutel gegen die Hauswand, sprang zur Seite und machte damit Platz für die Steinewerfer. Doch dann trat überraschend noch eine dritte Reihe auf den Plan, die das Konsulat mit einer Salve Molotowcocktails eindeckte. Unmittelbar danach stand auch ein Mannschaftswagen der Polizei in Flammen. Als einige Beamte in Panik ihre Waffen zogen und gleichzeitig Verstärkung aus der Innenstadt eintraf, hinderten die Angreifer die Polizei mit ihren restlichen Molotowcocktails am Aussteigen und traten dann den Rückzug an. Kaum fünfzehn Minuten hatte die Blitzaktion gedauert, bei der erstaunlicherweise – immerhin sollen 45 Brandsätze geschleudert worden sein – nur zwei Polizisten leicht verletzt und vier Polizeifahrzeuge demoliert wurden. Die Täter konnten ausnahmslos entkommen. Was diesen Angriff von allen bisherigen Straßenkampfaktivitäten der Putzgruppe qualitativ unterschied, arbeitete ein Kommentar in der *FAZ* am darauffolgenden Montag heraus: »Der Sturm auf das spanische Konsulat zeigt aber doch etwas Neues, das wir in unserer demonstrationserfahrenen Szenerie bisher noch nicht kennengelernt haben...: Die Attacke am Grüneburgweg war vorbereitet wie ein Guerillero-Einsatz ... Brandsätze wurden in größerer Zahl vorbereitet, Kleidungsstücke präpariert und die Gefahr der Konfrontation mit der Polizei durch anonyme Drohungen für andere Orte und dadurch bedingte Zerfaserung der Polizeireserven vermindert. Schließlich berichtet die Polizeiführung davon, daß ihre internen Polizeifunkwellen während des Einsatzes ›fachmännisch‹ gestört worden seien ... Aber nicht nur Strategie und Ausstattung der Chaoten muß einen stutzig machen. Es ist auch deren Zahl ... Daß nun eine derart große Truppe einen solchen Einsatz planen und durchführen kann, ohne daß zuvor etwas durchsickert, muß bedenklich stimmen.«

Mag sein, daß sich die Anführer der Putzgruppe geschmeichelt fühlten ob dieses versteckten Lobes für den so perfekt vorbereiteten Sturmangriff. Die Tatsache aber, daß der *FAZ*-Kommentator zu dem Schluß kam, diese Aktion sehe für ihn »wie der erste Schritt zum kalt berechneten Einsatzterror der Baader-Meinhof-Bande« aus, hätte sie durchaus ein wenig nachdenklicher stimmen können. Denn damit lag der Mann so falsch nicht.

Schon nach den Straßenkämpfen am Kettenhofweg

hatte sich der Revolutionäre Kampf den Terroristen der Roten Armee Fraktion mehr und mehr verbunden gefühlt. Auch die verschärften Haftbedingungen, denen Baader, Meins, Raspe und andere nach ihrer Festnahme im Juni 1972 ohne Zweifel ausgesetzt waren – für den RK »Isolationsfolter nach der Methode von Gestapo und G. P. U.« –, trugen dazu bei, daß man die nach dem Anschlag auf das US-Hauptquartier noch geübte taktische, verbal jedoch entschiedene Distanzierung von der RAF zu überdenken begann. So erklärten die Genossen beispielsweise zum Schußwaffengebrauch der Terroristen in der *Wir wollen alles* vom August 1973: »Die RAF hat das Recht beansprucht, sich zu verteidigen. Das ist ein legitimes Recht! Jeder hat das Recht, sich gegen tägliche Gewalt dieses Staates, gegen die Gewalt dieser gesellschaftlichen Verhältnisse zu wehren. Gegen die Fabrik, gegen die Bullen, gegen die Justiz und gegen den Knast. Dieses Recht kann von keinem bürgerlichen Gericht als kriminell verurteilt werden. Ein Revolutionär kann sich nur der Notwendigkeit der Situation unterwerfen, nicht aber dem Gesetzbuch seiner Henker.« Solche Bekenntnisse waren nun in der Tat etwas anderes als »die berühmt-berüchtigte ›klammheimliche Freude‹ vieler über die blutigen Terroranschläge«, an die sich Joschka Fischer nach knapp drei Jahrzehnten so eben noch reumütig erinnern konnte.

»Mit dem Bruch des Tabus der Gewaltlosigkeit hatte die Bewegung ihre Unschuld verloren«, steckte Fischer 1997 dem *Stern*. Mit dem Sturm auf das spanische Generalkonsulat hatten die Putzgruppe und andere militante Gruppen aber eine wesentlich konkretere Grenze überschritten: die des sogenannten »Frankfurter Militanzniveaus«, auf das sich die Spontis einst in langen Diskussionen geeinigt hatten. Unter anderem sah diese interne Absprache vor, daß auf den Einsatz von »Mollies« verzichtet werden solle. Allerdings hatte sich nach den blamablen FVV-Kämpfen bereits im September 1974 eine pyrotechnische Fraktion für die Aufrüstung der Putzgruppe stark gemacht. Sie brannte darauf, eine von Tom Koenigs vorbereitete große Chile-Solidaritätsdemonstration mit einem Großfeuerwerk zu krönen: Erwogen wurde, das Haus des chilenischen Honorarkonsuls, eines Managers der Henninger Brauerei, mit Brandsätzen zu flambieren. Schließlich wurde auf diesen krönenden Abschluß verzichtet, allerdings weniger aus Sorge um die Bierversorgung Frankfurts, als vielmehr um uneingeweihte Demonstranten nicht zu gefährden.

Auch deshalb operierte die Putzgruppe ein Jahr später erstmals nicht im Schutz einer regulären Demonstration, sondern trat vor dem spanischen Konsulat unbedeckt auf den Plan. Da sie nach dem Einsatz nicht wieder einfach in der Menge der friedlichen Demonstranten untertauchen konnte, erforderte die Durchführung des Einsatzes eine noch genauere Planung und die strikte Disziplin aller beteiligten Kämpfer. Deshalb und um absolute Geheimhaltung zu gewährleisten, orientierte sich der militärische Arm der Spontibewegung jetzt an einem Konzept, das man direkt bei der lateinamerikanischen Stadtguerilla abgeguckt hatte: Nur noch wenige Kader, die einen kleineren Trupp befehligten, wußten über den vollständigen Ablauf einer Aktion Bescheid, der gemeine Spontisoldat mußte deren Anweisungen blind befolgen. »Massenguerilla« hieß diese neue Strategie pompös, »milizartige Selbsthilfeorganisationen« nannte man die einzelnen militanten Haufen. Nicht nur deren klandestine Struktur, auch dieses Vokabular vom Volkskriegswühltisch machten deutlich, daß Joschka und seine Freunde sich dem »Konzept Stadtguerilla« der RAF bis auf Tuchfühlung angenähert hatten.

Was in der Rückschau verwundert, ist die Tatsache, daß während der fast drei Jahre dauernden heißen

Kampfzeit der Putzgruppe und trotz nicht weniger Razzien und Festnahmen (zumeist harmloser Mitläufer), Polizei und Staatsschutz offensichtlich nichts über die Identität dieser Asphaltpartisanen in Erfahrung bringen konnten. Nach den Kettenhofweg-Krawallen glaubte OB Arndt, bei den »Politrockern« handele es sich um die »Schlägertrupps der Horlemann-Semler-KPD«, eine K-Gruppe, die in Frankfurt einen verschwindend geringen Einfluß besaß und deren Mitglieder wegen ideologischer Differenzen selbst hin und wieder von den Spontis Prügel bezogen. Nach der Straßenschlacht um den »Block« erklärte die Polizei der *Bild am Sonntag*, sie wisse »bis heute kaum etwas über Organisation und Zusammensetzung ihrer Gegner«. Und auch nach dem Sturm auf das Konsulat hatten die Ermittlungsbehörden »keine Hinweise darauf, welche Gruppierung hinter der Aktion steht«. Ob die Behörden damals Daniel Cohn-Bendit befragt haben, ist nicht bekannt. Viel genutzt hätte es sicherlich nicht. Denn der Obersponti hatte natürlich nicht den Hauch einer Ahnung, als er am nächsten Tag auf einer selbstverständlich friedlichen Kundgebung am selben Ort die Ziele der Aktion vom Vortag rechtfertigte, denn »die Empörung über die Vorgänge in Spanien« sei schließlich sehr groß. Auch daß Cohn-Bendit offen erklärte: »Heute nicht, morgen nicht, aber wir werden das Konsulat schon kriegen«, genügte offenbar nicht, die Spontis des Angriffs zu verdächtigen. Wenn sie auch für ihre Knüppeleinsätze bald bundesweit berüchtigt war: besonders auf Draht scheint die Frankfurter Polizei Mitte der Siebziger nicht gewesen zu sein.

Und so wurde denn der Lieblingsfeind der Linksradikalen, Frankfurts Polizeipräsident Müller, wieder einmal vollkommen von einer Aktion überrascht. Sie war nicht nur die spektakulärste und folgenschwerste, an der neben anderen Militanten die Putzgruppe beteiligt war, sondern auch ihre letzte. Den Anlaß lieferte der Tod von Ulrike Meinhof, die am 9. Mai 1976, einem Sonntag, in ihrer Zelle im Gefängnis Köln-Ossendorf erhängt aufgefunden wurde. Wie damals fast alle Linken gingen auch die Frankfurter Spontis davon aus, daß »Ulrike«, so Joschka Fischer, »im Knast von der Reaktion in den Tod getrieben, ja im wahrsten Sinne des Wortes vernichtet« wurde. Um dagegen zu protestieren, fand auch in Frankfurt am nächsten Tag eine Demonstration mit rund 700 Teilnehmern statt, vor der die militanten Kämpfer offenbar die allerletzten Bedenken über Bord geworfen hatten. Schon beim ersten Zusammenstoß mit der Polizei in der Nähe der Universität flogen die Molotowcocktails tief; einer davon fügte einem Polizisten schwere Brandverletzungen an beiden Beinen zu. Danach stürmten die Demonstranten in kleineren Gruppen in die Innenstadt. Als sie sich hier wieder zu einem Zug formieren wollten, versuchte die Polizei, dies mit Gewalt zu verhindern. Da eskalierte die Situation vollends. Von einer Minute auf die andere hatten die Putzgrüppler plötzlich Brandsätze in den Händen – einen Teil davon hatte man, wie passend, in einem symbolisch mitgetragenen Sarg versteckt – und schleuderten sie auf die vorrückenden Polizisten. Doch diesmal ging es weniger geordnet zu als vor dem spanischen Konsulat. Teilweise wurden die »Mollies« so ungeschickt geworfen, daß auch Demonstranten erst in letzter Sekunde ausweichen konnten. Dann brannte plötzlich ein Polizeiwagen. Einem der beiden Insassen, dem 23jährigen Polzeiobermeister Jürgen Weber, gelang es nicht sofort, sich aus dem Auto zu befreien. Schließlich zerrten ihn einige Kollegen vom Fahrersitz und wälzten ihn – so die Lokalpresse – »wie eine lebende Fackel« auf der Straße hin und her, um die Flammen zu ersticken.

Am nächsten Tag stellte sich heraus, daß die Haut des jungen Polizisten zu 60 % verbrannt war; nach Aussagen der Ärzte, die ihn in einer Ludwigshafener Spezialklinik behandelten, waren damit seine Überlebenschancen gering. Jetzt entschloß sich die hessische Landesregierung zu einem härteren Vorgehen. Nachdem bereits Bundesjustizminister Hans-Jochen Vogel die Haushaltsdebatte des Bundestags dazu genutzt hatte, für die Frankfurter Aufrührer »die volle Härte des Gesetzes« zu fordern, wurde eine Sonderkommission eingesetzt, die mit einem Staatssekretär an der Spitze den »Mordversuch« an dem Polizisten aufklären sollte. Für Hinweise auf die Täter setzte man 50 000 Mark aus – die höchste Belohnung, die in Hessen bis zu diesem Zeitpunkt ausgelobt worden war.

Bereits drei Tage später, am Freitag, dem 14. Mai 1976, konnte die Kommission der Öffentlichkeit einen ersten Erfolg melden. In den berüchtigten frühen Morgenstunden hatte man in verschiedenen Frankfurter Wohnungen zwölf Männer und zwei Frauen unter dem Verdacht des versuchten Mordes, der schweren Körperverletzung, der schweren Sachbeschädigung und der Zugehörigkeit zu einer kriminellen Vereinigung festgenommen. Alle wurden beschuldigt, an der Meinhof-Demonstration teilgenommen zu haben. Noch am selben Abend trat der Frankfurter Polizeipräsident Knut Müller wie Eduard Zimmermann persönlich in der Nachrichtensendung des hessischen Fernsehens, der »Hessenschau«, auf, um die Bevölkerung um Mithilfe zu bitten. Assistiert von Staatssekretär Werner zeigte er Ausschnitte aus Polizeivideos und Fotos von fünf »Terroristen«, die seiner Meinung nach nicht nur bei dem Angriff auf das spanische Generalkonsulat dabeigewesen waren, sondern auch im jüngsten Fall als besonders schwer belastet galten: zwei Studenten, ein Schlosser, ein Elektroingenieur sowie ein Mann mit Bart und Brille, aber ohne Beruf: »der 28jährige Josef Martin Fischer.« Damit schien der Putzgruppenkämpfer nach jahrelangen militanten Aktionen erstmals in echten Schwierigkeiten zu sein.

Die Szene kam ihm und den anderen Festgenommenen, die nun im Frankfurter Polizeipräsidium rund um die Uhr verhört wurden, sofort zu Hilfe. Unmittelbar nach der Festnahme der vierzehn Genossen setzte eine Solidaritätskampagne ein, wie sie Frankfurt bis dahin nicht erlebt hatte. An ihrer Spitze stand, wie konnte es anders sein, der Spontipflichtverteidiger Daniel Cohn-Bendit. Noch am selben Tag berief er eine Pressekonferenz ein, auf der er erklärte, die Demonstranten hätten lediglich ihre Empörung über den Tod von Ulrike Meinhof ausdrücken wollen und keinesfalls beabsichtigt, Gewalt anzuwenden. Welche Zauberhand ihnen allerdings die zahlreichen Molotowcocktails in die Hände gelegt hatte und auf wessen höheren Befehl sie diese schließlich fliegen ließen, konnte er nicht sagen. Ansonsten aber zeigte er sich bestens informiert: »Es sind keine Täter gefaßt worden«, zitierte ihn die *FAZ* vom 15. Mai 1976, und berichtete weiter: »Niemand der Festgenommenen, so Cohn-Bendit, gehöre einer ›kriminellen Vereinigung‹ an. Niemand von ihnen ›ist in den Untergrund gegangen oder wird dies, falls er auf freien Fuß kommt, tun‹.« Niemand schien sich allerdings zu fragen, wie der ansonsten so vollkommen Ahnungslose derart genaue Auskünfte selbst über zukünftige Intentionen seiner Genossen geben konnte.

Die Polizei wußte offenbar noch weniger, jedenfalls hatte sie nichts Hieb- und Stichfestes. Bereits am nächsten Nachmittag wurden die ersten sechs Festgesetzten wieder freigelassen. Den Rest, darunter auch Joschka Fischer, führte man wegen dringenderer Verdachtsmomente dem Haftrichter vor. Der ließ nur einen der Verdächtigen, einen 25jährigen Studenten namens Gerhard S., in der Szene »Gerard« genannt, in Untersuchungshaft nehmen, Zeugen wollten ihn als denjenigen aus der Gruppe identifiziert haben, der den Brandsatz geworfen hatte. Die anderen Beschuldigten kamen wieder frei, der letzte von ihnen verließ Sonntag nacht gegen ein Uhr das Polizeipräsidium. Für »Gerard« lief die große Solidaritätskampagne weiter, u. a. mit öffentlichen Hungerstreiks und beinahe täglichen »Freiheit für Gerard«-Demonstrationen. Im Laufe der Zeit stellte sich aber heraus, daß er bei der Molotowcocktail-Party vom 10. Mai nicht einmal unter den Gästen weilte. Zehn Tage lang wollte die Justiz nicht einsehen, daß er damit kaum als Täter in Frage kam; endlich mußte Gerhard S. doch aus der Haft entlassen werden. Zwar gab die staatliche Untersuchungskommission, offensichtlich unter Erfolgszwang, nicht auf und ließ noch Monate nach dem Anschlag erneut eine Frau aus der Szene verhaften, aber auch das erwies sich als Fehlschlag. Sämtliche Ermittlungen verliefen schließlich aus Mangel an Beweisen im Sande; der »Mordversuch« an dem jungen Polizisten, der mehr als einen Monat in Lebensgefahr schwebte und allen Prognosen zum Trotz dann doch überlebte, blieb ungeklärt.

Die polizeilichen Ermittlungen gegen die vierzehn Festgenommenen hatten sich zunächst auf die Aussagen einzelner Szenerandfiguren aus dem Trebegängermilieu gestützt, die sich Hoffnungen auf eine schnell verdiente Mark gemacht hatten; erst später kamen die Beobachtungen von Zeugen hinzu, die den Studenten als Haupttäter belasteten. Weder die einen noch die anderen Hinweise erwiesen sich als beweiskräftig genug, um auch nur einen aus der Gruppe einer wie auch immer gearteten Tatbeteiligung zu überführen. Dennoch gab Karsten Voigt den Spontiführern eine nicht geringe Mitschuld an dem, was die Justiz damals Mordversuch nannte. In einem zehn Jahre nach der denkwürdigen Attacke in der Zeitschrift *Die neue Gesellschaft* erschienenen Aufsatz schrieb er: »Die Tatsache, daß die Militanz der Spontibewegung praktisch funktionell abrufbar war, machte sie objektiv zu einem Instrument ihrer Wortführer – obwohl diese weder die Tatsache einer Führung noch die Instrumentalisierung je zugegeben hätten.« Der Mann kannte sich aus bei Spontis zu Hause. Doch zumindest Joschka Fischer war in den Anschlag vom 10. Mai noch tiefer verstrickt, als der SPD-Parlamentarier 1986, im Jahr der ersten rot-grünen Koalition, ahnen konnte oder aber wollte.

In einem Bericht, den der damalige hessische Innenminister Bielefeld dem Landtag über die Vorgeschichte der Meinhof-Demonstration vorlegte, hieß es unter anderem, weder die Überwachung der zu Ausschreitungen neigenden Gruppen noch die Diskussion nach der friedlich verlaufenen Demonstration vom Vortag hätten Verdachtsmomente für die Planung irgendwelcher Ausschreitungen ergeben. Da waren die Spitzel des Staatsschutzes offensichtlich auf der falschen Veranstaltung gewesen. Die Putzgruppe und andere militante Gruppen jedenfalls hatten sich am Vorabend der Demonstration im Stadtteilzentrum Bockenheim getroffen, wo das Vorgehen für den nächsten Tag diskutiert wurde. Viele Kämpfer waren wegen des »Mordes an Ulrike« äußerst aufgebracht. Eine Mehrheit trat dafür ein, der Polizei eine Schlacht zu liefern, die diese nicht vergessen würde. Auch der Einsatz von »Mollies« wurde heftig gefordert.

Dagegen hielten nur wenige bedächtige Genossen. Sie warnten eindringlich, daß die Brandsätze, in die Menschenmengen der Innenstadt geworfen, Fürchterliches anrichten könnten. Vergeblich. Schließlich gab es nur noch eine Person im ganzen Saal, die das absehbare Desaster hätte abwenden könne: der Mann, der die Diskussion leitete, Genosse Joschka Fischer persönlich. Doch der zeigte sich wenig besonnen und setzte sich selbst für die Wunderwaffe ein, mit der man vor dem spanischen Generalkonsulat einen historischen Sieg erzielt hatte. Damit war die Sache entschieden, und die Demonstration konnte ihren bekannten Verlauf nehmen.

Keiner der Beteiligten, auch nicht Joschka Fischer selbst, hat – verständlicherweise – die Öffentlichkeit vom Verlauf der Diskussion an diesem Abend je etwas wissen lassen. Allerdings munkelte Joschka immer mal wieder dunkel: »Ich habe alles durchlebt und durchlitten. Das Erlebnis der Entwicklung des Terrorismus, der Schuld, die man dort auf sich geladen hat..., wie Ideologie, wie die besten Ideale und Absichten, wenn man sich in der Form nicht mehr vermittelt und zurücknimmt, abkippen bis in das Verbrechen, das ist für mich eine prägende Erfahrung. Das sind auch Brüche in meiner Biographie.« Welche konkrete Schuld, welches ominöse »Verbrechen«, das war aus dem großen Schmerzensmann nicht herauszubekommen, und bisher ist dieses keinem Journalisten auch nur eine Nachfrage wert gewesen. Statt dessen las man allerorten immer wieder allegorisch Verblasenes, z. B. ausgerechnet in der *Brigitte*: »Ich bin manchmal am Abgrund entlangbalanciert, war dann immer realitätstüchtig genug zu erkennen: Das ist ein Abgrund. Und habe dann rechtzeitig wieder den Schritt weggetan.« So soll es in die Geschichtsbücher eingehen, doch es gibt Zeitzeugen, die dieser Version widersprechen. Sie erklären: Am Abend des 9. Mai 1976 hatte Joschka Fischer, nachdem er jahrelang zielstrebig auf den »Abgrund« zugehastet war, alle Warnschilder übersehen und stürzte, indem er für den verhängnisvollen Molotowangriff eintrat, wenigstens ein paar Meter in die Tiefe. Das aber ist natürlich nicht das, was junge Frauen morgens nach dem Gang zum Ökobäcker über den smarten Chef ihrer Lieblingspartei lesen wollen.

»Wir sind die Wahnsinnigen...«

Mit den Sünden der Jugend ist das so ein Sache. Je weiter sie zurückliegen, desto mehr verblaßt die Erinnerung daran, desto stärker verklärt sich das eigene Handeln – bis schließlich nichts mehr übrigbleibt als ein toller Hecht und harmlose kleine Anekdoten aus einer irren, aufregenden Zeit. Und so wundert es kaum, daß man in den sich häufenden biographischen Reminiszenzen der Mitglieder von Fischers Gang zwar viel Allgemeines und Buntes, aber keine handfesten Details aus ihrem Leben als militante Kämpfer für die Weltrevolution erfährt.

Verdächtig aber ist, wenn heute manche Daten aus dem Gedächtnis der revolutionären Heroen von einst nahezu komplett gelöscht zu sein scheinen. Die Aktion vor dem spanischen Konsulat oder die Meinhof-Demonstration jedenfalls wird nur in einem ihrer zahllosen Interviews, Artikel und Bücher aus postrevolutionären Zeiten und auch da nur am Rande gestreift. Wenigstens die Molotowcocktail-Attacke vom 10. Mai 1976 und ihre unangenehmen Folgen müßten sich jedem von ihnen tief eingeprägt haben, denn wohl kaum ein anderes Ereignis veränderte die Frankfurter Spontiszene so schlagartig. Sofort danach löste sich die militante Vorhut der Revolution, die Putzgruppe, auf; ihre Aktivisten, allen voran ihr »Kriegshäuptling«, begannen, ihr Verhältnis zur Gewalt zu überdenken. Wenn jedoch Joschka Fischer heute gefragt wird, wie er denn damals die Kurve gekriegt habe und weshalb er irgendwann der Militanz entsagte, schweigt er von diesem düsteren Kapitel; in der jüngsten, mit Hilfe von Joschka Fischer entstandenen Biographie fehlt selbst seine Verhaftung. Statt dessen müssen die Anschläge der RAF, besonders die Schleyer-Entführung im Herbst 1977, als »Damaskus-Erlebnis« (Fischer-Biogra-

phin Sibylle Krause-Burger) herhalten. Die bei diesen Terroraktionen an den Tag getretene Unmenschlichkeit sei es gewesen, die ihm die Augen über die moralische Verwerflichkeit jeglicher Form von Militanz geöffnet habe.
 Das las sich allerdings zu einer Zeit, als sich Fischer noch keine Hoffnungen auf höchste Staatsämter machen konnte, etwas anders. Noch 1978, nach der Ermordung von Generalbundesanwalt Buback, dem Bankier Jürgen Ponto und Hanns Martin Schleyer durch die RAF erklärte er cool im *PflasterStrand*: »Bei den drei hohen Herren mag mir keine rechte Trauer aufkommen, das sag ich ganz offen, für mich.« Und im einzigen Text, in dem der Spontihäuptling je Überlegungen anstellte, die »sich sehr konkret auf die Erfahrungen nach dem bewußten Montag (nach Ulrikes Tod) beziehen«, gab er zu Protokoll (wobei die nicht unwichtigen Hervorhebungen vom Autor persönlich stammen): »Wir Militanten in der Spontibewegung (PUTZGRÜPPLER etc.) haben dabei im wesentlichen eine ähnliche Erfahrung durchlaufen wie die Genossen der Stadtguerilla ... Und diese IM WESEN gleichlaufende Entwicklung, diese gleichartige Verarbeitung von Unterdrückungserfahrungen und Ängsten bei Spontimilitanten und Stadtguerilla, hat uns in eine ähnliche Sackgasse abgleiten lassen, wobei mir die Unterschiede klar sind, am wichtigsten wohl der, daß keiner aufgrund unserer Aktion BISHER im Knast sitzt.« Auch wenn Fischer im selben Aufsatz, der 1977 in der Zeitschrift *Autonomie* erschien, noch einen Stapel moralisch eingefärbter Argumente gegen die Anwendung von klandestin organisierter revolutionärer Gewalt auffuhr – und zwar nur gegen diese: spontane Gewaltanwendung blieb vorerst noch gute Gewalt und sollte jedem Straßenkämpfer weiterhin gestattet sein –, so sprach er hier das erste und einzige Mal klar und deutlich aus, warum er 1976 Hals über Kopf vom Konzept der »Massenguerilla« Abschied nahm.

Es war keineswegs das später immer wieder wohlfeil geheuchelte Entsetzen über den »menschenverachtenden Terror der RAF«, das Joschka Fischer zur Einsicht zwang. Es war auch nicht, wie zunächst in Spontikreisen kolportiert wurde, das jähe Erschrecken über die dramatischen Folgen des Brandsatzangriffs vom 10. Mai. Es waren wohl der reine Selbsterhaltungstrieb und die nackte Angst vor dem Gefängnis, die die wundersame Läuterung des Straßenkämpfers der »Proletarischen Union für Terror und Zerstörung« bewirkten. Nur Fischer selbst wird wissen, was man ihm während der knappen zwei Tage im Fankfurter Polizeigewahrsam vorhielt. Auch darüber hat er bisher eisern geschwiegen. Bloß zweimal erging er sich zu diesem Thema in sibyllinischen Andeutungen: »Damals hatte uns die REPRESSION am Wickel, und es hätte nicht viel bedurft, damit wir daran endgültig kaputtgegangen wären (mit Einzelheiten kann ich hier leider nicht dienen).« Wieso drohte er hier »endgültig kaputtzugehen«, wenn er »wußte, daß es sich um eine Provokation handelte und diese Diffamierungskampagne zu nichts führen würde«, wie er 1985 in einem von Daniel Cohn-Bendit geführten Interview lakonisch verlautbaren ließ?

Fragen über Fragen, und nur eine Antwort scheint plausibel: Allein die Tatsache, daß er in diesen zwei Tagen im Angesicht der »Repression« nicht schlappmachte, hat Joschka Fischer seine spätere sagenhafte Karriere als Oberrealo, das Häuschen in der Toskana, das persönlich mit Helmut Kohl ausgetauschte Karamelpuddingrezept, überhaupt den ganzen irren Saus und Braus zu verdanken. Ab und zu einmal mag ihm das wohl durch den Kopf geschossen sein. Dann brach es aus dem sonst so nüchternen Machtpolitiker heraus: »Ich bin für mein Leben dankbar. Ich habe unglaubliche Sachen erlebt, und ich hatte unglaubliches Glück. Es hätte auch alles furchtbar schiefgehen können.« Wohl wahr.

Die eigenen Verdienste und die des eigenen Haufens aber leuchten mit jedem Tag heller, je weiter man sich von ihnen entfernt. So überstrahlt denn auch unter den Frankfurter Spontis die Erinnerung an eine einzige Rede die schwarzen Schatten der vorangegangenen Tage. Joschka Fischer hielt sie Pfingsten 1976 auf einem großen »Antirepressionskongreß« vor dem Frankfurter Römer. Auch hier funktionieren die nachträglich ins Gedächtnis eingebauten Filter bestens. Daniel Cohn-Bendit konnte zum Beispiel in dem 1985 mit seinem Kumpel geführten Gespräch gerade noch memorieren: »In einer berühmten Rede hast du dich an die Mitglieder der RAF gewandt und ihnen zugerufen: ›Werft die Gewehre weg und nehmt wieder Steine!‹« Und weil auch sonst niemand so recht Bescheid wissen wollte, geisterte diese Sentenz fürderhin durch alle Medien. Abgesehen davon, daß von Gewehren nie die Rede war, geht der Originalsatz des Genossen Fischer so: »Gerade weil unsere Solidarität den Genossen im Untergrund gehört, weil wir uns mit ihnen so eng verbunden fühlen, fordern wir sie hier auf, Schluß zu machen mit diesem Todestripp, runterzukommen von ihrer ›bewaffneten Selbstisolation‹, die Bomben wegzulegen und die Steine und einen Widerstand, der ein anderes Leben meint, wieder aufzunehmen.«

Wie man weiß, scherte sich die RAF nicht um Fischers Bitte – da mochte er sich noch so eng mit ihr verbunden gefühlt haben. Im Grunde war sein Appell auch gar nicht an die Kämpfer im Untergrund gerichtet: »Wir können uns aber«, so setzte er seine Römerbergpredigt fort, »nicht einfach von den Genossen der Stadtguerilla distanzieren, weil wir uns dann von uns selbst distanzieren müßten, weil wir unter demselben Widerspruch leiden, zwischen Hoffnungslosigkeit und blindem Aktionismus hin- und herschwanken. Aber aus demselben Grund müssen wir die Aktionen der Genossen der Stadtguerilla entschieden angreifen, weil wir wissen und fühlen, daß sie Selbstaufgabe bedeuten, den Verzicht auf Leben, den Kampf bis zum Tod und damit Selbstvernichtung.« Ein wahreres Wort hat der Genosse Fischer über sich und die Putzgruppe wohl selten gesprochen. Denn nicht die RAF, die ja längst bis an die äußerste Grenze gegangen war, warnte er hier vor einer weiteren Eskalation des Terrors, sondern seine eigenen Truppen, die mit ihm zusammen auf dem besten Weg gewesen waren, den Stadtguerilleros zu folgen. Als gesichert kann gelten, daß er mit seinem Einfluß und dieser Rede eine Reihe von militanten Spontikämpfern vor dem Gang in den Untergrund bewahrte. Das ist möglicherweise bis heute Joschka Fischers größtes Verdienst. Aber festzuhalten bleibt: Diese Sätze sprach er nicht nach den mehr oder weniger erfolgreichen militanten Kämpfen der Vergangenheit, auch nicht bei der Vorbereitung der Meinhof-Aktion, sondern erst, als er selbst mit Gefängnis bedroht wurde und damit der »Verzicht auf Leben« für ihn persönlich aktuell zu werden drohte.

Mit der Römerbergrede ihres Anführers Joschka Fischer ging die Epoche der großen militanten Spontikämpfe in Frankfurt zu Ende. Begonnen hatte sie mit eher unorganisierten Straßenprügeleien, geendet hatte sie mit paramilitärisch durchgeführten Aktionen. Zurück blieben hochgradig verunsicherte Genossen, die nicht mehr wußten, was werden sollte. Vollständig irritiert zeigte sich Joschka. Und so heulte denn der revolutionäre Leitwolf verzweifelt in den Frankfurter Himmel: »Das Ankämpfen dagegen, die Weigerung, sich noch nicht selbst politisch aufzugeben, obwohl der Gegner übermächtig und jeden Tag barbarischer erscheint, macht einen wesentlichen Bestandteil von uns aus. War es früher der Neid der Hungernden, den die Bourgeoisie unter ihren reichlich gedeckten Tischen vermutete, so ist es heute der Wahnsinn gescheiterter Existenzen, die sich in Karriere und Konsumgesellschaft nicht zurechtfinden... Wir Linksradikalen..., wir sind die Wahnsinnigen, die Utopisten..., uns treibt der Hunger nach Freiheit, Liebe, Zärtlichkeit, nach anderen Arbeits- und Verkehrsformen. Und dieser Hunger ist auf die Dauer nicht durch noch so kluge Reden und Analysen aufschiebbar, gar wenn man unter den deutschen Verhältnissen der Gegenwart zu leben hat.« Doch wie wollte Joschka seinen irren Hunger zukünftig stillen, wenn er nicht mehr hauen und stechen durfte, gleichzeitig aber die Zwangsjacke des Systems verschmähte? Noch konnte der zornige junge Wirre darüber keine Auskunft geben, denn noch hörte er die Stimmen nicht, die ihm schon bald den Weg wiesen, die Stimmen...

Nein, nicht Ihre Stimme, Johnny Klinke, bitte nicht! Oder doch? Also gut, meinetwegen, machen Sie's kurz, Herr Klinke: »Dieser ganz kurze Lebensweg, den wir eben geschildert haben, der zeigt doch eigentlich, daß man immer noch putzmunter in Frankfurt initiativ werden kann. Zwischendrin waren ja die herrlichen 70er Jahre. Es hat nicht geklappt, es hat trotzdem Spaß gemacht und gut getan. Was mein Leben angeht...« Danke, Herr Klinke, danke! Sie kommen auch noch dran.

Spätere Sühne
(1977–1981)

»Stalin war so ein Typ wie wir...«

Als sich die Rauchschwaden der Molotowcocktails verzogen hatten, ging auch über der linksradikalen Szene Frankfurts die Sonne wieder auf. Man hörte zwar in den Straßen der »Spontimetropole« nicht gerade die Paradiesvöglein Joschkas Lied von »Freiheit, Liebe und Zärtlichkeit« zwitschern, doch aus allen Ecken und Enden drangen jetzt für das revolutionäre Ohr recht ungewohnte Töne. Bald war es das Hämmern und Sägen aus der Werkstatt eines Schreinerkollektivs, bald das Klappern des Webrahmens aus einer alternativen Handweberei. Hier knirschten alte Kaffeemühlen beim Getreidemahlen im Naturkostladen und dort, in der feministischen Massagepraxis, klatschten nur noch ungeübte Hände auf den Rücken allzu lang verhärteter Frauen herum. Natürlich hatte es diese Geräusche auch schon vorher gegeben, doch wurden sie bisher vom Lärm der Straßenschlachten übertönt. Wie schon auf die ersten Hausbesetzer, so blickten die militanten Kämpfer auch auf die alternativen »Freaks« eher verächtlich herab; sie galten ihnen im besten Fall als unpolitische Träumer, die »dem Dany« nicht glauben wollten, »daß es im Kapitalismus selbst keine Lösung gibt«.

Nachdem aber der »staatliche Repressionsapparat« Joschka und seinen Truppen auf die Finger gehauen und vor weiteren Bürgerkriegsspielen auf Frankfurts Straßen nachdrücklich gewarnt hatte, entdeckten auch die hartgesotteneren Spontis die Qualitäten des alternativen Lebens. Jetzt kam die Stunde von Thomas Schmid, der sich schon frühzeitig Gedanken darüber machte, wie sich Revolution und Alternativbewegung miteinander versöhnen ließen.

Schmid hatte 1969 die Betriebsprojektgruppe mitbegründet und danach rund zweieinhalb Jahre »beim Opel« gearbeitet. Im Revolutionären Kampf gab er hauptsächlich den Grübler, der seine dicke Brille nicht – wie Kontaktlinsenträger Fischer – versteckte, der nicht Fußball spielte und auch keine Lust verspürte, in der Putzgruppe mitzukämpfen. Nach dem Ausscheiden der alten SDS-Genossen avancierte er zum wohl wichtigsten Theoretiker der Gruppe, u. a. auch deshalb, weil er immer wieder neue Versatzstücke aus dem Mutterland der Spontirevolution, Italien, anschleppte. Doch anders als Joschka und Dany wurde Schmid, der aus heute unerfindlichen Gründen den Szenenamen »der Organist« trug, in der Szene nie wirklich populär. Zwar gehörte er zu den wenigen Dauerrednern auf den Spontiplenen, agierte aber ansonsten eher im Hintergrund, z. B. lange Zeit als informeller Kopf der *Wir wollen alles*-Redaktion.

Vieles von dem, was Cohn-Bendit so aufschnappte und anschließend unter die Leute brachte, stammt ursprünglich von Schmid; dessen Verhältnis zu Joschka Fischer hingegen war von Anfang an gespannt. Allmählich wurde daraus eine Feindschaft, die bis heute andauert und mittlerweile die Form einer hübschen kleinen Privatfehde angenommen hat. Zumindest attackiert Schmid Fischer immer mal wieder (z. B. titulierte er ihn 1989 als den »Franz Josef Strauß der Grünen«, der im »Hinterzimmer« und mit Hilfe »stellvertretender Drahtzieherei« Politik mache), während Staatsmann Fischer es wohl nicht mehr nötig hat, sich mit dem alten Rivalen abzugeben.

»Politik in erster Person«, das stand über dem Eingang zu Schmids recht karg eingerichtetem Theoriegebäude geschrieben. Gemeint war damit, daß hinfort nicht nur die »proletarische Revolution« nicht mehr auf dem Programm stünde, sondern überhaupt keine Politik, die sich in irgendeiner Weise stellvertretend für andere einsetzte. »Wir sollten erst einmal entschieden von uns selbst ausgehen«, forderte Schmid in der ersten Ausgabe seiner Zeitschrift *Autonomie*, »von uns als Bewegung.« Wenn das nur alle täten, denen irgend etwas an den herrschenden Verhältnissen nicht paßte, dann wären die Chancen für eine umfassende revolutionäre Erhebung gar nicht mal so schlecht, wie es wohl manchem in dem Moment scheinen mochte. Nach Schmids Theorie war plötzlich jeder ein kleinerer oder größerer Revolutionär, der sich irgendwie verweigerte: Nicht nur die Bauern, die in Whyl seit 1974 Widerstand gegen das dort geplante Atomkraftwerk leisteten, oder die von ihm speziell bewunderten korsischen und baskischen Separatisten, nicht nur »Rocker«, »Schwarzfahrer« und Leute, »die Miete und Gas und Strom nicht mehr bezahlen«, sondern auch, man lese selbst und staune: »Weil ich hier gerade auf dem niederbayerischen Land sitze: hier wählen sie in der Mehrheit CSU ... Wenn hier CSU gewählt wird, ist das nicht einfach ein Votum für die CSU, sondern eins gegen den Progressismus, gegen die knochendürre kapitalistische Vernunft.« Bedauerlich nur, daß Franz Josef Strauß nie von dieser Spontiweisheit erfahren durfte.

Das außerordentlich Angenehme an Schmids neuem Glaubensbekenntnis war, daß es auch jeden alternativen Energiebällchenformer zum revolutionären Adel zählte, sofern der sich auch nur eine Spur widerborstig aufführte. Damit aber all die neuen revolutionären Subjekte, vom

CSU wählenden Bauern bis hin zum korsischen Zechpreller, zusammenfinden, sich austauschen und gemeinsam »eine Offensive in erster Person bilden können«, forderte der Genosse Schmid die Bewegung auf, als ersten praktischen Schritt allüberall alternative Kommunikationszentren zu gründen. Daß »der Dany« von Schmids Theorie sofort begeistert war, dürfte nicht weiter erstaunen. Denn Schmid tat ja eigentlich nichts anderes, als des Spontigurus ureigenstes Ego-Revolutionskonzept in hübsche Worte zu kleiden und auf den schlichtesten Begriff zu bringen. Und so setzte Cohn-Bendit nun, da sich Joschkas Guerillaprogramm als ziemlicher Schlag ins Wasser entpuppt hatte, alles auf die alternative Karte. »Später wird man sagen«, posaunte er 1976 in die weite *Weltwoche* hinaus, »es ist eine Revolution gewesen, doch sie findet schon heute statt«, wobei »es« die alternative Umgestaltung der Gesellschaft meint. Auch Schmids Zentrumsgründungsfieber steckte den Dany an, denn »Kommunizieren« war ja das, was er am liebsten tat. Sogleich setzte er sich an die Spitze der neuen Bewegung, der er als ihr frischgebackener spiritueller Meister gleich die allerschönsten Hoffnungen machte: Schon 1984, so prophezeite er in seinem Buch »Der große Basar«, werde »es einen Ort« geben, »wo sich die revolutionäre Bevölkerung aus der Urban-Zone Frankfurt am Main treffen kann«. Dort spiele dann eine »Guerilla-Theater-Gruppe«, hie bauten Menschen »Orgeln mit Glaspfeifen«, und da verfüge man über einen eigenen Fernsehsender und sogar eine »Multi-Kantine«. Die Leute, die sich hier im »Großen Zentrum« träfen, hießen »Chuck«, »Durutti« und seltsamerweise auch »Ingrid« und sähen sich besonders gerne Videobänder aus vergangenen Zeiten an. Und wer wäre darauf quatschenderweise zu betrachten? »Der Dany«, wer sonst! Und nicht nur an diesem Ort, denn nach der alternativen Revolution würde selbstredend »die ganze

Stadt von dieser Art Zentren überzogen« sein. Eine eher schaurige Vorstellung bei diesem Unterhaltungsprogramm.

Nichtsdestotrotz befanden sich bald auch alle anderen alten Kämpfer auf dem mit Umweltfarben neu lackierten alternativen Dampfer. Die Kohle, die den Kahn antreiben sollte, spendierte jemand, der in der Szene schlicht »Baron« genannt wurde, ein Freiherr mit Revolutionärer-Kampf- und jahrelanger Opel-Vergangenheit. Er machte seinen ererbten Grundbesitz zu Geld und stellte es den Genossen für die Gründung von Alternativprojekten zur Verfügung. Da konnte seine Frau im *PflasterStrand* noch so sehr jammern, daß sie jetzt wieder als Krankenschwester in der Klinik arbeiten mußte (»Wo ich alle 14 Tage Wochenenddienst habe«) und dabei nicht wußte, wohin mit den Kindern. Da mochte sie ruhig greinen, daß sie und ihr Mann von den Spontis »nur immer über das Geld rezipiert werden, aber nie als Persönlichkeiten oder politisch denkende Genossen«; wenn die Szene die Knete brauchte, hatte sie als verwöhntes bourgeoises Töchterlein mit ihren Ansprüchen gefälligst zurückzustehen.

Ein Teil des sozialisierten Geldes floß in das erste große Zentrum, das Ende 1976 gegründet wurde. Zunächst sollte es »Multi-Media« (da hört man »den Dany« mehr als nur trapsen), dann »Kaotikum« heißen; schließlich einigte man sich auf »Batschkapp«, die Frankfurter Version der Schlägermütze. Ein nicht unpassender Name, denn in dem Kollektiv, das den Laden betrieb, kamen auch eine Reihe von Aktivisten der Putzgruppe unter. Zu ihnen gehörte Ralf Scheffler, der nicht nur in dem Ruf steht, einer von Comandante Fischers härtesten Kämpfern gewesen zu sein, sondern auch sein allerbester Kumpel. Johnny Klinke dagegen backte kleinere alternative Brötchen. Er eröffnete, ebenfalls vom roten »Baron« anfinanziert, in der »Urban-Zone« Frankfurts ein kollektiv geführtes Alternativcafé. Cohn-Bendit zu Ehren, der die Parole »Unter dem Pflaster liegt der Strand« aus Pariser Revolutionstagen mitgebracht hatte, wurde es »Strandcafé« genannt. Auch das war ein programmatischer Name. Denn offenbar wurden hier die Vollkornkuchen mit Original-Strandsand zubereitet, so betonhart und ungenießbar waren sie zu Johnnys Zeiten, wie sich selbst heute noch Alt-Spontis mit Schaudern erinnern.

Die Gründung von Alternativblättern hatte Thomas Schmid in seinem Konzept als zweite praktische Neuerung angemahnt. Er selbst gründete bereits 1975 die Zeitschrift *Autonomie*, eine Art theoretisches Organ, zumindest für Frankfurter Spontiverhältnisse. Der hypermotorische Daniel Cohn-Bendit aber stürzte sich gleich zwiefach ins alternative Leben: Zum einen stieg er in das Kollektiv ein, das seit 1970 den ersten linksradikalen Buchladen am Ort, die »Karl-Marx-Buchhandlung«, betrieb, zum anderen wurde er Herausgeber des *PflasterStrand*, dessen Nullnummer im Oktober 1976 erschien. Später sollte sich diese Zeitung einmal zu so etwas wie dem *Neuen Deutschland* der grünen Realos entwickeln. In den ersten Jahren aber war es noch ein recht kraus layoutetes, kunterbuntes, pluralistisches Heftchen. Jeder, der meinte, etwas zu sagen zu haben, konnte hier oft seitenweise zu Wort kommen, vom Indianerfreak bis hin zu den terroristischen »Revolutionären Zellen«. Die vornehmste Aufgabe des *PflasterStrand* war es, dafür zu sorgen, daß die alte Führungsclique des Revolutionären Kampfes auch ohne ihre Organisation nicht in Vergessenheit geriet und unter der mittlerweile nachgewachsenen zweiten Spontigeneration ihre tonangebende Rolle behielt.

Für Cohn-Bendit jedoch war die Zeitung noch viel mehr: In diesem seinem ganz und gar eigenen Blatt – das Kollektiv bestand von Anfang an nur auf dem Papier – konnte er, wann immer er es wollte, zu allem und jedem unredigiert seinen Senf dazugeben. Was er selbstverständlich auch liebend gern tat. Daniel Cohn-Bendit mochte, zumal in den harten Kampfzeiten, ein friedlicherer Zeitgenosse gewesen sein als sein Kumpane Fischer, mit der Sprache stand er jedoch schon immer auf Kriegsfuß. So klang es, wenn er sich im Genre der großen politischen Auslandsreportage versuchte: »Italia misteriosa bleibt Italia misteriosa!«, ein Land, wo »Verhaftungswellen die Gazetten füllen«. So hingegen, wenn er sein Blatt dazu nutzte, seiner Freundin zu erklären, weshalb er fremdgegangen war (oder vielleicht auch umgekehrt, man wird nicht schlau draus): »Andererseits treffen sich Männer und Frauen – zufällig – und gestalten ›spontan‹ den Moment ihrer punktuellen Zweisamkeit – Liebe, sexuelles sich verlieren oder erotische Momente. Erotische Begegnungen werden dem legitimen Sicherheitsbedürfnis entgegengesetzt. Die Unfähigkeit, aufeinander einzugehen, macht mich zum fliehenden Ufo« usw. usf., bis in alle punktuelle Zweisamkeit. Am herrlichsten aber schepperte es, wenn sich Dany mit seiner großen, leider bis heute unerwiderten Liebe, dem Film, schriftlich auseinandersetzte: Über Margarethe von Trottas »Die bleierne Zeit« wußte er zum Beispiel: »Dieser Film konnte sozusagen im Galopp die Herzen der meisten Zuschauer erobern«, obwohl der Streifen nicht ganz perfekt sei. Denn die Rückblenden hätte die Regisseurin doch besser in Schwarzweiß gedreht. »Durch das Schwarzweiss wäre der Eindruck, ›es war damals so‹, verstärkt worden.« Das alles sollte wohl »Schreiben in erster Person« sein.

Auch Matthias Beltz, neben Cohn-Bendit, Fischer und Schmid der vierte Kopf des Revolutionären Kampfes, sah sich Mitte der siebziger Jahre nach einer alternativen Beschäftigung um. Im gleichen Jahr wie Daniel Cohn-Bendit geboren, trat der damalige Jurastudent 1967 dem SDS bei und war, nach einem Zwischenspiel bei der »Roten

Zelle Jura«, 1969 an der Gründung der Betriebsprojektgruppe beteiligt. Wohl weniger wegen seiner etwas unorthodoxen frohen Botschaft (»Ich habe nie mehr Menschen zur gleichen Zeit geliebt als bei den Straßenschlachten im Frühjahr 1974«), sondern eher aufgrund seines pastoralen Vortragsstils nannte man den ansonsten eher zurückhaltenden jungen Mann im Revolutionären Kampf auch den »Pfarrer«. Ernsthafter als manch anderer RK-Aktivist widmete sich Beltz selbst dann noch der Betriebsarbeit, als diese in Frankfurter Revoluzzerkreisen schon längst nicht mehr schick war. Erst nach sechs Jahren Arbeit am Band kündigte er seine Stelle bei Opel.

Etwa zur selben Zeit begann Beltz seine Karriere als Schauspieler und Kabarettist. Als begabter Willy-Brandt-Parodist hatte er schon zuvor immer mal wieder das Spontiplenum unterhalten. Auf demselben Antirepressionskongreß, auf dem Pfingsten 1976 Joschka Fischer seine berühmte Rede hielt, traute er sich mit dieser Nummer erstmals vor ein größeres Publikum. Beltz kam überraschend gut an und beschloß, mehr aus seinem Talent zu machen. Zusammen mit zehn Spontis gründete er die freie Gruppe »Karl Napps Chaos-Theater«.

Zunächst versuchte sich die Schauspieltruppe an selbstgeschriebenen Stücken mit ernsthafter, kritischer Tendenz. Doch parodistische Elemente hatten beim Publikum mehr Erfolg, und so wandelte sich das »Chaos-Theater« mit der Zeit zu einer Art Kabarett, das sich über die reichlich vorhandenen seltsamen Dogmen und Allüren von Spontis und Alternativen lustig machte. Eher unfreiwillig komisch wirken heutzutage einige Texte, die Beltz neben dem Theaterspielen auf den alternativen Zeitungsmarkt warf. Zum Beispiel einen Artikel, den er zusammen mit dem RK-Genossen und »Kar Napp«-Kollegen Klaus Trebes schrieb und in dem Selbstbefriedigung als Mittel zur alternativen Weltverbesserung gepriesen wurde. Völlig ironiefrei hieß es dort: »Die Erlaubnis, fantasievoll zu onanieren, bedeutet nicht aufopfernde Rücksichtnahme auf Frauen, sondern kann bedeuten, sexuelle Herrschaft über Frauen gar nicht mehr ausüben zu wollen. Auf jeden Fall ist das unsere Möglichkeit, wieder mehr zu uns zu finden.« Die Erlaubnis, so phantasielos über eine der schönsten Nebensachen der Welt zu referieren, aber kam von Thomas Schmid, in dessen Zeitschrift *Autonomie* diese trotz des feuchten Themas eher trockene Abhandlung erschien.

Schmid stellte nämlich seinen Genossen die Frauenbewegung als das hell leuchtende Beispiel für eine erfolgreiche »Politik in erster Person« hin. Hier, bei den alternativen Hebammen, Kräuterteetanten und – wenigstens auf dem feministischen Thesenpapier – kollektiv Menstruierenden seien »die Tendenzen zur Verweigerung für ein anderes Leben heute am sichtbarsten, eine neue Politik am entwickeltsten«. Und da für die Spontis schon immer nichts mehr zählte als der Erfolg, versuchten nun die alten Machos des Revolutionären Kampfes sich verzweifelt an diese neue alternative Großmacht heranzuschmeißen.

Es waren aber nicht Beltz und Trebes, die sich mit ihrem »Geschlechtsverkehr in erster Person« beim Anbiedern am meisten hervortaten. Einer, von dem es wohl niemand in der Frankfurter Szene erwartet hätte, lehnte sich noch viel weiter aus dem gerade aufgestoßenen feministischen Fenster hinaus: Spontichef Joschka Fischer selbst. In dem schon erwähnten *Autonomie*-Aufsatz von 1977, der, anders als das meiste aus Joschkas Feder, wohlweislich nie irgendwo nachgedruckt wurde, geht er zunächst einmal mit der eigenen üblen Kommandantenrolle hart ins Gericht: »Die Revolutionäre Gewalt«, weiß er plötzlich, »darf niemals zur MACHT (und sei's nur in den zartesten Ansätzen) nach innen, in die Bewegung und in uns selbst hinein werden. Und genau dies habe ich in der Vergangenheit nur allzuoft vergessen.« Freimütig wie nie zuvor und auch danach nie wieder, zeichnet er ein ziemlich genaues Bild von der Hierarchie, wie sie in der Putzgruppe bis zur Meinhof-Demonstration herrscht: »Dies spricht nicht gegen all die zahlreichen Formen des direkten und auch bewaffneten Widerstandes von uns und anderen Unterdrückten. Wohl aber spricht es gegen jegliche Form von Militarisierung, von wirksamer ›Gewalttechnologie‹, von zentralisierten Strukturen, von Führung und Geführten, von Befehl und Unterordnung.« Und wie ein mittelalterlicher Asket, der nicht aufhören kann, sich selbst zu geißeln, steigert er sich schließlich in einen Selbstanklagefuror hinein, der echte masochistische Züge trägt: »Es ist unser und mein dunkelstes Kapitel, ich weiß oder ahne es besser nur, weil ich da selber wahnsinnig Angst vor bestimmten Sachen in mir habe. Bartsch und Honka sind Extremfälle, aber irgendwo hängt das als Typ in mir drin.« Doch die beiden Mörder waren noch nicht finster und übel genug, Joschka mußte es sich noch extremer besorgen. Er rast, sucht und findet endlich den passenden Vergleich: »Stalin war so ein Typ wie wir, nicht nur, daß er sich als Revolutionär verstanden und gelebt hat, sondern er war im wahrsten Sinne des Wortes eben auch ein Typ.«

Ein Typ! Ein Mann! Geschlagene »im wahrsten Sinne des Wortes« 28 Jahre hatte Joschka Fischer gebraucht, um herauszufinden, daß sein ihm wesensverwandter Onkel Jossif Wissarionowitsch Stalin ein Mann gewesen war. Und nicht nur das. Joschka mußte feststellen, daß auch er selbst diesem Geschlecht angehörte, dem Abschaum dieses Planeten, der »›schwarze(n) Hälfte des Himmels‹, [den] Männer(n)«. Da prasselten sie nur noch, die bitteren Worte, mit denen er die schwanzgesteuerten Schandtaten vergangener Tage bereute, ohne freilich nur einmal konkret zu werden: »›In unserer Gesellschaft finden sich immer die hunderttausend MÄNNER, die man (MANN!) für ein Auschwitz, Gulag oder Vietnam braucht.‹ Dieser Satz trifft genau ins Mark meiner und unserer Militantenidentität... In unserer Scene hat derselbe sexistische Mechanismus gewirkt wie sonstwo und gipfelte dann schließlich im Militantismus... Ich meine das nicht nur auf der Oberflächenebene des ›Django‹-Gehabes, sondern viel weitergehender: ich meine das Einflippen auf eine grundsätzlich zerstörerische Struktur, die nichts hervorzubringen vermocht hat als Tod, Wahnsinn und eine Kultur kollektiven Selbstmords.«

Bei solch expressiver Wortwahl ist man fast geneigt, dem alten revolutionären Haudegen sein tiefes Zerknirschtsein abzukaufen, ebenso wie wohl manch einer heutzutage gerne glaubt, Joschka hätte, wie er uns in der Biographie von Sybille Krause-Burger weismachen will, zu Straßenkampfzeiten »nix Schlimmes« gemacht. Dem steht dieses harsche »mea culpa« aus einem längst vergessenen Artikel heute entgegen. Damals jedoch war es auch als Eintrittskarte in die Alternativszene gedacht, in der plötzlich nicht mehr knallharte Djangos, sondern softe Bussibären gefragt waren. Und deshalb ging Joschka Fischer, der zuvor eher gezwungenermaßen der organisierten Militanz abgeschworen hatte, jetzt noch einen vorgeblich selbstkritischen Schritt weiter: »Es gibt ja keine andere Wahl mehr, Bruder: entweder schaffen wir's, die Macker und Gewaltmuftis, AUF DIE ANDERE SEITE DER BARRIKADE ZU KOMMEN, zu den Frauen und Kindern, oder wir gehen an der Schizophrenie unserer eigenen Befreiungsansprüche und unserer herrschenden Männlichkeit zugrunde.«

Joschkas Pech war es, daß zumindest die Frauen ihm dieses mit dem üblichen Fischer-Pathos gewürzte Gesülze nicht abnehmen wollten. Vielleicht lag es ja daran, daß er dreist erklärte, er hätte auf keinen Fall die Absicht, sich in einer der vielen, als wispernde Antwort auf die Frauenbewegung entstandenen Männergruppen die Honka-Manieren abtrainieren zu lassen. »Ich will's gleich vorneweg sagen, daß ich mit denen Schwierigkeiten habe.« Dafür hänge sein Herz immer noch zu sehr »an den Typen aus der Spontiscene, Abt. Putz«. Als Bruder Joschka (auch die alte revolutionäre Anrede »Genosse« hat die neue Zeit geschluckt) es seinen Spontikumpeln gleichtun und über einen Job in der Karl-Marx-Buchhandlung auf den fahrenden alternativen Zug aufspringen wollte, war es eine Frau aus dem Kollektiv, die gegen »diesen Macho« Einspruch erhob. In einem solchen Fall konnte selbst Daniel Cohn-Bendit nichts machen: Fischer blieb vor der kollektiven Tür. Notgedrungen wurde er Taxifahrer und machte zusammen mit einigen alten Kämpfern von der Hauptabteilung Putz seine ganz spezielle Männergruppe auf: Eine Wohngemeinschaft, in der außer ihm noch »Batschkapp«-Mann Ralf Scheffler, der allseits beliebte Szene-Entertainer Johnny Klinke, ein gewisser Raoul Kompania und ein noch gewisserer Tom Koenigs wohnten.

Viel später, zu einer Zeit, als Joschka Fischer ein zweites Mal beschloß, die Menschheit zu retten und Berufspolitiker zu werden, sollten gerade die beiden letztgenannten WG-Genossen eine wichtige Rolle für ihn spielen. Doch von einer solchen Zukunft wollte Joschka im Moment nichts wissen. Im Moment? Nie wieder! Er hängte sich das damals WG-obligatorische Poster mit einem einsamen Indianer übers Bett und schwor in »erster Person« beim großen Manitu: »Unser Leben darf nie mehr Anhängsel irgendeiner Form von Politik (P) werden, sondern muß im Mittelpunkt unserer Befreiung stehen (...) Und genau hier will ich mir wieder aneignen, was mir in den letzten 28 Jahren systematisch abgenommen wurde: DIE ENTDECKUNG UND BEFRIEDIGUNG

MEINER BEDÜRFNISSE.« Irgendwo da draußen, im alternativen Shangrila, mußte das liegen, was man dem bedauernswerten Joschka gestohlen hatte. Und deshalb verabschiedete er sich von seinen einstigen Genossen, als ob er zu einer längeren Suchexpedition aufbräche, wobei er einmal mehr sich selbst mit »uns« ineinssetzte: »Vor uns liegt unsere Befreiung (oder auch nicht ...) Immerhin, ich bleibe optimistisch, vorerst noch. Ich schaue mich also um, wo's mich hinzieht und stoße dabei in ›primitivere‹ Zeiten vor. Tschüß Joschka Fischer.«

Der Kongreß der Irren

Der verhaltene Optimismus, den Joschka Fischer Anfang 1977 noch verbreitete, sollte nicht lange vorhalten. In vielen alternativen Betrieben lief es ganz anders, als »der Dany« ausgemalt hatte, und nicht wenige Kollektive zerfielen aufgrund interner Reibereien noch schneller, als sie zusammengefunden hatten. Die schreckliche Epoche, die in der spärlichen Spontigeschichtsschreibung mit »Die Krise der Projekte« überschrieben wird, brach an.

Auch die Kollektive der alten Spontikämpfer blieben nicht verschont. In der »Batschkapp« beispielsweise wollte niemand eine Orgel mit Glaspfeifen bauen, statt dessen pfiffen die Zentrumsaktivisten bald aus dem letzten Loch. Denn leider gab es Zeitgenossen, die »Politik in erster Person« für sich nicht ganz so interpretierten, wie es im Thesenpapier stand. Der Schuppen, so beklagte man sich im *PflasterStrand*, werde zusehends zum »Selbstbedienungsladen«: »Freitag letzter Woche wurden 1500 DM und in derselben Nacht eine Rechenmaschine geklaut.« Andere Zentrumsbesucher kommunizierten lieber mit ihren Fäusten, statt sich interessante Dany-Videos reinzuziehen, so daß die »Scene-Polizei« (zu der u. a. Joschka Fischer, Tom Koenigs und Ralf Scheffler gehörten) sich trotz lauthals verkündeter Gewaltfreiheit gezwungen sah, ihnen die »alternativen Verkehrsformen« einzuprügeln. Ein Kollektivist lamentierte: »Am Anfang hatten wir unheimlich gute Ideen, doch damit ist wohl Essig. Wir wollten ein Haus renovieren, um es einem Publikum zur Verfügung zu stellen, welches eigentlich gar keins sein sollte, sondern zu der Hütte gehören, sie mittragen und gestalten. Geblieben ist davon allerdings nicht viel, der Frust geht um.«

Zur allgemeinen Baisse der alternativen Institutionen trug der verbreitete Geldmangel nicht unerheblich bei. Das Erbe des »Barons« war nicht unerschöpflich, und selten trug ein Projekt sich selbst. Kaum ein Alternativaktivist konnte von dem leben, was sein Kollektiv erwirtschaftete; die meisten waren auf zusätzliche Einnahmequellen angewiesen. Doch da die Spontis mittlerweile in die Jahre kamen, drohten auch die jetzt zu versiegen. Studenten erhielten kein Bafög mehr, und auch bei den einstigen Opel-Arbeitern herrschte bald Ebbe im Portemonnaie: »Das Arbeitsamt«, so heißt es in einem Diskussionspapier von Dezember 1977, »kündigt bei vielen nach eineinhalb Jahren der treuen Leistung die letzte Rate an.« Da sah sich schon manch wackerer Kämpfer von damals in einer »schier ausweglos erscheinenden Lage«.

Die verschärfte sich noch dadurch, daß der Staat die Revolutionäre nicht einfach in Ruhe ließ, mochten sie sich auch längst zur alternativ gemilderten Variante des Umsturzes bekennen. Nach der Entführung und Ermordung Hanns Martin Schleyers durch die RAF blieb auch die Frankfurter Spontiszene von der Sympathisantenjagd des »deutschen Herbstes« nicht verschont: nicht zuletzt deshalb, weil man sich in der Vergangenheit kaum allzu deutlich vom bewaffneten Untergrund distanziert hatte. Das versuchte man jetzt überstürzt und konsequenter als nach der Meinhof-Demo nachzuholen, wenn man sich auch (noch) nicht dazu durchringen konnte, sich auf die Seite der staatlichen Organe zu schlagen. »Ich nehme vor niemandem ein Blatt vor den Mund«, sprach Daniel Cohn-Bendit heroisch, »vor niemandem werde ich mich verbeugen, ich verbeuge mich nicht vor diesem Staat, und ich verbeuge mich nicht vor der RAF.«

Ansonsten aber war die Stimmung im Spontilager auf ihrem historischen Tiefpunkt angelangt. Allmählich dämmerte es auch den letzten Kämpfern, daß ihnen seit ihrem Aufbruch 1968 so gut wie gar nichts geglückt war: die Arbeit »beim Opel« ebensowenig wie die Jugendheim- und Hausbesetzungen, die militanten Knüppeleinsätze auf Frankfurts Straßen und die Guerillaaktionen. Angesichts der unvermindert andauernden staatlichen Verfolgung sowie der hausgemachten Probleme erschien jetzt auch der Schwenk ins alternative Lager, von dem man sich die individuelle Befreiung von allen Zwängen versprochen hatte, als völliger Fehlschlag. Da verlegten sich die Spontiführer auf das, was sie in den letzten Jahren wohl noch ausgiebiger trainiert hatten als den Straßenkampf: das Jammern, Heulen und Wehklagen.

Zu denen, die dies besonders gut konnten, zählte Matthias Beltz: »Wir sind traurig, weil wir nicht wissen, was wir sein und werden wollen. Es gibt eine Ahnung, daß unsere Krise in der überwundenen Vergangenheit besteht. Daß wir, und das ist keine Altersfrage, unsere Zukunft schon hinter uns haben, die sieben fetten Jahre in Frankfurt, von 1967 bis zum Frühjahr 1974« – die allerdings, wenn er sich korrekt erinnerte, so prächtig nun auch nicht gewesen waren. Doch damals hatte man schließlich noch

die Hoffnung auf eine Revolution. Angesichts des eiskalten »politischen Klimas« hatte man auch die jetzt verloren. »Mir schlägt dieser gesellschaftliche Wahnsinn aufs Gemüt«, fuhr der »Pfarrer« mit seiner Jeremiade fort. »Ich kenne ein paar Genossinnen und Genossen, bei denen im Kopf was zerbrochen ist, weil sie mit dem Freiheitsanspruch angesichts der festgefahrenen Verhältnisse nicht mehr klargekommen sind.«
Einer mit einem solchen Sprung in der Schüssel war ganz gewiß Joschka »Wir sind die Wahnsinnigen«-Fischer, der schon im Februar 1977 Rotz und Wasser zu Papier gebracht hatte: »So sind wir – gewiß, die einen mehr, die anderen weniger, und ich fühl' mich besonders stark so – allesamt zu Veteranen geworden, denen es zur Zeit ziemlich dreckig geht, und die glauben, an der Wirklichkeit ersticken zu müssen.« Da hatte er noch eine gedämpfte Hoffnung, daß zusammen mit Frauen, Kindern und Indianerhäuptlingen dieser Zustand zu ändern sei. Jetzt aber wußte er endgültig nicht mehr weiter: Eine »feige Mutlosigkeit«, bekannte der einstige revolutionäre Heros im Frühjahr 1978 im *PflasterStrand*, sei ihm, dem »Depp leider zu eigen«, »angesichts dieser Gesellschaft und dieses Volkes«. Und er stoßseufzte zum Schluß seines Beitrages »in trauriger Langeweile«: »Manchmal versteh ich die Welt nicht mehr.«
Der einzige, dessen sonniges Gemüt sich auch in dieser deprimierenden Lage nicht verdüsterte, war Daniel Cohn-Bendit. Aber »den Dany« dauerten seine mutlosen Kollegen. Als Betriebspsychologe der Spontis diagnostizierte er fast ein wenig zu hellsichtig: »Erstmal kommt wahrscheinlich in einer Situation von Kälte wie jetzt, wo jeder unmittelbar bei sich ansetzen muß, ein Haufen Scheiße raus, ein Haufen Scheißidentität, die dann zusammenbricht.« Das war zweifellos schlimm, aber nicht hoffnungslos. Denn schließlich hatte Daniel Cohn-Bendit

eine tolle Therapie in petto. Sein Rezept gegen die »Scheiße« hieß: NAPO! Das war nun keineswegs die Abkürzung für »Napoleonkomplex«, an dem der kleine Kerl, freilich ohne es zu wissen, zeit seines Lebens zu leiden hatte, sondern bedeutete schlicht: »Neue APO«. Die wollte er jetzt, genau zehn Jahre nach dem Scheitern der alten außerparlamentarischen Opposition, kraft seines Spontipapst-Amtes wieder ins Leben rufen.

Der erste Schritt zur Sammlung aller NAPO-Streitkräfte sollte eine Großveranstaltung in Frankfurt sein: ein sogenannter »Kongreß der Irren«, zu dem Dany möglichst viele Wirrköpfe aus ganz Europa herzlich einladen wollte. Wahrscheinlich beabsichtigte er mit dieser Paranoiaparade, seine so wahnsinnig traurigen Kumpel fröhlicher zu stimmen, wollte ihnen demonstrieren, daß andere Menschen einen noch gewaltigeren Hau hatten als sie selbst. Doch diesmal winkten die Insassen der mittlerweile schon ziemlich geschlossenen Spontiabteilung nur müde ab.

Der sonst so grüblerische Thomas Schmid bekam sogar ob der von Doktor Cohn-Bendit (mittlerweile alle Klassen) vorgeschlagenen Beschäftigungstherapie einen regelrechten Tobsuchtsanfall. Schon zuvor hatte Schmid sich noch auffallender verändert als seine Mitpatienten: Während die ihre Depressionen kultivierten, entwickelte er sich vom sanften CSU-Revolutionär plötzlich zum manischen Verehrer der RAF. Nach dem Tod von Baader, Enslin und Raspe im Stammheimer Gefängnis kritzelte er in Nummer 10 seines *Autonomie*-Heftchens: »Drei erlöschen nach innen – aber es strahlt nach außen. Noch ihr Tod ein Sprengsatz. Es war ihr Tod. Und es war ein Sieg.« Es war eine tiefe »Liebe für die Bastarde der RAF«, die der »Organist« plötzlich empfand, weil sie »mit rostigen Waffen kämpften und dennoch traumsicher einen Nerv trafen: wider ihre eigene Ideologie«. Das einzige, was er seinen Idolen vorwerfen mochte, war ihre mangelnde Radikalität, ihr viel zu vernünftiges Handeln. Ihr »Privatkrieg, der sich in seinen Worten noch der Krücken, der Massen und der Begründungen bedient, ist noch viel zu wenig Privatkrieg, nicht böse, verstockt, schmutzig, egoistisch genug... Besser ist es, den Einsatz zu verdoppeln, und das Spiel zu enthemmen: die RAF nicht beim Wort, sondern bei der Tat zu nehmen, sie von ihren eigenen Begründungen zu befreien.«

Diese wirre Kamikaze-Ideologie orgelte Schmid im Frühsommer 1978 auf einer Veranstaltung in der »Batschkapp« herunter, auf der auch über den geplanten »Irren-Kongreß« diskutiert wurde. Anschließend beschimpfte er Cohn-Bendit, er trauere nicht intensiv genug um die toten Mitglieder der RAF und wolle statt eines bösen Privatkriegs einmal mehr einen Privatzirkus veranstalten. Dabei entwarf er ein erstaunlich stimmiges Bild von dem Obersponti: »Denn die ewigen Wiederholungen desselben: auch das ist Gewalt. Wer uns zur Wiederholung des immergleichen jetzt abermals aufruft, um uns von der Höhe seiner Medien herab huldvoll anzulächeln, der soll wissen: seinem ›Wahnsinn‹ ziehen wir den Wahnsinn der Toten von Stammheim vor. Kreativität ist Bruch und Überschreitung der Normen – und nicht Bruch und Überschreitung zur Norm gesetzt. Viele scheinen zu vergessen, daß es im Leben Augenblicke geben kann, wo die einzige mögliche Autonomie die des Todes ist.«

Als dieser eigenartige Gevatter Tod aus dem Frankfurter Nordend noch konkreter wurde und Cohn-Bendit vor seinem Volk bezichtigte, den pietätlosen Wahnsinnsrummel als Chef einer »kommerziellen Organisation« zu betreiben, hielt es jenen, der sich in letzter Zeit so gerne als »Pazifist« bezeichnete, nicht mehr auf dem Stuhl. Frei nach seinem Motto: »Aber Pazifismus bedeutet nicht, daß nicht irgendwann jemand eins auf die Fresse kriegt«, stürzte er sich wie ein Rasender auf den Privatkrieger, den er beschuldigte, »Stalin« zu sein. Was dann folgte, schilderte Cohn-Bendit im nachhinein so: »Ausflipp, Faustschläge, Tränen (für die, die darüber zweifeln: nicht taktisch eingesetzt, sondern einfach so), fertig mit den Nerven.« Mit dieser lebhaften Diskussion hatte sich das Thema »Kongreß der Irren« fürs erste erledigt. Eigentlich war er jetzt ja auch überflüssig, hatte er doch schon in der »Batschkapp« im kleineren Rahmen und im Saale stattgefunden.

Nach diesem Zusammenstoß hatte Thomas Schmid endgültig die Schnauze voll vom »immergleichen Brei« (Schmid) der Frankfurter Szene. Er verließ die Stadt, um in Hamburg eine Zeitung zu machen, die nichts im Sinn haben sollte mit dem feigen und mutlosen Spontiallerlei. »Pluralismus ist letztlich ärmlich«, rief er seinen einstigen Weggefährten bitterböse nach, »errichtet Gärtchen, macht Museum, Ghetto und interessiert sich für Welt und Gegner kaum noch ... Er verweigert zunehmend die Frage nach der strategischen Perspektive.« Nach einem längeren Zwischenaufenthalt in Berlin sollte der einstige Vordenker rund zwanzig Jahre später nach Hamburg zurückkehren: diesmal als stellvertretender Chefredakteur der *Hamburger Morgenpost*, dem bekannten Massenblatt für schmutzigen Privatkrieg. Manch einer bleibt sich und seinen Prinzipien eben ein Leben lang treu.

Doch diese glückliche Entwicklung war 1978, im Jahr der großen Frustration der Spontiführer, noch nicht abzusehen. Dany und Thomas hoffnungslos zerstritten, Matthias gemütskrank, Ralfs Zentrum am Ende, Johnnys Kuchen immer noch so schlecht und Joschka ein Depp ohne Hoffnung, das war die Lage. Und so stellte sie sich wieder, die Frage, die die Spontis nach jeder ihrer erfolglosen Bemühungen um die Befreiung der Menschheit verfolgte, nur noch viel lauter und eindringlicher als je zuvor.

Ja, es klang fast so, als würde sie jetzt von einem ziemlich hysterischen Chor gebrüllt: »Was soll nur werden, was soll nur werden mit uns?«

Im Kloster ist 'ne Zelle frei

Zur selben Zeit, als die einen noch ach und weh schrien, begann sich die Frankfurter Szene allmählich zu verändern. Der böse Zahn der Zeit nagte auch an den Spontis, selbst wenn Daniel Cohn-Bendit glaubte, »als Linksradikaler bleibt man viel länger jung«. Das mochte vielleicht für einen wie ihn selbst gelten, der mit einem Surplus an Naivitätshormonen ausgestattet ist, doch viele an der Spontibasis, die mittlerweile das kritische Alter um die Dreißig erreicht hatten, dachten anders. Manch einer, der neben dem Revoluzzen noch verschämt studiert hatte, begann sich Sorgen um seine Rente zu machen und etablierte sich jetzt. Die einen ergatterten einen Job an der Uni, die anderen zog es in die nunmehr gar nicht mehr so üble »freie Wirtschaft«. Die meisten aber wurden Lehrer. Und wie auf ein verabredetes, geheimes Zeichen hin bekamen plötzlich nicht wenige Szenefrauen zunächst ungewohnt dicke Bäuche und dann Kinder. Wohngemeinschaften zerfielen, stinknormale Kleinfamilien entstanden, die ersten Häuschen im Grünen wurden angezahlt. Da paßte es nicht mehr so recht, wenn man weiter zum jetzt unregelmäßiger tagenden Spontiplenum taperte, um den Klagegesängen seiner Führer zu lauschen. Immer mehr einstige Aktivisten verabschiedeten sich von der alten Herrlichkeit. Man wollte einfach nicht länger, wie Gerd Finger, ein zukünftiger Referendar und Familienvater, vorm versammelten Plenum trotzig erklärte, dem »von Berufspolitikern, Alternativprojektlern, Bafögempfängern sowie Pflasterstrandredakteuren geprägten Charakter der Sponti-Gruppen ausgeliefert sein.«

Den Spontiführern lief ihr Gefolge davon. Damit wurde es für jene, die – trotz alledem – ihr ganzes bisheriges Leben auf den Sieg der Revolution abgestellt hatten, nun wirklich kritisch. Es dauerte ein wenig, bis sie es taten, doch dann reagierten sie wie gehabt: mit Anpassung. »Dieses Widerstandleisten«, erkannte Matthias Beltz 1982, »bringt halt kein Brot zustande.« Und so ließ man es eben bleiben, auch wenn sich wohl kaum binnen weniger Jahre – bei Beltz sind es genau drei – etwas am zuvor so heftig beklagten »gesellschaftlichen Wahnsinn« geändert hatte. Doch der Spontanere gab nach und erklärte sich jetzt endlich zum Anhänger des früher so sehr verachteten »Leistungsprinzips«. »Vom elitären Anspruch, im Namen und im Dienst des Volkes ist nichts mehr übrig«, konstatierte Beltz noch mit leicht selbstanklagendem Unterton, »statt dessen beherrscht uns der mickrige Wunsch, wenigstens etwas Besseres als die anderen zu sein.«

Die praktische Konsequenz aus dieser Erkenntnis sah so aus, daß Beltz mit zwei weiteren Schauspielern vom »Karl Napp«-Theaterkollektiv ein professionelles Kabarett aufmachte: das »Vorläufige Frankfurter Fronttheater«. Auch Joschkas WG-Genosse Ralf Scheffler arrangierte sich mit dem, was man jetzt für notwendig hielt. In einem Heftchen zum 30jährigen Bestehen der »Batschkapp« liest sich das so: »Doch jetzt weht ein frischer Wind. Der Grundstein für die Batschkapp, wie man sie heute kennt, wird gelegt. Sechs Realos stellen den Laden auf finanziell sichere Beine.« Zeitgenossen sahen »die Professionalisierungsdebatte« ein wenig anders. Von Intrigen und Nervenzusammenbrüchen war im *Pflaster-Strand* die Rede, von rausgeschmissenen Kollektivmitgliedern und ausgetauschten Schlössern, von einer »totalen Verrottung der Verkehrsformen«. Dabei habe sich ganz besonders ein »Entertainer mit Namen Ralf« hervorgetan, »unter großzügiger Benutzung des Kürzels ›Arschloch‹«.

Selbst Thomas Schmid stieg aus der Gruft und bekam mindestens ein Bein wieder an die Erde. In Berlin wurde er Ende 1979 Lektor des Wagenbach-Verlags. Hier erschien auch Schmids neue Zeitschrift, die nur noch von ihrem Titel *Freibeuter*, aber nicht vom Inhalt her an alte Privatkriegszeiten erinnerte. Und Daniel Cohn-Bendit wurschtelte zwar weiter als Herausgeber des *Pflaster-Strands* und unerklärter Chef der Karl-Marx-Buchhandlung vor sich hin, verfolgte jedoch angesichts der veränderten Lage schon seit geraumer Zeit einige Projekte, von denen noch die Rede sein wird.

Nur zwei Spontigrößen wollten ihr Mäntelchen noch immer nicht nach dem rauher blasenden Wind hängen. Einer von ihnen war der famose Johnny Klinke. Betrübt ob des allgemeinen Wandels, gab er das »Strandcafé« auf und wanderte ein halbes Jahr lang durch das harte Felsgestein der Pyrenäen. »Immer allein mit der Trauer über die ›verlorene Räuberbande‹ und das Ende der Sponti-Träume im Kopf und im Herzen«, wie die *FAZ* später wußte.

Der andere bockige Sponti hieß Joschka Fischer. Während seine Kumpane langsam damit begannen, Karriere zu machen, steuerte er weiter schlechtgelaunt sein Taxi in rabenschwarzer Nacht durch Frankfurt. »Da bin ich wirklich zum Realo geworden«, wollte er im nachhinein seine grüne Klientel beeindrucken: »Jeder Fahrgast ist wie eine tickende Zeitbombe.« Vielleicht hätte er einfach mal die Taxiuhr abstellen sollen, dann hätt's schon aufgehört mit dem Ticken.

Den zukünftigen Realo jedenfalls merkte man Fischer

noch nicht an. Aus der Politik hatte er sich nahezu vollkommen zurückgezogen, und wenn er irgendwo auftrat, dann nur, um seine Ratlosigkeit zu demonstrieren. Dafür mußte er sich jetzt, da er an Macht und Einfluß in der Szene verloren hatte, sogar verspotten lassen. Wie in einer *PflasterStrand*-Parodie, in der man unter der Überschrift »Steingärten immer mehr in!« »unserem Joschka« unterstellte, er gestaltete jetzt Vorgärten mit Pflastersteinen. »Auch uns«, so höhnten die anonymen Urheber aus der Spontiszene, »scheint dieser Vorschlag eine geglückte Lösung dafür darzustellen, wie man die eigene Vergangenheit mit unserer Gegenwart harmonisch verbinden kann.« Wohl um solcherlei Schmach zu vergessen, berauschte sich Joschka nun häufiger mit halluzinogenen Pilzen: »Wenn Sie Erleuchtung wollen, müssen Sie Glockendüngerling suchen.« In lichteren Momenten griff er auch schon mal zu einem guten Buch, las mit Begeisterung über die Renaissance und träumte sich zurück zu den kraftvollen Menschen dieser Epoche. Nichts ließ er unversucht, um sich selbst, den echten Joschka, zu finden.

Endlich, endlich! Als Anfang 1979 im Iran die islamische Revolution losbrach, glaubte er, ein Zeichen von den himmlischen Heerscharen persönlich erhalten zu haben: »Es ist schon eigentümlich, ja für meine ›linke Revolutionstheorie‹ fast umstürzend, wenn ich miterlebe, wie eine der scheinbar mächtigsten und sichersten, weil brutalsten und reichsten Diktaturen von Amerikas Gnaden binnen eines Jahres durch eine revolutionäre Massenbewegung ohne Waffen bis ins Mark erschüttert wird. Weiter noch, daß diese Bewegung religiöse Ziele verfolgt, ihre Ideologie nicht in einem nationalrevolutionären Marxismus, sondern im Islam findet und deren Kader und Führer sich aus der Priesterschaft rekrutieren.« Fischer imponierte die »Glaubenskraft« der persischen Mullahs derart, daß kurzfristig etwas »Wesentliches« in sein Leben trat, das »auch in der persischen Revolution eine elementare Bedeutung besitzt. Ich meine die Religion und das Heilige«. War es nicht das, was ihm in den letzten 28 Jahren so systematisch gestohlen worden war? War es: »Ich glaube mittlerweile«, schrieb Fischer im Februar 1979 im *PflasterStrand*, »daß den Menschen durch die Staaten nicht nur ihre Arbeit und ihre Gewalt genommen wurden, sondern auch ihre Religion.« Sich nach Persien aufzumachen und beim Ayatollah Khomeini als Revolutionswächter anzuheuern, könnte nicht das seine Bestimmung sein? Oder sollte er gleich in ein moslemisches Kloster gehen, um dort mit den Derwischen zu heulen: »Freiheit, dieser Traum, verbindet sich für mich genau mit der Wiederaneignung meiner Arbeit, meiner Gewalt und meiner Religion«? Aber dabei würden seine biertrinkenden Kumpel von der Abteilung Putz wohl kaum mitmachen, und so blieb die Klosterzelle in Teheran unbesetzt. »Ich halte das Reisen«, verriet Joschka der alten Spontigefolgschaft, »gleich welcher Ursache wegen und wie auch immer betrieben, mittlerweile für Unfug (im Sinne meiner antiimperialistischen Reise).« Und fix und fertig stellte er fest: »Was bleibt nunmehr unter dem Strich, ist eigentlich recht dürftig. Übrig bleibt nur ein Ich und ein Leben, denn drumherum ist nicht mehr viel.«

Ob sie sich jedoch weiter ihrem Weltschmerz hingaben oder sich langsam in den herrschenden Zuständen einrichteten: Was die Mitglieder von Joschkas Gang an der Schwelle von den siebziger zu den achtziger Jahren fast durchweg verband, war der Rückzug ins unpolitische Private. »Der große Traum von 1968 ist ausgeträumt«, erklärte Szenechronist Matthias Beltz bereits 1978, »der alte schreckliche Traum der Deutschen der 50er Jahre, ein Leben in Frieden und eigenem Häuschen, wird nostalgisch wieder neu aufgewärmt, erreicht uns auch.« Im großen Krisenjahr der Spontis fügte er zwar hinzu, dieser

Trend sei »noch zu schwach, um wirksam zu werden«, doch nur ein paar Jährchen später hatte er die meisten alt gewordenen Revolutionäre voll erfaßt. Richtete man seinen Blick nur starr auf die Frankfurter Spontis, könnte man fast meinen, mit ihrem Rückzug nach Balkonien wäre jedweder außerparlamentarische Impuls, jede linke oppositionelle Politik in Stadt und Land erlahmt und perdu. Aber das Gegenteil war der Fall.

Der rote Dany verfärbt sich

In der zweiten Hälfte der siebziger Jahre mobilisierte die Anti-AKW-Bewegung tatsächlich die »Massen«, von denen der Revolutionäre Kampf immer nur redete. Bereits im November 1976 demonstrierten rund 30 000 Menschen gegen das geplante Atomkraftwerk in Brokdorf, im nächsten Jahr waren Hunderttausende in Gorleben, Kalkar oder Grohnde auf den Beinen. Wenig später entstand auch im Rhein-Main-Gebiet eine breite außerparlamentarische Bewegung. Direkt vor der Haustür der Spontis gingen Zigtausende gegen die Erweiterung des Frankfurter Flughafens um eine »Startbahn West« auf die Straße respektive in den Wald am Flughafengelände. Auch Hausbesetzungen kamen Anfang der achtziger Jahre wieder in Mode, eine regelrechte Besetzungswelle erfaßte zunächst West-Berlin, dann aber auch die restliche Bundesrepublik einschließlich Frankfurt am Main.

Es dauerte nicht lange, bis die verschiedenen, in der Regel ökologisch motivierten Bürgerinitiativen nach Wegen suchten, ihre Ziele auch in den Parlamenten zu vertreten. Ziemlich bunt gemischte Haufen waren es, die sich ab

1977 zu den ersten »Grünen Listen« zusammenschlossen. Vom unentwegten Mitglied der verschiedenen kommunistischen Sekten über den dinkelanbauenden Landfreak bis hin zum konservativ bis braun eingefärbten »Lebensschützer« hatte sich hier fast alles versammelt, was mit der herrschenden Politik der Naturzerstörung grundsätzlich nicht einverstanden war. Mit der Zeit aber setzten sich linke und radikaldemokratische Ökologen in den Listenverbindungen durch, die sich im Januar 1980 in Karlsruhe zur Partei »Die Grünen« zusammenschlossen. »Ökologisch, gewaltfrei und basisdemokratisch« sollte die neue »Anti-Parteien-Partei« sein. Als kurze Zeit später auf einem Parteitag beschlossen wurde, auch eindeutig antikapitalistische und feministische Elemente (wie die Forderung nach Streichung des Paragraphen 218) mit ins Programm aufzunehmen, verließen die letzten Konservativen um den CDU-Abweichler Herbert Gruhl die linkslastige Organisation.

Die Spontis hatten mit dieser neuen Bewegung nicht viel am Hut bzw. an der langsam speckig werdenden Che-Guevara-Mütze. Wohl bediente man sich einiger ihrer ideologischen Versatzstücke, sah auch die Ökologen als Teil der großangelegten »Offensive in erster Person«, und selbst eine kleine spontaneistische »Öko-Gruppe« fand zusammen. Doch die bestand fast ausschließlich aus studentischen Spontis der zweiten Generation. Die alten Führer der Frankfurter Linksradikalen verspürten keinerlei Drang, sich mit aufwendigen Recherchen zur Funktionsweise von Atomkraftwerken oder mühseliger Kleinarbeit in Bürgerinitiativen zu beschäftigen. So etwas schien ihnen, die noch kurz zuvor globale Revolutionsstrategien entwickelt hatten, nun doch allzu hausbacken und bieder. Nur bei den großen Demonstrationen mischte man mit. Selbst der ansonsten vollkommen politikabstinente Joschka Fischer wurde dort hin und wieder rückfällig. So kämpfte er zum Beispiel bei der ersten »Schlacht um Brokdorf« mit. Hier fackelte der Frankfurter Block übrigens, wie Tom Koenigs berichtet, ein letztes Mal einen Polizeiwagen ab – wahrscheinlich aus alter Gewohnheit oder nostalgischen Gründen.

Noch einmal ließen die alten Recken die jetzt regenbogenfarbene Fahne mit der geballten Faust des Revolutionären Kampfes im Wind der Wilstermarsch flattern. Doch in der Menge der zigtausend Demonstranten fiel die genausowenig auf wie das Häuflein der Frankfurter Spontis. Die Heroen von einst mußten feststellen, daß sie nunmehr nichts weiter waren als das, was sie angeblich schon immer sein wollten: ein Teil der legendären »Massen«. Hier standen nicht sie am Rednerpult, hier gehörten nicht sie (sondern die verfluchte Konkurrenz von den K-Gruppen) zu den maßgeblichen Organisatoren. Und auch bei den später stattfindenden Demonstrationen gegen die Startbahn West hatten die Spontiführer nichts mehr zu melden. Wie alte Herren, die sich irrtümlich auf einen Abschlußball von Abiturienten verirrt haben, so wirkten die Reste von Joschkas altem Trupp im November 1981 bei einer Großdemonstration im Flörsheimer Wald. Es sollte ihr letzter Auftritt sein. Denn diese Bewegung, das mußten die großen Häuptlinge feststellen, war schon längst nicht mehr die ihre.

Der einzige, der diese Entwicklung frühzeitig kommen sah, war einmal mehr Oberspürnase Daniel Lederstrumpf-Bendit. Voller Sorge stellte er fest, daß selbst in Frankfurt, auf ureigenstem Spontiterritorium also, andere damit begonnen hatten, die politische Initiative zu übernehmen. Das durfte er auf keinen Fall zulassen. Schon 1978, als sich die hessischen Grünen Listen darauf einigten, ein Bündnis einzugehen, um an der im selben Jahr stattfindenden Landtagswahl teilzunehmen, beschloß er zu handeln.

Nur wenige Monate vor der Wahl stampfte er mit einigen Subalternen aus dem *PflasterStrand*-Umfeld eine »Bürgerinitiative« mit dem klingenden Namen »Chaos & Sumpf« aus dem Boden, die nur einem einzigen guten Zweck dienen sollte: »den Dany« ins Parlament zu katapultieren. Wäre dem nicht so gewesen, hätte er sich auch der bereits seit einem Jahr bestehenden Grünen Liste anschließen und dort fleißig mitarbeiten können. Doch Cohn-Bendit mochte nicht einer unter vielen sein, sondern wollte selbst im Mittelpunkt stehen. Nach außen mußten für diesen Schachzug selbstverständlich andere Begründungen herhalten: »In unserem Vorgehen muß vor allem die Autonomie gegenüber den anderen Komponenten der ›Grünen Liste/Wählerinitiative‹ klar zum Ausdruck kommen. Nicht aus Konkurrenz oder Abgrenzungszwang, sondern weil wir unsere radikale Ablehnung parlamentarischer Strategien auch durch unsere Form des Wahlkampfs beweisen müssen.« Denn Parlamente waren Cohn-Bendit ein Greuel. Deshalb sollte seine »Bürgerinitiative« auch nichts anderes sein als Teil seines genialen NAPO-Plans, gewissermaßen eine Fortsetzung des »Kongresses der Irren« im hessischen Landtag. Und sollte er tatsächlich zum Abgeordneten gewählt werden, wollte er hier, so trompetete »der Dany« in seinem Hausblatt, unter keinen Umständen mitarbeiten, sondern »die Institutionen chaotisieren«, den »Herrschenden ihre selbstherrlichen Mauscheleien versalzen« und den Landtag als Bühne benutzen, »um ihn zu verarschen«.

Das hatte er lustig und gut gesagt, fand Cohn-Bendit, und fuhr gut zwei Wochen nach Gründung seiner vermeintlichen Bürgerinitiative (8 Mitglieder), ohne die Konkurrenz von der Grünen Liste Frankfurt zu informieren, nach Alsfeld in die hessische Provinz. Hier hatten sich im Juli 1978 verschiedene Öko-Gruppierungen versammelt, um sich als »Grüne Liste Hessen« (GLH) zu konstituieren. Gleichzeitig sollten die Kandidaten für die

Landtagswahl aufgestellt werden. Und weil er da unbedingt dabeisein wollte, erklomm Cohn-Bendit auf dem Parteitag »spontan« das Podium und hielt eine irre Rede. Unter anderem forderte die BI »Chaos & Sumpf« »5 Ministerposten zur Durchsetzung ihrer destruktiven Triebe«, wohl einen für Dany, einen für Cohn und einen für Bendit, vielleicht einen für Joschka und zur Sicherheit noch einen für später. Prompt wurde die multiple Persönlichkeit auf Platz 7 der GLH-Landesliste nominiert. Wahrscheinlich versprach man sich von Cohn-Bendits Kandidatur bloß die Stimmen der Frankfurter Spontis, doch das war ihm Wurscht. Ohne sich an der folgenden inhaltlichen Diskussion zu beteiligen, brauste er gleich nach der gewonnenen Abstimmung nach Frankfurt zurück und berichtete stolz von seinem geglückten Coup.

Die deprimierten Spontikollegen zu Hause allerdings wollten sein Glück partout nicht teilen. Niemand stand der Sinn nach einem Ministeramt. Statt dessen wurden manche sogar pampig. Der altgediente Kämpe des Revolutionären Kampfes Brian Michels warf dem hoffnungsfrohen Landtagskandidaten vor, er habe den *PflasterStrand* und die Bürgerinitiative nur für »eigene Ambitionen« mißbraucht. »Du bist wieder größenwahnsinnig geworden. Einer, der so wenig Abstand zu seinem eigenen Verhalten hat, kann schlecht die Glaubwürdigkeit anderer in Frage stellen.« Auch Fischer kritisierte den Kumpel, machte sein Statement mit Rücksicht auf Cohn-Bendit jedoch erst nach der Landtagswahl im *PflasterStrand* öffentlich: »Daß man aber in eine Bewegung erst dann so richtig einsteigt, wenn es um parlamentarische Verwaltung geht – und dies war bei den Frankfurter Spontis der Fall –, gibt mir zu denken ... Es ist der Pessimismus von gescheiterten Politkadern, die ihre Machtphantasien verloren haben, und genau deswegen sind wir ja so energisch auf die Landtagswahl draufgehüpft, weil es da um unser altes Metier ging.« Dieses alte Metier aber war das der Machtausübung, zu welchem Zweck auch immer. Und dem hatte Fischer kurz zuvor für alle Zeiten abgeschworen – da sollte dies auch Cohn-Bendit tun.

Leicht fiel es ihm nicht, doch als der quirlige Neugrüne bemerken mußte, daß seine alte Bande ihn nicht unterstützte, zog er seine Landtagskandidatur schnell wieder zurück. Er ganz allein irgendwo, in einem bürgerlichen Parlament gar, ohne Hausmacht: Diese Vorstellung ließ ihn schaudern. Und weil nun mal die Trauben für Cohn-Bendit ein paar Meter zu hoch hingen, beschimpfte er jetzt diejenigen, die ihn noch kurz zuvor zum Kandidaten gekürt hatten: »Die GLH, ein Verein, dem wir angehören, rutscht traumwandlerisch selbstsicher zum Parlamentarismus hin. Wo und wann aber werden Entscheidungen je im Parlament gefällt... Für uns läßt sich Ökologie nicht staatlich lösen.« Er für seinen Teil habe auch eigentlich gar keine Lust, für so ein doofes Parlament zu kandidieren, »weil ich dann einem Wahldepp (Dregger, Börner, Karry) nur ähneln würde«. Und seine Kandidatur? Ach, das sei ein blöder Ausrutscher gewesen, ihm seien halt auf der »Landesdelegiertenversammlung einige Sicherungen durchgebrannt«. Da leuchtete die Erklärung eines »Chaos & Sumpf«-Mitstreiters doch mehr ein: »Weil es keine Selbstmobilisierung der Scene gegeben hat, mußte Dany die Liste verlassen. Eine Bewegung, die existiert, äußert sich auch durch Auftritte, eine Bewegung, die nicht existiert, äußert sich halt durch Abtritte.«

Sei's drum. Die grüne Sache schien für Cohn-Bendit erstmal erledigt. Er wusch sich die Ökofarben aus dem roten Haarschopf und verabschiedete sich in einen längeren Urlaub. Auch die Bürgerinitiative »Chaos & Sumpf« versank unmittelbar nach Danys Debakel spurlos im trüben Frankfurter Szenemorast. Und der eben noch wahlbewegte *PflasterStrand* riet dem Spontivolk jetzt strikt vom Grün-wählen ab, indem er ihm schmeichelte: »Die die GLH nicht wählen, sind genial!« Die Grünen aber scherte der Bannfluch des Spontichamäleons wenig. Obwohl die GLH bei der Landtagswahl an der Fünf-Prozent-Hürde scheiterte, steckte man nicht auf, sondern stürzte sich auf die inhaltliche und organisatorische Aufbauarbeit. Im Dezember 1979 wurde schließlich von einigen Mitgliedern der Vorläuferorganisation der hessische Landesverband der neuen Bundespartei »Die Grünen« gegründet. Ohne den Dany, ohne den Joschka, ohne auch nur einen Frankfurter Sponti.

Jetzt oder nie – Amnesie!

Die Grünen blieben bundesweit im Aufwind. Bereits im März 1980, zwei Monate nach ihrer Gründung, zog in Baden-Württemberg erstmals eine mit Sonnenblumen bewaffnete Fraktion in ein Länderparlament ein. Auch bei ihren außerparlamentarischen Aktionen konnten die Ökologen bald einige Erfolge verbuchen. Den Spontis hingegen wollte weiter nichts gelingen, von Danys neuer APO war weit und breit nichts zu sehen, zu riechen oder zu hören. Sollte man jetzt vielleicht seine schillernden »Machtphantasien« aufgeben und nach über zwölf Jahren erfolgloser Politisiererei das Feld anderen überlassen? Anderen, die eventuell mehr von der Sache verstanden? Ach nö, das lieber doch nicht.

Und so stand »der Dany« pünktlich zur nächsten Wahl wieder auf der Matte. Doch diesmal, zur Frankfurter Kommunalwahl im März 1981, war er besser vorbereitet. Schon gut anderthalb Jahre vor dem Termin wurde eine sogenannte »Sponti-Wählerinitiative für die Grünen« aus der Taufe gehoben. Ein etwas irreführender Name, denn zur Unterstützung der Grünen war der kleine Verein keineswegs gedacht. Eher handelte es sich um eine Art »Pressure-group«, wie ein ehemaliges Mitglied heute meint, die von außen auf die Grünen Einfluß ausüben sollte, im Sinne der Spontis. Hier mischten einige verdiente RK-Kämpfer mit, und selbst ein paar alte SDSler, die den steinigen Weg Danys und seiner Freunde nicht mitgegangen waren, hatten sich in diesen Zirkel verirrt. Doch was viel wichtiger war: Nach jahrelangen gelegentlichen Ausflügen in irre, religiöse und psychedelische Gefilde war Joschka Fischer wieder da!

Dafür hatte Cohn-Bendit selbst gesorgt. Er persönlich holte den schon verloren geglaubten Kumpel zurück, indem er ihm endlich das so lange verwehrte Entree in die Karl-Marx-Buchhandlung verschaffte. Hier machte Joschka im Keller ein kleines Antiquariat auf. Ein paar Jahre später, als er sich zu Umweltministerzeiten endgültig von seinen GmbH-Anteilen an dem Laden trennen mußte, schrieb er in sein »Tagebuch«: »Ich verspüre so etwas wie Wehmut, denn was verbindet sich nicht alles mit dieser Buchhandlung: Erinnerungen, Freunde, das eigenhändig aus dem Nichts geschaffene Antiquariat – die Früchte meiner zehnjährigen bibliophilen Leidenschaft, reingesteckt zu dessen Gründung...« Ein arg schwülstiger Satz. Wer allerdings weiß, wie der junge Joschka Fischer einst zu vielen seiner Bücher kam, der muß bei Formulierungen wie »eigenhändig aus dem Nichts geschaffen« und »bibliophiler Leidenschaft« denn doch etwas schmunzeln. Ob es Joschka Fischer beim Verfassen dieser Zeilen ebenso ging?

»Dem Dany« jedenfalls war es egal, ob Joschkas Bücher geklaut waren oder nicht, für ihn zählte nur, daß die alte Doppelspitze aus revolutionären Tagen wieder vereint war. In der »Karl-Marx«, dem informellen Zentrum der Restbewegung, wurden jetzt erneut Pläne geschmiedet, Linienschwenks ausgearbeitet und Rollen verteilt, so wie zu herrlichsten Wohngemeinschaftszeiten in der gemeinsamen Küche. Bald schon lief die Maschinerie wieder wie geschmiert. Krähte Cohn-Bendit im Mai 1980 auf einer Diskussionsveranstaltung die neueste Parole »Ich bin für Parlamentarismus«, reichte Joschka im November im *PflasterStrand* mit einem großen Essay die Begründung nach: »Ich bin mir sicher, daß diese Tendenz hin zu den Institutionen anhält..., denn die Sogwirkung des parlamentarischen Systems, das bei entsprechender Gefolgschaft Machtbeteiligung verspricht..., wird sich als stärker erweisen denn alle basisdemokratische oder aktionistische Illusionen.«

»Wo und wann werden Entscheidungen je im Parlament gefällt?« Klang einem vielleicht noch ein entferntes Echo von Danys rhetorischer Frage im Ohr? Ach was! Wieder einmal schloß man sich einer Sache allein deshalb an, weil sie momentan die stärkere, mächtigere, erfolgreichere zu sein schien. Nur aus diesem Grund plädierte Joschka Fischer jetzt auch für die neue Ökopartei, die die Spontis so lange mit Ignoranz straften: »Es ist allein die Einsicht in die Alternativlosigkeit zu diesem Übergang, die mich für DIE GRÜNEN stimmen läßt.« Gleichzeitig aber warnte er: »Macht euch bloß keine falsche Vorstellung von den grünen Politikern.« Und ergänzte, man möge doch bittebitte nicht den Falschen wählen: »Besser einer, dem es schwerfällt, wird Vertreter, wenn es schon sein muß, als einer, der immer wieder vertreten hat.« Was er der Spontigemeinde mit diesen dunklen Worten mitteilen wollte, ist nicht auf Anhieb zu verstehen, denn kaum ein Mitglied der frischgegründeten grünen Partei hatte zum Zeitpunkt der Niederschrift je in einem Parlament gesessen. Was gemeint war, ergibt sich aus dem Zusammenhang: Wenn ihr schon die grüne Partei wählt, dann wählt keine Grünen, sondern Spontis. Und wenn ihr einen Sponti wählt, dann nicht irgendeinen, sondern den, dem das Vertreten so schwerfällt, den einen, den ihr alle kennt, meinen Kumpel, den Dany. Das war die Unterstützung, die Cohn-Bendit brauchte, um sich noch einmal in den Wahlkampf zu stürzen. Denn nun, mit dem starken Joschka und der Wählerinitiative im Rücken, konnte er relativ sicher sein, daß er sich nicht wieder blamieren würde. Das Kommunalwahlprogramm war schnell zusammengehauen: »Eine autofreie Stadt« wollte man und für den öffentlichen Nahverkehr »Nulltarif spätestens in 4 Jahren«, »daß kein Haus höher als ein ausgewachsener Baum sein darf«, wurde gefordert, und, als besonderes Schmankerl für den eigenen Anhang: die Einrichtung eines »offiziellen Haschisch-, Grass- und Marihuanamarktes« in Frankfurt. (Wobei dem Experten für alles und jedes in der Kürze der Zeit keiner erklären konnte, daß Gras nicht nur mit einem s geschrieben wird, sondern mit Marihuana identisch ist, wenn es sich nicht um das handelt, was hinten aus dem Rasenmäher herauskommt.)

Doch so schön sich diese »radikale Alternative zur herrschenden Politik« auch lesen mochte: Zum Gewähltwerden, da half alles nichts, brauchte man die Grünen, auch wenn man nichts von ihnen hielt. Die waren in Frankfurt zwar ziemlich aktiv, doch immer noch eine recht kleine Gruppe. Zudem verfügten sie kaum über profilierte Köpfe, denn Leute wie Jutta Ditfurth, ihr Lebensgefährte Manfred Zieran oder der Exil-Tscheche Milan Horacek waren auf der politischen Bühne Frankfurts bisher eher selten in Erscheinung getreten. Mit denen, glaubte »der Dany«, würde er schon fertigwerden, und bot den Grünen großzügig ein Wahlbündnis an.

Natürlich sollte es ein Bündnis sein, in dem Cohn-Bendit und seine Bande den Ton angaben und keineswegs die,

die in Frankfurt dafür gesorgt hatten, daß die neue erfolgreiche Ökopartei überhaupt existierte. Und so sahen es die Spontis äußerst ungern, daß auch die Grüne Liste Hessen (GLH) »auf den Erfolgszug der Grünen« (Cohn-Bendit) aufspringen wollte. In dem Verein, der »den Dany« vor noch gar nicht so langer Zeit nominiert hatte, waren nach der Gründung der grünen Partei hauptsächlich Mitglieder diverser kommunistischer Gruppen verblieben, darunter auch einige von der alten RK-Konkurrenz KBW. Gut möglich, daß diese gewieften Politkader den Spontis ihren Einfluß auf die personell noch immer schwachen Grünen streitig machen würden. Deshalb setzte sich Daniel Cohn-Bendit bei ersten Verhandlungen vehement dafür ein, die GLHler aus einem gemeinsamen Wahlbündnis auszuschließen: »Als Parteimitglieder«, wetterte er, »sind sie alle, ohne Ausnahme, zwielichtige Personen, denn als Mitglieder einer marxistisch-leninistischen Partei müssen sie in erster Linie die Position ihrer Organisation vertreten und erst in zweiter... die des Bündnisses.« Auch der Wortführer der Grünen, Manfred Zieran, wollte mit den Kommunisten keine gemeinsame Sache machen. Jedenfalls so lange nicht, wie sie noch Mitglieder in ihren jeweiligen Zirkeln blieben. Erst wenn sie diese verlassen hätten, erklärte er, stünde es jedem von ihnen frei, sich an dem Bündnis zu beteiligen. Und so blieben denn die GLHler vor der Tür.

Keine zwei Monate nach dieser Entscheidung schrieb ein gewisser Daniel Cohn-Bendit im *PflasterStrand*: »Gerade weil die strammen Kommunisten nun bereit sind, auch als Minderheit sich an einem Bündnis zu beteiligen, wäre es unverständlich, sie aufgrund ihrer Vergangenheit auszugrenzen.« Was war passiert? War dem Mann ein Pflasterstein auf den Kopf gefallen? Nie war die Rede davon gewesen, daß die GLH-Kommunisten sich als Mehrheit an dem Wahlbündnis beteiligen wollten, nur von

»zwielichtigen Personen« hatte man bislang gehört. Doch Dany und seine Wählerinitiative waren in der Zwischenzeit zu dem Ergebnis gekommen, daß es doch günstiger wäre, sich mit den maroden kommunistischen Sekten zu verbünden, wenn man sich in der aufstrebenden grünen Partei durchsetzen wollte. Nur deshalb pokerte Dany hoch und stellte die Grünen mit einem Mal vor die Alternative: Entweder die Kommunisten machen mit, oder auch die Spontis verabschiedeten sich von der gemeinsamen Liste. Doch der Bluff mißlang: Die Grünen entschieden sich für das letztere.

Das fiel ihnen keineswegs leicht. Denn einerseits fühlte man sich als undogmatische Linke den Spontis ideologisch diffus verbunden, andererseits hatte man auch, wie es ein Grüner ausdrückt, »Angst vor der Isolierung durch die meinungsbildenden Gruppen der linken ›scene‹«. Und die war nicht unbegründet. Denn so schlecht Danys Gedächtnis auch sonst sein mochte, eine solche Schmach vergißt er niemals. Die »politischen Nillen« und »grünen Mäuse«, wie man die grünen Parteimitglieder im Spontijargon zu nennen pflegte, hatten es gewagt, ihn, den weltberühmten Dany, nicht mitmachen zu lassen, einfach zurückzuweisen; das würden sie büßen müssen. Und so wurde denn in dieser historischen Minute aus ziemlich persönlichen Gründen der Grundstein zu dem gelegt, was man später einmal den Konflikt zwischen Fundamentalisten und Realos nennen sollte.

Die erste Reaktion aber war eher hilfloses Gekeife. Dabei hielt sich Cohn-Bendit selbst noch zurück. Es klang schon komisch, wenn ausgerechnet einer, der noch zwei Jahre zuvor angetreten war, das Parlament »zu verarschen«, den Frankfurter Grünen jetzt »politische Unreife«, »Sektierertum« und vor allem »Größenwahn« vorwarf. Den emotionaleren Part der Beschimpfung übernahm einer von Danys Spontiuntertanen. In einem im

PflasterStrand abgedruckten offenen Brief an Jutta Ditfurth, Manfred Zieran und Milan Horacek fuhr ein gewisser Rainer Heit zunächst das bekannte, in diesem Zusammenhang allerdings arg paradoxe Geschütz auf: Weil die Grünen nicht mit denen zusammenarbeiten wollten, die, wie die Leute vom KBW, bekennende Anhänger Stalins waren, hieß es hier: »Wer sind denn hier die wirklichen Stalinisten? Ihr kotzt mich an, weil ihr so preußisch und stalinistisch zugleich seid.« Das war schon schlimm. Noch schlimmer aber war, daß diese stalinistischen alten Fritzen, die zudem noch »rational, effektiv, warenmäßig, scheinhaft, aber zugleich aggressiv, prinzipienhaft, banal, fast neurotisch« sein sollten, sich am Dany selbst vergangen hatten. Besessener als ein Katholik, dem ein Satanist den Papst beleidigt hat, fuhr Rainer fort: »Die Form eurer Politik, um es gelinde zu sagen, widert mich an. Das ist mir alles zu seriös, zu krawattenhaft, zu angepaßt und zu wenig ausgeflippt. Ihr wollt den Bürgern dieser Republik die brave, angepaßte und alternative Politik nahebringen... Ihr habt auch was gegen den Dany und seine Art und Weise aufzutreten, die Live-Show zu stören... Ihr wart (!) die (bürgerliche) Form, und das Anpassen ist eure Devise. Und ich habe Angst, daß dieser Zwang zur äußeren Anpassung nicht nur äußerlich bleibt... Beim Dany hätte ich da, ehrlich gesagt, Schwierigkeiten, mir das vorzustellen« usw. usf. Beim heiligen Dany, Joschka hatte recht: Sie waren allesamt wahnsinnig.

Jutta Ditfurth zu krawattenhaft, Manfred Zieran zu brav, »der Dany« als Garant für die permanente Rebellion – man braucht sich nur anzuschauen, wo die drei Genannten heute stehen und was sie treiben, um den Realitätsgehalt dieser Invektiven beurteilen zu können. Doch war Opportunismus nicht der Hauptvorwurf, den »der Rainer« als Verkörperung des kollektiven Spontiunbewußten den Führern der Grünen machte: Was ihn wirklich in Rage versetzte, war sein Eindruck, »daß ihr diese (auch meine) [Sponti-]Geschichte geleugnet, verdrängt und als nicht existent hingestellt habt... Wer seid ihr eigentlich, wie lange lebt ihr in Ffm und macht hier Politik, und was fällt euch ein, so mit meiner Geschichte umzuspringen?« Die Grünen waren Fremde, Zugereiste – Zieran kam 1976, Ditfurth erst 1978 nach Frankfurt –, die nicht unter General Joschka an den großen Schlachten teilgenommen, die nicht zusammen mit der Putzgruppe im Kessel vorm Kettenhofweg gelegen hatten, die nicht »den Dany« anbeteten und die es dennoch wagten, in dieser Stadt linke Politik zu machen, ohne sich praktisch oder wenigstens rituell zu unterwerfen: Das war der Punkt. Und das wollte der alteingesessene Stamm auf seinem Territorium nicht dulden.

Daß die Grünen sich nicht vom allgemeinen Spontigeheul irremachen ließen und trotzdem zur Kommunalwahl antraten, darüber konnte Daniel Cohn-Bendit nur lachen: »Nach dem schwarzen Dienstag (13. Januar), wo die Grünen die Kandidaten der GLH ablehnten und somit auch das Bündnis mit den Spontis, hat sich diese Partei eine kommunalpolitische Verantwortung aufgehalst, für die sie noch zu grün hinter den Ohren ist, wenigstens in dieser Stadt.« Aber sie sollten sich keine Sorgen machen, denn ohne die Unterstützung der Spontis würden sie sowieso nicht die Fünf-Prozent-Hürde überspringen. Und falls wider Erwarten doch, so wünschte er »den Grünen-Vertretern – hämisch und mit Schadenfreude – viel Glück im Parlament«. So weit wollten es die *PflasterStrand*-Redakteure Georg Dick (von ihm wird noch die Rede sein) und Willi Barabas gar nicht erst kommen lassen. Sie riefen offen dazu auf, den Grünen keine einzige Spontistimme zu schenken, »da die Wahl von solch blassen Figuren der Stadt nur schaden würden (!). Wir brauchen nicht Buchhalter öffentlicher Meinungen.« Es war phantastisch: Die Spontis machten Stimmung gegen die Grünen – aus Sorge um Frankfurt.

Aber allen Warnungen und Danyrufen zum Trotz zog die grüne »Schildbürgertruppe« (Dick und Barabas) bei der Frankfurter Kommunalwahl im März 1981 mit 6,4 % aller Stimmen ins Frankfurter Stadtparlament ein. Anders im benachbarten Hanau. Hier waren die Grünen mit der GLH ein Bündnis eingegangen und prompt bei 3,5 % gelandet. Selbstkritisch fragte sich da einer von Cohn-Bendits Getreuen, »warum wir so leichtfertig und überheblich das Grünen-Dogma, ja zu den Spontis, entschieden nein zu den Kellersozialisten, weggewischt haben?« Dem Dany selbst lag solche Art Grübelei fern. Frisch aus dem Skiurlaub (»was auch sehr schön war«) zurückgekehrt, war abermals jegliche Erinnerung an Vorangegangenes gelöscht. Als ob er selbst die Wahlschlacht gewonnen hätte, triumphierte es aus ihm heraus: »Freude, strahlende Herzen (!) und uneingeschränkte Schadenfreude gegenüber SPD und FDP löste bei mir das Wahlergebnis in Ffm aus.« Und also erging die Weisung des Mannes mit der Kraft der (mindestens) zwei Herzen an seine Jünger: »Geht in den nächsten Tagen durch diese Stadt, gebt euch als Alternativler-innen oder Grüne zu erkennen, und ihr werdet die Neugier oder die Betroffenheit der Menschen spüren. Der aufrechte Gang durch die Geschichte ist vielleicht doch möglich.«

Das hörte sich wie das Pfeifen und Tirilieren von jemandem an, der sich selbst Mut machen will, weil er sich eigentlich verkriechen müßte. Daß nämlich Cohn-Bendit durch die Blockbildung ausgerechnet mit den K-Grüpplern eine, wie es schien, einmalige Chance vermasselt hatte, stand außer Frage. Cohn-Bendit, so erkannte man jetzt langsam auch in der Spontiwählerinitiative, mochte zwar einen ausgezeichneten Riecher für politische Trends haben, als Stratege aber taugte er gar nichts.

Das glänzende Abschneiden der Grünen bei der Wahl zeigte noch ein zweites: Die alte Spontigefolgschaft hörte nicht mehr so ohne weiteres auf ihre alten Helden. Es war relativ sicher, daß sich viele von ihnen nicht der Stimme enthalten, sondern ganz einfach spontan die Grünen gewählt hatten. Das hieß, daß diese »blassen Figuren« jetzt nicht mehr nur drohten, die linksradikale Meinungsführerschaft in der Stadt zu übernehmen. Sie hatten bereits einen ersten entscheidenden Schritt getan. Wenn nun nichts passierte, konnten künftig die übriggebliebenen politischen Zampanos der Spontiszene allenfalls ein bescheidenes Leben am Rande der Gesellschaft fristen.

Und also passierte etwas. Ein anderer mußte ran, so überlegte man in der Wählerinitiative, einer, der es besser verstand, das zu betreiben, woran »der Dany« bereits zweimal so kläglich gescheitert war: »Hegemonialpolitik«. Die hatten die Spontis bereits 1978 in der GLH erwogen. Damals lautete die Begründung: »Wir haben sowieso die radikalsten und die revolutionärsten demokratischen Vorstellungen von einer nach menschlichen und natürlichen Gesichtspunkten zusammenlebenden Gesellschaft.« Im Moment formulierte man seine Absichten etwas vorsichtiger, doch klang Cohn-Bendits Ankündigung, »daß wir alle die Verantwortung für das weitere Vorgehen der Grünen tragen«, weniger nach echter Besorgnis als nach einer handfesten Drohung. Schließlich wäre es ein leichtes gewesen, diese Verantwortung wahrzunehmen, indem man den eigenen Verein auflöste und einfach in die Partei eintrat, um an der Basis ihren Kurs mitzubestimmen. Doch daran dachte keiner. Einzig Joschka Fischer wurde Ende Juli 1981 Mitglied der Grünen.

Der alte »Kriegshäuptling« der Spontis sollte von nun an das Projekt »Eroberung der Grünen« hauptverantwortlich in Angriff nehmen. Und er hatte dafür auch gute Gründe. Zu düster war die Aussicht, ein Leben lang hinter dem Steuer eines Taxis durch Frankfurt zu brummen, als daß er sich diese vielleicht letzte Chance entgehen lassen konnte. Denn auch sein Antiquariat bot ihm keine längerfristige Perspektive: Um über die Runden zu kommen, hatte die Karl-Marx-Buchhandlung gerade drei Leute entlassen müssen. Später hörte sich das selbstverständlich ganz anders an: Nach Danys Blamage, behauptete Joschka Fischer 1997 in der Biographie von Sybille Krause-Burger, sei er so »sauer« gewesen, »da habe ich gesagt, ihr könnt mir den Buckel runterrutschen, jetzt tret' ich den Grünen bei«. Doch warum engagierte er sich nicht in der Partei? Warum besuchte er in den anderthalb Jahren bis zum erstaunlichen Start seiner Karriere nur eine einzige Versammlung der Grünen? Nein, Fischer wurde nicht Parteimitglied, um brav und geläutert grüne Tagespolitik zu machen. Vielmehr wollte er im Auftrag der Wählerinitiative – wo er sich wesentlich häufiger blicken ließ als in »seiner« Partei – das zukünftige Schlachtfeld sondieren. Wie einst im Straßenkampf gelernt, wartete der große Stratege nur auf den richtigen Moment, um dann das zu tun, was er Cohn-Bendit einst so hellsichtig vorgeworfen hatte: Mit dem Pessimismus eines gescheiterten Politkaders in eine Bewegung erst so richtig einzusteigen, wenn es um ihre parlamentarische Verwaltung ging.

Macht kaputt, was bei der Macht nicht mitmacht!

Die Ausgangsposition, von der aus die ehemaligen Spontiführer um Joschka Fischer und Daniel Cohn-Bendit ihren bald unaufhaltsamen Durchmarsch bei den Grünen starteten, schien auf den ersten flüchtigen Blick nicht die günstigste zu sein. Ihre einstige Bewegung war zersplittert und am Boden, während die der Grünen stetig wuchs und einen Erfolg nach dem anderen einfuhr. Wie konnten sie unter diesen Bedingungen, als offensichtliche politische Versager und ohne Hausmacht, hier überhaupt etwas werden? Inspizierte man freilich ihr Marschgepäck etwas genauer, stellte sich die Situation gleich anders dar.

Die Spontiführer waren zwar im großen und ganzen, im Kampf um die Macht in der Gesellschaft, radikal gescheitert. Im kleinen aber hatten sie in Frankfurt eine vielfältig verflochtene »Organisation« aufgebaut, die ihre Schlagkraft zu den verschiedensten Anlässen immer wieder unter Beweis gestellt hatte. In diesem Netzwerk aus Gruppen und Grüppchen hatten Leute wie Fischer, Cohn-Bendit, Beltz und Schmid Spitzenpositionen ergattert, ohne je gewählt oder sonstwie demokratisch legitimiert worden zu sein. Obersponti wurde man auf eher naturwüchsige Weise: aufgrund seines rhetorischen Talents, der Fähigkeit, Anhänger um sich zu scharen und kleine Seilschaften zu bilden, aufgrund interner Rollenverteilung und Absprachen. All diese Techniken des Machterwerbs und -erhalts hatten die Spontiführer in mehr als zehn Jahren politischer Praxis erlernt; und natürlich gingen diese Kenntnisse in den Jahren der großen Spontikrise nicht verloren. Die meisten der engagierten Grünen, die in der Regel erst wenige Jahre politisch aktiv waren, hatten dem nichts Gleichwertiges entgegenzusetzen.

Ein Jahrzehnt lang war es den Spontiführern zudem gelungen, nach außen den informell hierarchischen Aufbau ihres Haufens zu kaschieren. Anders als die »offen« autoritär strukturierten und konspirativ arbeitenden kommunistischen Zirkel hatten sie sich immer als basisdemokratische Antiautoritäre dargestellt. Hier konnte jeder, so wurde suggeriert, gleichberechtigt mitkämpfen, mitmachen und mitbestimmen. Zu keiner Zeit gab es ein für jeden Sponti verbindliches Parteiprogramm, weder Parteiausweise noch Mitgliederlisten, kein offizielles Zentralorgan und in den letzten Jahren noch nicht einmal mehr einen Organisationsnamen. Der Kitt, der die Bande um Joschka und Dany zusammenhielt und bis heute hält, war und ist letztlich nicht politisch-ideologischer Natur, sondern besteht aus Hunderten von persönlichen Freundschaften, Abhängigkeiten, sexuellen und nicht-sexuellen Beziehungen, war und ist die gemeinsam erlebte Geschichte, Klatsch, Tratsch und intimstes Wissen übereinander. Aus der Bewegung trat man nicht aus, genausowenig wie man je in sie eingetreten war. Deshalb sollte es auch jederzeit und mit geringem Aufwand möglich sein, das alte Spontinetzwerk zum Vorteil seiner einstigen Führer zu reaktivieren, selbst zu einem Zeitpunkt, als die Bewegung längst aufgehört hatte, als solche zu existieren. All das aber war den Grünen, die dummerweise nur die Instrumentalisierung durch die privat weit loser miteinander verbundenen K-Grüppler fürchteten, nicht bewußt.

Sieht man von der Frühzeit des Revolutionären Kampfes einmal ab, war der Kampf für die Revolution für die Spontiführer eigentlich nie etwas anderes als ein Synonym für den eigenen Vorteil, für Selbstverwirklichung oder Machterhalt. Nie wurde ein konkretes gesellschaftliches Ziel oder ein propagierter Inhalt selbst entwickelt, sondern immer nur von anderen Gruppen übernommen. Erwies sich ein Ziel als nicht sofort erreichbar, wurde es gegen den neuesten Hit vom Revolutionsmarkt ausgetauscht. Ähnlich wahllos und unreflektiert griff man zu verschiedenen militanten Kampfformen, die in dem Moment wieder aufgegeben wurden, als sich statt eines Erfolgs die leicht voraussehbare staatliche Verfolgung einzustellen drohte. Auch dieser grundsätzliche und lange eingeübte Opportunismus verschaffte den Spontiführern innerhalb der Grünen einen nicht zu unterschätzenden Vorteil: Denn während die radikalen Ökologen Politik betrieben, um nicht verhandelbare Ziele, wie zum Beispiel die Stillegung der Atomanlagen, durchzusetzen, konnten sich die Spontis auf eine flexible Machtpolitik konzentrieren, die von solchen manchmal allzu störenden Inhalten absah.

Was die arbeitslose Kaste der Spontiberufspolitiker über all das hinaus den grünen Politamateuren voraus hatte, war genau das, was zunächst wie ihr großes Manko aussah: ihr offensichtliches Versagen und die daraus resultierende politische Hoffnungslosigkeit. Gerade weil sie bereits alles ausprobiert und dabei fast jedes nur mögliche Jammertal durchschritten hatten, gerade weil sie sich und ihre Bewegung am Ende sahen, waren sie – mehr als die jeglichem Machtstreben skeptisch gegenüberstehenden grünen Politiker – motiviert, in dieser neuen Partei ihre letzte Chance wahrzunehmen und ohne Rücksicht auf programmatische Verluste Karriere zu machen. Wer konnte das besser wissen als die langjährige Lebensgefährtin von Daniel Cohn-Bendit, Barbara Köster, die 1985 das Vorgehen und die Absichten der Spontiführer, »die ich persönlich kenne«, in einem *PflasterStrand*-Interview so kommentierte: »Sie machen das bei den Grünen, was sie immer gemacht haben: es entsteht was, sie müssen den Fuß reinkriegen und dann müssen sie's übernehmen, und dann ist es kaputt, weil es keinen Inhalt mehr hat.« Doch bis zur Zerstörung der Grünen in ihrer ursprünglichen Form war es für Joschka, Dany und Co. noch ein weiter Weg.

Letzte Chance
(1982–1985)

Alle für Joschka

Eine merkwürdige Ruhe kehrte in der linken Szene Frankfurts ein, nachdem Joschka Fischer das strategische Kommando in der Wählerinitiative der Spontis übernommen hatte. Nach außen schien es so, als hätten die alten Kämpfer nach der Kommunalwahl ihre Niederlage akzeptiert und ihren Frieden mit den Grünen geschlossen. Fast konnte man meinen, sie hätten das Interesse an der neuen Partei verloren. Zur nächsten Wahl, der hessischen Landtagswahl im September 1982, machten die Spontis keinerlei Anstalten, persönlich auf der Liste der Grünen aufzutauchen. Nur ein nüchtern gehaltener Aufruf »Nicht-Grüne für die Grünen« erschien im *PflasterStrand*. Darin wurde der Ökopartei geraten, »in entscheidenden Fragen wie Startbahn West, Atomkraftwerk Biblis, Wiederaufarbeitungsanlage« bloß keinen Kompromiß mit den Herrschenden einzugehen. Unterzeichnet hatten den Appell nicht nur Daniel Cohn-Bendit und etliche *PflasterStrand*-Redakteure, sondern auch Joschka Fischer. Daß er hier, nach über einem Jahr grüner Parteizugehörigkeit, als »Parteiloser« unterschreibt, war sicher kein Resultat mangelnder Gedächtnisleistung. Es macht vielmehr deutlich, wem seine Loyalität weiterhin gehörte.

Joschka war es wohl auch, der seiner kleinen Truppe fürs erste taktische Zurückhaltung gegenüber den Grünen verordnet hatte. Er brauchte die Zeit des Waffenstillstands, um den nächsten Sponticoup gründlich vorzubereiten. Denn diesmal, beim dritten Versuch mit den – oder besser: gegen die – Grünen, durfte keinesfalls wieder etwas schiefgehen, wollte man sich nicht die Aussichten auf eine zweite, postrevolutionäre Karriere vollends verbauen. Zudem schwebte Joschkas und Danys Rest-Spontitruppe jetzt Größeres vor. Im Gegensatz zu den Grünen, die Koalitionen und Bündnisse mit den herrschenden Parteien grundsätzlich ablehnten, hatte sich ein kleiner Kreis innerhalb der Spontiwählerinitiative schon vor geraumer Zeit dafür entschieden, Nägel mit Köpfen zu machen. Oder, wie es Fischer später einmal formulierte, »all dies zu machen, was wir eigentlich nicht machen wollten«: nämlich über kurz oder lang ein echtes Regierungsbündnis mit der SPD einzugehen.

Ein scheinbar utopischer Gedanke, beinah ebenso irrwitzig wie einst Danys Forderung nach fünf hessischen Ministerämtern. Regierte doch in Bonn SPD-Bundeskanzler Helmut Schmidt, der nicht nur für die massive Verfolgung der Linksradikalen im Gefolge des »deutschen Herbstes« 1977 verantwortlich war, sondern sich auch für die Stationierung neuer amerikanischer Atomraketen in der Bundesrepublik stark machte. Und war nicht der hessische Ministerpräsident Holger Börner so etwas wie ein Garant für den Ausbau der Startbahn West und der hessischen Atomkraftwerke sowie ein Befürworter des ungebremsten Straßenbaus? Und galten nicht diese beiden und mit ihnen die ganze Sozialdemokratie sowohl jedem engagierten Grünen als auch jedem alten Spontikämpfer als ebenso großes Übel wie ihr alter Ego, die parlamentarische Opposition von der CDU? So war es.

Aber nicht nur deshalb behielten die Strategen um Joschka Fischer ihre Option für eine Koalition erst einmal für sich respektive in den sondierenden Hinterköpfen. Schließlich stellten die Spontis Überlegungen für eine fundamentale Kurskorrektur einer Partei an, der sie – mit Ausnahme von Fischer – überhaupt nicht angehörten. Da schien es angezeigt, sich gegenüber den Grünen erst mal bedeckt zu halten. Gegenüber linken Frankfurter Sozialdemokraten allerdings riskierte man schon einmal ein offeneres Wort. Diese hatten die Spontiführer schon längere Zeit schwer umworben. Bereits 1976 forderte der vom SDS zur SPD konvertierte Til Schulz – freilich unter Pseudonym – in einem Artikel »die besten Köpfe der Linken«, darunter auch »Joschka, Rudi [Dutschke] und Dany« auf, sich nicht länger der Aufgabe zu entziehen, den »anti-technischen Affekt gerade der Linken« in einer breiten sozialistischen Bewegung zu organisieren. Damals erntete Fischers ehemaliger Wohngemeinschaftskumpel nur Hohn und Spott für seinen Vorschlag. Comandante Joschka wechselte, wie Schulz 1989 im *PflasterStrand* berichtete, sogar angewidert die Straßenseite, wenn er auf den übergelaufenen Ex-Genossen traf. Gute fünf Jahre später hatte sich das Bild ziemlich gewandelt. Da plauderte derselbe Joschka Fischer mit dem einst so heftig verfluchten SPD-Bundestagsabgeordneten Karsten »Fratze der Macht« Voigt und verriet ihm, während man im Taxi durch die Frankfurter Straßen brauste, sein Zukunftskonzept: »Wirst sehen, ich werd' noch Minister.«

Damit aber Joschka zu seinem Traumjob kam und das angestrebte Bündnis mit der SPD Wirklichkeit werden konnte, mußten sich erst einmal die parteipolitischen Machtverhältnisse im Land grundsätzlich ändern. Und genau das passierte überraschend im Herbst 1982.

Bei den Landtagswahlen, die am 26. des Monats stattfanden, scheiterte die FDP an der Fünf-Prozent-Hürde, während die Grünen mit sensationellen 8 % der Stimmen ins Parlament einziehen konnten. Die Sozialdemokraten erzielten 42,8 %. Der rechte Flügel der SPD, der grüne Taxifahrer am liebsten ein Leben lang hinters Steuer verbannt gesehen hätte, geriet durch diese Konstellation in eine Zwickmühle. Hatte der SPD-Hardliner, Ministerpräsident Holger Börner, zuvor angekündigt, den Grünen eher eins mit der Dachlatte überzuziehen, als der neuen Partei irgendwelche Zugeständnisse zu machen, mußte er nun wohl oder übel diese wenig praktikable Haltung überdenken. Dazu riet ihm indirekt auch sein Parteivorsitzender Willy Brandt, der noch am Wahlabend im Fernsehen von einer »neuen Mehrheit links von der Union« sprach. Der Grund für die schnelle Kurskorrektur des SPD-Mainstreams: Nur eine Woche vor der Hessenwahl hatte die FDP die sozialliberale Koalition in Bonn aufgekündigt, um gemeinsam mit der CDU Bundeskanzler Helmut Schmidt zu stürzen (was bekanntermaßen wenige Tage später auch gelang). Eine große Koalition kam unter diesen Umständen in Hessen kaum in Frage.

Das war das Signal, auf das Joschka Fischer die ganze Zeit gewartet hatte. Wolfgang Kraushaar, der eine Zeit lang diesen »lebenden Mythos des Frankfurter Linksradikalismus« (Kraushaar) vor Ort beobachten konnte, schildert in einem Aufsatz, der 1988 in der Hamburger *Zeitschrift für Sozialgeschichte* 1999 erschien, wie Fischer am Tag nach der Landtagswahl reagierte: »Nachdem er den ganzen Sommer kaum einmal in der Wählerinitiative aufgetaucht ist, steht er an diesem Montagabend bereits ungeduldig wartend vor den noch ungeöffneten [*PflasterStrand*-]Redaktionsräumen. Mit einem Mal glaubt er, die Situation erkannt zu haben. Von diesem Abend an entfaltet er zielgerichtet wie bei einer militärischen Offensive seine Aktivitäten, die ihn – einem inaktiven Mitglied der Grünen – innerhalb eines Zeitraums von weniger als einem halben Jahr bis in den Bundestag führen.«

Kurz nach der Hessenwahl stellte sich nämlich heraus, daß als Folge der Wende in Bonn im März 1983 vorgezogene Bundestagswahlen stattfinden würden. Wenn es jetzt gelingen sollte, in Hessen ein Bündnis zwischen Grünen und SPD zustande zu bringen, dann, so überlegte der Stratege Fischer, ergäben sich für die Ökopartei auch im Bund bisher ungeahnte Möglichkeiten. Das war seine große Chance, und da wollte er um jeden Preis dabeisein. Dem standen aber noch eine ganze Reihe von Hindernissen im Weg. Am schwersten war wohl der Widerstand des radikalökologisch orientierten hessischen Landesverbandes der Grünen zu überwinden. Dieser hatte kein Interesse an einer vertraglich festgelegten Zusammenarbeit mit der »Startbahn-Partei« SPD. Statt dessen wollte man die neue starke Position im Parlament ausnutzen, um die bekämpften Großprojekte zu verhindern. Soviel stand fest: Allein würde sich Fischer gegen die in dieser Frage recht geschlossen dastehende grüne Partei nicht durchsetzen. Um auf die Grünen Druck ausüben zu können, mußte es ihm zunächst einmal gelingen, seine alte Hausmacht zu mobilisieren.

Aber das war gar nicht so einfach. Denn die Spontis von einst waren zwar gerade dabei, es sich als Lehrer, Professoren und Kleinunternehmer in den herrschenden Verhältnissen gemütlich zu machen, ihre alte revolutionäre und nicht unbedingt staatstragende Gesinnung hatten die meisten von ihnen aber deswegen noch längst nicht aufgegeben. Das mußte sich ändern, und zwar, da die Zeit drängte, so schnell wie möglich. Sofort nach der Landtagswahl begann deshalb Daniel Cohn-Bendits *Pflaster-Strand* mit der Offensive.

Ein regelrechtes Trommelfeuer von Bekenntnisartikeln und grundsätzlichen Essays sollte der gealterten Spontigefolgschaft klarmachen, daß es, anders als dummerweise seit 1968 immer geglaubt, keine grundsätzliche Alternative zum Bestehenden gab. Alte Kämpfer wie Matthias Beltz meldeten sich zur Stelle und empfahlen den noch nicht geläuterten Linksradikalen eine gründliche Gehirnwäsche. Ein »Alternativ-Spießer« und »geistloser Stammtischstratege« sei derjenige, der jetzt noch immer nicht den alten Idealen abschwören wollte. »Er liebt den Dissens um seiner selbst willen und grenzt Zustimmung zu politischen Institutionen aus, was er denjenigen, die daran glauben mögen, als Fundamentalopposition verkauft.« Dabei sei es jetzt an der Zeit, nicht mehr länger an allem und jedem herumzunörgeln, sondern endlich mitzumachen und dabei en passant ein paar konservative Werte wie »Pflicht, Respekt, Treue und Leistung« mit nach Hause zu nehmen.

Hatte Beltz 1978 noch eindringlich vor »elitären Menschen« gewarnt, die eigentlich nur schwach seien, und weiter recht weise gejammert, er wisse, »wie schnell das Alte in dir dich zurückholt, wie aus dem Ohnmachtsgefühl der Wille zur Macht wird«, schien er nun unbedingt seine Prophezeiung von damals erfüllen zu wollen: »Versuchen wir's also mal mit der Elite... Bekennen wir uns zur Hierarchie...« Immerhin: Den Namen desjenigen, den er mit dieser Bußpredigt in den Bundestag protegieren wollte, schrieb er nicht hin. Trotzdem wußte jeder Sponti, was er zu tun hatte, wenn der ehemalige »Pfarrer« des RK die gemeinsame Vergangenheit beschwor und mit ungebrochenem Pathos abermals anhob: »Unsere Revolution hat etwas Neues geschaffen, das den Keim großer Taten in sich trägt... Die Kulturrevolution von 1968 hat den Adel hervorgebracht, der sich heute entscheiden muß, eine eigene Identität zu bilden... Unsere Schulen des Adels waren die Studentenbewegung, Betriebsarbeit und Häuserkampf in Frankfurt, die Unterstützung mancher illegaler Angelegenheit im In- und Ausland, hießen Sozialistischer Deutscher Studentenbund, Revolutionärer Kampf, Häuserrat und Rote Hilfe. Verleugnen wir diese Vergangenheit nicht, sondern laßt sie uns neu erwerben, um sie zu besitzen.« Was auch immer der letzte Satz bedeuten mochte, gemeint war sicherlich nur eins: ihr, die ihr einst Revolutionäre wart und jetzt euer Eigenheim abbezahlt, um es einmal zu besitzen, laßt ab von der Vergangenheit und unterstützt den Willen zur parlamentarischen Macht eures alten Häuptlings, des edlen Joschka von Gerabronn.

Zu den altbekannten Spontiführern und Revolutionshelden wie Matthias Beltz gesellte sich eine neue Hilfstruppe, die mit mindestens genauso großem Elan versuchte, die blitzartige Umerziehung des Spontivolks voranzutreiben. Sie waren allesamt *PflasterStrand*-Redakteure und hießen eigentlich Albert Sellner, Cora Stephan, Matthias Horx und Georg Dick. Ihre Artikel aber zeichneten sie in der Regel mit Pseudonymen. Sellner nannte sich Emil Nichtsnutz, Frau Stephan firmierte als Vita Quell, der nom de plume des ehemaligen Frankfurter AStA-Vorsitzenden Dick war Trino Gordo, und der von Herrn Horx, gleich einen weltumspannenden Anspruch anmeldend, Paul Planet (die beiden letzteren kamen von der Sozialistischen Hochschulinitiative SHI, einer Art Spontinachwuchsorganisation an der Frankfurter Uni).

Das Trio Horx, Stephan und Sellner übernahm es, in einer großangelegten historischen *PflasterStrand*-Serie (»15 Jahre Szene«), die Wende der Spontiführer hin zur traditionellen Machtpolitik als völlig logische Entwicklung zu verkaufen. Wer dabei nicht mitziehen wolle, erklärten sie, entziehe sich »dem Gesetz der Generationen«, verstoße also quasi gegen ein ehernes Naturgesetz. Und um auch dem verbiestertsten Alt-Sponti die Aufgabe antistaatlicher Prinzipien zu versüßen, behauptete man einfach, die Revolutionäre von einst hätten ihr eigentliches Ziel just mit Beginn des Jahres 1983 erreicht und auf ganzer Linie gesiegt: Die »Arbeitsmoral« sei »unterminiert«, »das Normengefüge unreparierbar durcheinander«, anders als am Ende der sechziger Jahre sei »das System nicht mehr monolithisch« und »die Macht heute ohnmächtig«. Wohlgemerkt: Joschkas Hilfstruppen formulierten diese »Analysen« zu einem Zeitpunkt, als an der Startbahn West Demonstranten von der Staatsmacht gleich zu Hunderten wenigstens halb ohnmächtig gedroschen wurden. Doch schließlich kam es nicht auf den Wahrheitsgehalt der Behauptungen an, wenn nur das Fazit stimmte: »Unsere alte Rolle als Störenfriede, als Dissidenten..., hat ihren Glanz verloren... Wollen die kulturellen Impulse der 70er Jahre als gesellschaftliche Kraft überleben, können sie sich nicht mehr auf den Dissens, die Marginalisierung, das Außenseiterdasein berufen.«

Widerstand ist zwecklos, fundamentale Opposition ist Unsinn, die SPD ist gar nicht so schlimm, wie wir immer glaubten, so tönte und dröhnte es aus dem nunmehr wie gleichgeschalteten Zentralorgan der Spontis. Gleichzeitig hielten die Spontiführer in der Zeit zwischen Landtags- und Bundestagswahl eine Reihe von großen Diskussionsveranstaltungen ab, auf denen ihren Untertanen dieselbe neue Melodie vorgesungen wurde. Zur ersten lud man noch einen alten linksradikalen Mitstreiter, den Genossen Wolfgang Pohrt, ein, aber nur um ihn niederzumachen. Burkhard »Bobby« Blüm, ein ehemals prominentes Mitglied des Revolutionären Kampfes, erinnert sich: »Wie's dann der zwanghafte Zufall will, stand Kandidat Fischer als erster auf der Rednerliste: er entlarvte Pohrt als einsamen Wolf; demgegenüber komme es darauf an, mit der Meute zu heulen.« Auf der letzten Veranstaltung im Dezember 1982 saß man dann bereits mit der sozialdemokratischen Allzweckwaffe, Peter Glotz, auf dem Podium. »Geht man«, bemerkt Blüm, »von der staatsmännischen Klugheit aus, mit der Glotz behandelt wurde, drängt sich der Eindruck auf, daß seine Anwesenheit auf dem Podium beweisen mußte, daß Fischer und Cohn kongeniale Diskussionspartner sind, daß man sich wechselseitig ernst nimmt und respektiert. Man darf das Schauspiel als öffentliche Initiation sehen.«

Wenn man weiß, daß der engere Kreis um Joschka Fischer diese Strategie schon seit längerer Zeit ausgetüftelt hatte, dann staunt man nicht allzu sehr darüber, wie die Spontiführer in nur wenigen Wochen ihre revolutionäre respektive alternative Vergangenheit endgültig entsorgten. Daß aber ihre recht unvorbereitete Basis, eben jene, die sich einen großen Teil ihres Lebens für Antiautoritäre gehalten hatten, diesen abrupten Schwenk ebenso schnell und ohne großes Murren mitvollzog, verwundert schon mehr. Allerdings hielten Joschka und Dany mit den echten Zumutungen noch hinter dem Berg. Von einer Koalition zwischen SPD und Grünen war nur am Rande der Debatte die Rede. So etwas sei, wiegelte Fischer im Oktober 1982 entschieden ab, »ferne Zukunftsmusik«.

Die Spontiführer mußten vorsichtig sein, wenn sie ihrem großen Ziel näherkommen wollten. Und zwar weniger gegenüber ihrer alten und, wie sie bald merkten, weich und willig gequasselten Gefolgschaft, sondern eher gegenüber denen, auf die sie noch keinen Einfluß hatten: den weiter im Fundamentaloppositionellen verharrenden, ganz und gar koalitionsunwilligen Grünen. Wie sollte man sich hier mit seinen Machtambitionen durchsetzen? Fischer machte es vor: Um die Grünen nicht zu verschrecken, erklärte er in einem vier Tage nach der hessischen Landtagswahl erschienenen Interview zunächst sehr dezent (und es ist schon bemerkenswert, wie er plötzlich von »uns« sprach): »'ne Mehrheit für die SPD ist mir lieber als 'ne Mehrheit für Dregger. Nun kann sie die Mehrheit von uns kriegen. Ich bin für ein Duldungsbündnis, ich bin für eine Minderheitsregierung.« Gleichzeitig aber mimte er den Standhaften in grünen Grundsatzfragen, wenn er betonte: »Die Grünen werden um den Preis ihrer Glaubwürdigkeit und ihrer Existenz hier in Hessen kein wie auch immer geartetes Duldungsbündnis eingehen können, welches mindestens nicht die umstrittenen Großprojekte zu Grabe trägt. Baut Börner seine Startbahn weiter, dann, in der Tat, bleibt nur ein klarer Trennungsstrich und damit Neuwahlen, wenn es denn sein muß, oder sie sollen eben ihre große Koalition bilden.«

Als nächstes unternahm Fischer den ersten praktischen Schritt zur Eroberung der Grünen. Die historische Vorlage dazu lieferte das bereits 1977 von Daniel Cohn-Bendit anläßlich des GLH-Parteitags in Alsfeld erprobte Muster. Auf der Landesversammlung der hessischen Grünen, die einen Monat nach der Landtagswahl in Dornheim stattfand, sollte über das weitere Vorgehen der Partei im Parlament beraten werden. Hier trat der bisher hauptsächlich als grüne Karteileiche aufgefallene Fischer erstmals auf und wiederholte seine Forderung nach Tolerierung einer sozialdemokratischen Minderheitsregierung. Dabei stand er jedoch nicht alleine da, sondern präsentierte sich der grünen Basis bereits als Führer einer regelrechten Fraktion. Die nannte sich nun nicht mehr Bürgerinitiative »Chaos & Sumpf«, sondern ganz nüchtern »Arbeitskreis Realpolitik«. Offenbar sollte mit diesem Namen der Anschein erweckt werden, es handele sich um einen Zusammenschluß von grünen Parteimitgliedern, die Fischers Positionen übernommen hätten. Doch ebenso wie Cohn-Bendits Bürgerinitiative Jahre zuvor nur ein »Fake« gewesen war, entpuppte sich auch dieser Zusammenschluß als bloße Chimäre: Außer Joschka war dort niemand Mitglieder der Grünen. Statt dessen wurde dieser vorgebliche »Arbeitskreis« von dem nahezu vollständigen Redaktions- und Mitarbeiterstab des *PflasterStrands* gebildet. Georg Dick, Willi Barabas (beide hatten bekanntermaßen noch im Jahr zuvor von der Wahl der Grünen lautstark abgeraten), Cora Stephan, Daniel Cohn-Bendit, Albert Sellner und andere schworen also mit ihren redaktionellen Beiträgen das Spontivolk nicht nur propagandistisch auf den anstehenden politischen Kurswechsel ein; sie eilten Joschka Fischer – in Ermangelung einer echten Anhängerschaft in der grünen Partei – auch ganz konkret zu Hilfe: eine wahrhaft multifunktionale Truppe. Als »Arbeitskreis Realpolitik« stellte man in Dornheim den Antrag, möglichst bald mit den Sozialdemokraten Verhandlungen aufzunehmen »mit dem Ziel, eine handlungsfähige Minderheitsregierung zu bilden«. Und als dieser Antrag der Nichtgrünen von der grünen Basis erwartungsgemäß abgelehnt wurde, kommentierte man diesen Vorgang als vorgeblich neutrale Beobachter unter den Phantasienamen Nichtsnutz, Quell oder Gordo – nur »der Dany« bleibt immer »der Dany« – mit entsprechender Empörung und Häme.

Das Scheitern des Antrags seiner *PflasterStrand*-Kolonne hatte Fischer wohl schon eingeplant. Schließlich war nicht zu erwarten gewesen, daß man sich nach nur vier Wochen wenn auch eifrigster Aktivitäten auf Anhieb in einer Partei durchsetzen würde, in der man sich zuvor überhaupt nicht engagiert hatte. Dennoch mußte dieser Vorstoß als Erfolg gewertet werden. Gelang es Fischer und seiner Gefolgschaft hier doch erstmals, das Zauberwort »Realpolitik« im positiven Sinne zu etablieren, ohne daß es zu einem Aufschrei in der eigenen Szene gekommen war. Und das gleich doppelt: »Spätestens mit der Hessenwahl«, formulierte der »Arbeitskreis Realpolitik«

in seinem Dornheimer Antrag, »hat für die Grünen der Zwang zur Realpolitik begonnen.« Erinnerte sich da noch jemand, daß Realpolitik bei den Spontis vormals ein übles Schimpfwort war, ein Synonym für »moralische Korruption« und »Karrierismus«, ja daß man einst beschrieb, »wie der Zwang zur Realpolitik die Verfälschung richtiger Ausgangspositionen erzwingt«?

Einige wenige Linksradikale mißtrauten dem Linienschwenk hin zur Realpolitik. Und das nicht zuletzt deshalb, weil sie zu genau um die Motivationslage der Spontiführer wußten. Zu ihnen zählte u. a. Reinhard Mohr, der mit einigen Jahren Verzögerung freilich auch noch sein Bekehrungserlebnis haben würde (ausführlich dokumentiert in seinem Buch »Zaungäste«), um dann als *Spiegel*-Redakteur für die Politik seines alten Stammes Reklame machen zu können. Gegen Ende des Jahres 1982 aber kommentierte er kühl auf der Leserbriefseite des *Pflaster-Strands*, dem einzigen Ort, an dem in Danys Blatt noch abweichende Meinungen geduldet wurden: »Für was und für wen die Sponti-Realpolitiker sprechen, ist zunächst ebenso unklar wie ihre eigene Motivation. Doch der gesamte Tenor der Artikel- und Interviewflut zum Thema läßt keinen anderen Schluß zu als den, daß die Hauptredakteure, nachdem sie ein halbes Leben für all die Ziele und Werte gekämpft haben, die nun nicht mehr ohne Magenverkrampfung erwähnt werden können, ein letztes, großes, verwegenes, listiges Abenteuer anstreben, die Versuchung der Macht ... Wie verzweifelt müssen die sein, die das Spannungsverhältnis der Revolte, der sozialen Bewegungen, zwischen Ohnmachtsgefühlen und Machtphantasien nun derart krude zugunsten des Karsten-Voigt-Syndroms auflösen. Sie sind so verzweifelt wie wir alle. Aber sie bekennen sich nicht zu ihrem existentialistischen Flip, sondern fälschen ihn um zum mehrheitsfähigen, gar vernünftigen Programm.«

Das waren verblüffend klare Worte, die in aller Kürze das zusammenfaßten, was die Spontiführer recht eigentlich antrieb. Die Grünen aber nahmen sie offenbar nicht ernst. Eher schenkte man den beschwichtigenden Worten Joschka Fischers Glauben, der bei seinem Engagement für die neuentdeckte Realpolitik nicht aufhörte, Erklärungen abzugeben, die sich von denen der bald so genannten grünen Fundamentalisten kaum unterschieden: Natürlich halte man die Entscheidung der Grünen, nicht mit der SPD zu koalieren, für richtig, selbstverständlich müsse die grüne Partei »in allen wesentlichen Entscheidungen die Bindung an die außerparlamentarischen Bewegungen zum Maßstab ihres Handelns machen«, und zweifellos bestehe »an einer weiteren Bonner Staatspartei, weiß Gott, kein Bedarf«. Zudem standen – anders als bei der Kommunalwahl im Jahr 1981 – dem Bündnis mit den Spontis keine Bedingungen mehr im Wege, die die Grünen nicht erfüllen konnten. Und so nominierte denn derselbe grüne Kreisverband Frankfurt, der bald den heftigsten Attacken der ehemaligen Spontis ausgesetzt sein würde, u. a. Joschka Fischer als Bundestagskandidat.

Damit hatte die Kerntruppe um den Obersponti nach nur wenigen Wochen allgemeiner Mobilmachung ihr erstes Etappenziel glücklich erreicht, auch wenn mit der Nominierung Fischers seine Kandidatur zunächst keineswegs gesichert schien. Denn der erste Kandidat des Frankfurter Kreisverbandes war das grüne Gründungsmitglied Milan Horacek. Fischer, so wollte es die Parteibasis, durfte sich von der grünen Landesversammlung nur dann aufstellen lassen, wenn zuvor Horacek schon einen Listenplatz erhalten hatte. So wollte man garantieren, daß auf jeden Fall jemand, der die Partei in Frankfurt mit aufgebaut und seitdem stetig mitgearbeitet hatte, den Wahlkreis im Bundestag vertreten konnte; unter diesen Voraussetzungen kam für Fischer allenfalls ein »Nachrückerplatz« in Frage. Doch den *PflasterStrand* interessierten solche Formalien nicht. Hier wußte man bereits fünf Wochen vor der Nominierung mit Bestimmtheit: »Es ist so weit! Die Besten aus der Frankfurter Szene setzen ihren Weg zur Macht unaufhaltsam fort... Mit anderen Worten: Joschka Fischer kandidiert für den Bundestag!«

Bei der nächsten Landesversammlung der Grünen, die im Januar 1983 in Kassel endgültig über die Liste der Kandidaten entschied, reiste Fischer denn auch mit seinem Spontianhang an. Hier, wo ihn kaum einer kannte und nur wenige von seinen Machtambitionen wußten, fühlte er sich mit einem Mal an das Votum seines Kreisverbandes nicht mehr gebunden. Entgegen allen Absprachen preschte er vor und bewarb sich vor Horacek um den Listenplatz zwei der hessischen Landesliste – einem sicheren Mandat, falls es den Grünen gelingen würde, bei der Bundestagswahl die Fünf-Prozent-Hürde zu überwinden. Erst nach heftigem Protest der Frankfurter Grünen zog er seine Bewerbung zurück. Doch als Horacek bei der nächsten Abstimmung durchfiel, war Fischer wieder da. Mit lang erprobter Rhetorik und semifundamentalistischen Argumenten gelang es ihm, die Mehrheit der Versammlung für sich einzunehmen. Sie wählten den unbekannten Frankfurter Spontiführer auf Platz drei der Landesliste, während sich der rhetorisch eher unbegabte Horacek mit Platz vier zufriedengeben mußte.

Mit diesem erfolgreichen »Putsch« hatte der Stratege der Spontis nicht nur endlich das geschafft, woran sein unorganisierter Kumpel Cohn-Bendit zweimal gescheitert war. Er gab auch das Signal zur Eröffnung der Feldschlacht der sogenannten Realos gegen die von ihnen so getauften »Fundamentalisten«. Jetzt, da es sich nicht mehr verbergen ließ, daß Fischer die Frankfurter »Urgrünen« um Jutta Ditfurth, Manfred Zieran und Milan Horacek nur benutzte, um seine eigenen politischen Karrierewünsche zu befördern, brauchte man keine falsche Rücksicht mehr auf jene zu nehmen, die bisher in der grünen Partei den Ton angaben. Das zeigte sich schon am Vokabular des Kommentators im *PflasterStrand*, der wie ein Theo Sommer für historisch Minderbemittelte über das »Cannae der Römergrünen« und über die »Prügel«, die sie bezogen hatten, schier aus dem Häuschen geriet. Befriedigt stellte er fest: »Der Triumph in Dornheim stellt sich im nachhinein als klassischer Pyrrhussieg heraus. Und die Basis tanzt nicht mehr nach der Melodie der Frankfurter.« Ein wahrhaftig unparteiischer Chronist des Zeitgeschehens, dieser »Emil Nichtsnutz« alias Albert Sellner, der sich mit seinem Bericht auch gleich als zuverlässige und »witzige« Quelle für Fischers Biographin Krause-Burger empfahl.

Joschka Fischer jedenfalls hatte jetzt endgültig mit seinen Truppen – wie sagt man als politischer Topkommentator? Genau! – den Rubikon Richtung Bonn überschritten. Am 6. März 1983 wurde er in den Bundestag gewählt. Daß die Grünen mit ihm als Spitzenkandidat in Frankfurt im Vergleich zur letzten Landtagswahl über 5000 Stimmen oder 2,5 % einbüßten, störte ihn genauso wenig wie seinen Spontianhang. Hauptsache, der beste und edelste unter ihnen hatte es – wenn auch äußerst knapp – geschafft. Nun konnte Fischer darangehen, sein Volk aus dem Elend des Spontigettos zu erlösen und endlich seinen Untertanen den Makel der »Marginalisierung« und des »Außenseiterdaseins« von der Stirn zu wischen.

Joschka für alle

»15 Jahre praktische Utopie drängen nach gesellschaftlichem Erfolg«, so versuchte Daniel Cohn-Bendit der *FAZ* am 15. Oktober 1982 zu erklären, weshalb sich die Spontiführer im letzten Quartal des Jahres 1982 mit aller Macht auf die aufstrebende grüne Partei stürzten. Was praktische Utopie eventuell sein könnte bzw. was sie von der unpraktischen unterscheidet, wurde leider nicht recht klar.

Aber weil sie eben furchtbar gern am Erfolg teilhaben wollten und weil ihr alter Häuptling Joschka Fischer dringend ganz konkrete Unterstützung brauchte, rückten jetzt seine Spontitruppen bei den Grünen ein. Einige waren schon vorher eingetreten, um Fischers Bundestagsnominierung in Kassel gegen die feindlichen Fundamentalisten zu unterstützen, andere hatten zunächst einmal abgewartet, um größeres Aufsehen im grünen Kreisverband zu vermeiden. Zu den letzteren zählten die alten Freunde Tom Koenigs, Ralf Scheffler und Raoul Kompania, also fast die komplette Wohngemeinschaft, die genau zwei Tage nach Fischers Kür grüne Parteimitglieder wurden. Empört berichtet Tom Koenigs in seinem Buch »Tagträume & Nachtschichten«: »Das wurde sofort als Überfall gewertet, als Einmarsch von Fisherman's Friends... Dabei hatten wir nur gedacht, daß der Schritt in eine Partei, auch wenn sie sich damals als Antiparteienpartei bezeichnete, vielleicht gemeinsam ein bißchen weniger weh täte.« Aua, aua! Immerhin waren es 600 Neugrüne, die von Oktober 1982 bis Mai 1983 in die hessische Partei eintraten – das ist die zweitgrößte Eintrittswelle, die der Landesverband je erlebte –, und viele waren mit Joschka ganz gut bekannt. Wie auch *PflasterStrand*-Redakteur Georg Dick alias Trino

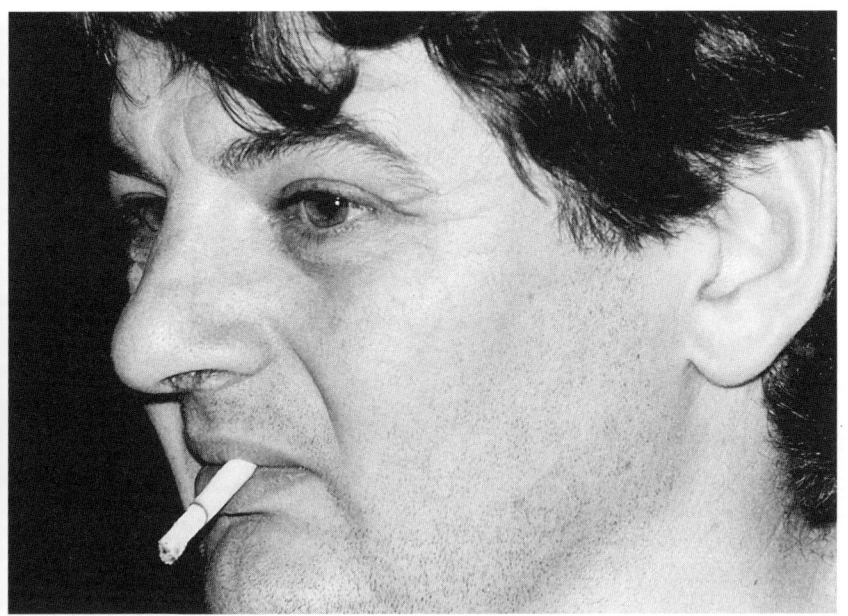

Noch in der Rolle des Rauhbeins: Joschka Fischer (ca. 1983)
(Foto: Achim Duwentäster)

Nach dem Bruch der ersten rot-grünen Koalition: Daniel Cohn-Bendit und Joschka Fischer 1987 auf einem Parteitag der hessischen Grünen
(Foto: dpa/Kreefeldt)

Bestens aufgelegt: Daniel Cohn-Bendit 1973 auf einer Spontidemonstration in Frankfurt (Foto: dpa)

Der erste Häuserkampfkrawall: Straßenszene nach der »Schlacht um den Grüneburgweg« im September 1971   (Foto: dpa)

Das Ende des Häuserkampfs: Räumung des »Blocks« Schumannstraße/ Bockenheimer Landstraße am 21. Februar 1974   (Foto: dpa)

Der hessische Umweltminister unter Druck: Joschka Fischer auf der ersten grünen Bundesversammlung nach Tschernobyl, Mai 1986 in Hannover (Foto: dpa/Holger Hollemann)

»Fünf Ministerposten zur Durchsetzung destruktiver Triebe«: Daniel Cohn-Bendit auf der Gründungsversammlung der »Grünen Liste Hessen« (GLH) am 23. Juli 1978 in Alsfeld (Foto: dpa)

Alle für Joschka: Zustimmung zur ersten rot-grünen Koalition von Karl Kerschgens (links) und Tom Koenigs (Mitte) auf der grünen Landesversammlung am 27. Oktober 1985 in Neu-Isenburg (Foto: dpa/Witschel)

So urban kommen wir nie wieder zusammen: Die designierten grünen Dezernenten Daniel Cohn-Bendit, Jutta Ebeling, Margarete Nimsch und Tom Koenigs im April 1989 (Foto: dpa/Sandra Stock)

Mitglieder von Fischers Bundestags-Clan 1983 vor dem Pressehaus in Bonn: Hubert Kleinert (links) und Georg Dick (Mitte) (Foto: dpa/Popp)

»Meine Freunde sind alle in der Politik«: »Tigerpalast«-Direktor Jonny Klinke (Foto: dpa)

Schöne neue Zivilgesellschaft: Tom Koenigs (links) und der damalige Vorstandssprecher der Deutschen Bank, Hilmar Kopper, beim Plausch
(Foto: dpa)

Der Marathon-Staatsmann: Joschka Fischer im Bundestag (Foto: imo)

Der große Vorsitzende weist den Weg zum Tor: Joschka Fischer beim Fußballspiel (Foto: vario-press/Ulrich Baumgarten)

Gordo, der mit diesem Schritt wohl nur sein eigenartiges Pseudonym loswerden konnte.

Und noch einer kehrte überraschend in den Schoß der altneuen Familie zurück: Aus Berlin winkte im selben Moment, in dem Joschka Fischer in den Bundestag einzog, der Revolutionäre-Kampf-Genosse Thomas Schmid heftig mit dem grünen Parteibuch. Einmarsch von Fisherman's Friends? Ach was! Es war lediglich eine großangelegte Invasion, die hier drei Jahre nach Gründung der Partei stattfand. Und zwar von Leuten, die sich für grüne Politikinhalte wie Ökologie oder Basisdemokratie noch nie mehr als herzlich wenig interessiert hatten.

Dabei nahmen die neugrünen Spontis in der Partei recht unterschiedliche Aufgaben wahr, je nach persönlicher Präferenz. Einige würden sich künftig darauf beschränken, bei grünen Versammlungen immer dann die Basis zu spielen, wenn sie – per *PflasterStrand* oder per Spontitelefonkette mobilisiert – ihre alten Anführer bei einem wichtigen Vorstoß unterstützen mußten.

Andere erwarben das Parteibuch und nahmen bald Posten ein. Georg Dick z. B. wurde kurz nach Fischers Mandatsantritt zum Pressesprecher der grünen Bundestagsfraktion befördert, eine Position, die ihm Joschka offenbar aufgrund seiner Verdienste im redaktionellen Kampf gegen altes Spontidenken und grünen Radikalismus zukommen ließ. Wie sonst ließe es sich erklären, daß ein Mann, der noch wenige Monate zuvor geschrieben hatte, »Sympathie für die Grünen als Partei hege ich auch nicht«, daß so jemand jetzt an herausragender Stelle ihre Politik nach außen vertreten durfte. Dick jedenfalls zeigte sich gegenüber seinem großzügigen Förderer für diesen Karrieresprung in fast bizarrer Weise dankbar: Als ein Jahr später sein Sohn zur Welt kam, taufte er ihn tatsächlich Niels Joschka. Auch Raoul Kompania, Ex-Mitglied des Revolutionären Kampfes und Kombattant in der

Putzgruppe, nahm WG-Genosse Fischer mit nach Bonn. Ohne Umschweife ernannte er ihn zum Leiter seines Bundestagsbüros.

Welches Hauptmotiv Thomas Schmid zum Eintritt bewog, ist nicht ganz klar. Wollte er endlich seine gemeinen Angriffe auf Cohn-Bendit vergessen machen und sich wieder mit seiner alten, jetzt so überraschend erfolgreichen Truppe versöhnen? Interessanterweise trat der ehemalige RAF-Bewunderer in Berlin nicht in die linke »Alternative Liste« ein, sondern in den mit ihr konkurrierenden, wesentlich kleineren Landesverband der Grünen. Nur zwei Jahre später wurde dieser Verband wegen neonazistischer Umtriebe aus der grünen Bundespartei ausgeschlossen. Ausgerechnet von diesen Leuten wurde Schmid in das höchste Gremium der Grünen, den Bundeshauptausschuß gewählt. Von hier aus wollte er, wie er sagte, den »Basisblödsinn« beenden und der Fraktion um Fischer den Rücken freihalten. Die gute Absicht wurde anerkannt: Mit sofortiger Wirkung durfte der verlorene, einst »vom Dany« des Stalinismus geziehene Kampfgenosse wieder im *PflasterStrand* schreiben.

Tom Koenigs erhielt von seiner alten Bande einen ganz besonderen Auftrag. Er, der – wie sein Kumpel Kompania im nachhinein freimütig eingestand – nicht aus schmerztherapeutischen Gründen, sondern als kundschaftender »Sondierer« den Grünen beitrat, sollte sich während Joschkas Abwesenheit intensiv um den hessischen Landesverband kümmern, die Parteigründer zurückdrängen und die Position der Spontirealos ausbauen. »Das war der Anfang vom Ende der Fundis innerhalb der Grünen«, freute sich zehn Jahre später das *PflasterStrand*-Nachfolgeblatt *Journal Frankfurt*.

Joschka Fischer verfolgte derweil dieselbe Machtpolitik in Bonn. Allerdings mußte er sich zunächst bescheiden, denn ein Regierungsbündnis »links von der Union«, bei dem er mitmischen konnte, war nicht in Sicht. Zu eindeutig hatten CDU und FDP die Bundestagswahl gewonnen. Und in der grünen Fraktion war er mit seinen realpolitischen Vorstellungen hoffnungslos in der Minderheit. Bitter beklagte sich Fischer, die Grünen im Bundestag seien mental »auf dem Stand der Alternativkultur, den wir 1975 in Frankfurt hatten«. Das aber konnte ihm so unrecht nicht sein. Denn wie man mit einer solchen Truppe umspringen mußte, das hatte er schließlich in langen, entbehrungsreichen Revolutionsjahren gelernt. Da wunderte es nur die, die ihn noch nicht kannten, daß er nach einer Woche in Bonn sogleich zum ersten Fraktionsgeschäftsführer der Grünen im Bundestag gewählt wurde. »Wer schnell sehr gut andere überzeugen muß«, hieß es 1983 in einer kleinen Anzeigenparodie im *PflasterStrand*, »schult am besten seine Rhetorik bei Fischer. Fischer hat die Methode, Sie schnell überzeugend wirken zu lassen. Dazu das Trainingsprogramm für Ihr Ziel und Ihre Bedürfnisse. Und das für jede Position, die Sie gerne erreichen würden ... Seit 1968. Mit Rhetorik zum Erfolg: Fischer.« Und mit dieser Wunderwaffe schaffte er es auch diesmal.

Doch Joschka wußte aus alter Spontierfahrung, daß schönes Reden allein keinen dauerhaften Erfolg garantiert. Deshalb ging er im Bundestag sofort daran, seine frischerkämpfte Position abzusichern und – über die aus Frankfurt importierten alten Genossen hinaus – realpolitische Gefolgsleute um sich zu scharen. Nach kurzer Zeit schon gehörte der Marburger Bundestagsabgeordnete Hubert Kleinert zum engeren Kreis um Fischer oder – wenn auch nicht ganz so eng – der schon ergrauende Otto Schily. Ihm machte Fischer rasch klar, daß im neugebildeten Rudel nur einer der Leitwolf sein konnte, nämlich er, Fischer, selbst: »Ich hab' mich mit dem relativ schnell ausgebissen. Am Anfang hat er versucht, mich zu seinem Dienstboten zu machen, aber da ist ihm Schlimmeres als Stücklen [»Mit Verlaub, Herr Präsident, Sie sind ein Arschloch!«] widerfahren, und seither verstehen wir uns.«

Wegen seiner Machtambitionen und der ruppigen Umgangsformen seines unbestrittenen Chefs war der »Fischer-Clan« (diesen Namen gab Antje Vollmer 1984 der Bande) bei einem großen Teil der Fraktion recht bald herzlich unbeliebt. So rüde wie mit Schily sprang der Abgeordnete Fischer allerdings nur mit dem eigenen Personal um, mit Leuten, die in der Beiß- und Hackordnung unter ihm oder – wie Schily – allenfalls neben ihm standen. Gegenüber denen, die er in der Bonner Hierarchie über sich wußte, benahm er sich dagegen geradezu respektvoll. Aufgeregt wie ein Konfirmand, der zum ersten Mal zusammen mit den Erwachsenen Alkohol trinken darf, berichtete er zu Hause in Frankfurt: »Ich wundere mich immer noch, daß ich jeden Tag mit den Verantwortlichen dieses Landes zu tun habe und man von gleich zu gleich miteinander umgeht.« Nicht gerade mit »den Verantwortlichen«, aber doch mit denen, die es bald wieder werden wollten, pflegte Joschka jetzt abends zu speisen, z. B. mit dem unvermeidlichen Peter Glotz, bei dem er sich ja bereits eingeführt hatte, oder – geht's noch spannender? – mit SPD-Fraktionschef Hans-Jochen Vogel. Bei so viel Kontakten zu all diesen wichtigen Leuten schwärmte er rückblickend im *Stern*: »Zwei Jahre Bundestag haben mir Darstellungsmöglichkeiten eröffnet, von denen ich manchmal ganz entfernt geträumt habe, aber ich hätte es nie für möglich gehalten.«

»Schneller als andere Grüne hat sich Fischer in Bonn an die Gepflogenheiten der Politiker angepaßt«, stellte der *Spiegel* 1985 in einem ersten Fischer-Porträt fest, ohne allerdings zu wissen, daß Joschka dieses Verhaltensmuster jahrelang eingeübt hatte. Ebenso geschickt war er darin, seinen Opportunismus zu kaschieren. Mit wildem Outfit, Cowboystiefeln und Lederjacke, Sechs-Tage-Bart und »Clochard-T-Shirt« (*Die Zeit*) markierte er weiter den aufmüpfigen Rebellen, den der Bonner Machtapparat nicht zu zähmen vermochte. Auch seine bisweilen zweifellos unterhaltsamen Bundestagsreden oder die Interviews, die er jetzt jedem wichtigen Magazin geben durfte, sollten diesen Eindruck vermitteln. So erklärte derselbe Abgeordnete Fischer, der hinter den Kulissen längst mit den verschiedenen Vertretern der etablierten Sozialdemokraten die Chancen für zukünftige Regierungsbündnisse auslotete, Anfang 1984 noch ganz entschieden: »Ein Einstieg in die neudeutsche ›Gemeinsamkeit der Demokraten‹ ist für die Grünen unmöglich. Sie müßten dafür mit dem Radikalismus der sozialen Bewegungen definitiv brechen und wären erledigt.« An Verbalradikalismus ließ sich Joschka nicht übertreffen.

Das galt ganz besonders für seine Zwischenrufe, die er, wie einst auf dem Spontiplenum, immer wieder gerne in den Sitzungssaal krächzte. Alfred Dregger schimpfte er – gewagt, gewagt – einen »Dinosaurier des kalten Krieges« und Bundeskanzler Kohl – man merkt, wir haben gerade Friedensbewegung – einen »Raketenkanzler«, der mit seiner Politik »unser Leben« riskiere.

Berühmt aber wurde er für sein »Mit Verlaub, Herr Präsident, Sie sind ein Arschloch«, das er dem Bundestagspräsidenten Richard Stücklen entgegenschleuderte. Eine lustige und sicher begrüßenswerte Einlage, die Fischer einen kurzfristigen Ausschluß aus dem Plenarsaal einbrachte. Joschkas Vasall Hubert »Hubsi« Kleinert bemerkte in seinem Buch »Vom Protest zur Regierungspartei« zu dem Vorgang: »Gefeiert wurden beide, Stücklen und Fischer. Jeder für sich hatte die demonstrativen Abgrenzungsbedürfnisse von Teilen ihrer (!) Klientel symbolhaft zum Ausdruck gebracht ... Erst recht galt dies für

Fischer. Bei aller Realpolitik, für die er mittlerweile stand und die auch in der GRÜNEN-Anhängerschaft auf wachsende Resonanz stieß: Auch die Szene wollte hin und wieder klare Fronten sehen. Diesem Bedürfnis war mit Fischers Ausdrucksweise entsprochen worden.«

Und damit hatte sich die Sache. Denn anschließend entschuldigte sich Joschka sofort unterwürfig »in aller Form und mit dem Ausdruck größten Bedauerns« beim mächtigen Herrn Stücklen. Was so deutlich wie Kleinerts Bewertung zeigt: So radikal wie Joschkas Attacken im und um den Bundestag herum auch klangen: sie dienten letztlich nur dem Zweck, der alten und bald auch neuen Gefolgschaft eine harte oppositionelle Haltung zu suggerieren, die man in der realpolitischen Theorie längst abgelegt hatte. Und deshalb schadete es Fischer auch keineswegs, wenn er in Bonn ab und zu noch einmal in alte Putzgruppenmanieren verfiel – im Gegenteil. Ob er in grünen Kreisen in Rage geriet und wie ein Kirmesschläger herumschrie: »Haltet mich fest, ich schlage ihn zusammen«, oder einem Fotografen im Bonner Lokal »Rincon« ein Glas Bier ins Gesicht kippte, weil der Fischer dabei fotografieren wollte, wie er sich eine Zigarre anzündete: in der Klatschspalte des heimatlichen *PflasterStrand* wurde das alles goutiert. Das gleiche galt für die Eskapaden von Fischers Faktotum – hier ist nomen ziemlich omen – Kompania. Der machte sich einen Spaß daraus, grüne Nachrücker in Worten (»Du bist ja sowieso bald weg«) und Taten (Tritte in die Genitalien) zu malträtieren. Unser Joschka und unser Raoul, freuten sich bei solchen Gelegenheiten die alten Bekannten in Frankfurt, sind eben doch dieselben beinharten Typen geblieben. Trotz Bundestag und allem Pipapo. Und genau das sollten sie auch, jedenfalls fürs erste, glauben.

Die Eroberung der Grünen

Nachdem es in Bonn zu einem Regierungsbündnis mit der SPD aus »wahlarithmetischen Gründen« (Noelle-Neumann) nicht reichte – wahrscheinlich hätte Fischer angesichts der Mehrheitsverhältnisse in »seiner« Partei mit seinen Plänen sowieso auf verlorenem Posten gestanden –, verstärkte die Spontitruppe an der heimischen Front ihren Untergrundkampf für die Bildung einer Koalition. Denn zumindest was den Machterwerb anging, hatte Joschka gelernt, langfristig zu denken. Bereits anläßlich der Landesversammlung 1982 in Dornheim erklärte er, »daß die hessischen Grünen hier und heute Entscheidungen treffen, die weit über die Landespolitik hinausgehen: sie entscheiden auch und vor allem über grundsätzlich strategische Fragen der linken Reformbewegung in der Bundesrepublik für das kommende Jahrzehnt.« Hessische Landesregierungen, so schwebte es Fischer vor, sollten das Modell abgeben für zukünftige rot-grüne Bundesregierungen. Und das, wie sich bald herausstellen sollte, um beinahe jeden Preis.

Doch obwohl die Frankfurter Spontis nach und nach in die Partei einsickerten, bestimmten weiter jene den Kurs der Partei, die von ihnen konsequent nur »Fundamentalisten« genannt wurden. Diesen Namen hatten emsige *PflasterStrand*-Agitatoren für die grünen Parteigründer erfunden. Damit sollte man ähnlich verbohrte, ja irre Fanatiker assoziieren, wie sie Anfang der achtziger Jahre die meisten deutschen Medien im Iran am Werke sahen. Gleichzeitig aber diente diese Titulierung auch der Verdrängung. Die Häufigkeit und die Lautstärke, mit der die alten Spontihaudegen ihre politischen Gegner des Fundamentalismus beschuldigten, sollte offensichtlich vergessen lassen, daß sie selbst noch vor kurzem »Wahnsinn«

und »fundamentale gesellschaftliche Opposition« (Cohn-Bendit, 1980) positiv gesehen und gefördert hatten, ja daß Joschka Fischer sogar kurzfristig viel Freude an den Ayatollahs in Teheran hatte.

Tatsächlich verfolgten die sogenannten »Fundamentalisten« eine Politik, die auf grundlegende gesellschaftliche Veränderungen abzielte. Ihre »Utopie« unterschied sich kaum von der, die einst den Spontis vorschwebte: eine direkte Demokratie mit vielen plebiszitären Elementen, ein nichtkapitalistisches Wirtschaftssystem, das soweit wie möglich dezentral organisiert sein sollte und auf gefährliche Großtechnologie verzichtete, eine weitgehend entmilitarisierte Gesellschaft. Das aber waren lediglich diffuse Entwürfe für eine mehr oder weniger weit entfernte Zukunft. Was die »Fundis« von den zu Realpolitikern mutierten Spontis in der Praxis unterschied, war ihre Arbeit vor Ort und an der Basis: in Bürgerinitiativen gegen Atomkraftwerke, Mülldeponien, Straßenbauprojekte oder die Startbahn West, in Gruppen, die das Abwasser von Chemiekonzernen untersuchten, Schadstoffmessungen in der Luft vornahmen oder Blockaden vor Raketendepots und Kasernen organisierten. In den Parlamenten betrachteten sie es als ihre Aufgabe, die Interessen dieser Basisinitiativen zu vertreten und damit den außerparlamentarischen Druck zu verstärken. So sollte es den etablierten Parteien noch schwerer gemacht werden, etwa diversen Großprojekten zuzustimmen. »Wir sind nicht gegen realpolitische Erfolge, die du mitnehmen kannst«, betonte 1983 in einem *PflasterStrand*-Streitgespräch Manfred Zieran, zusammen mit Jutta Ditfurth einer der Köpfe dieses Flügels. Auch deshalb wollte dieser die Bezeichnung »Fundamentalisten« nicht akzeptieren und zog »radikale Ökologen« vor.

Eine solche konsequente, im Detail sehr konkrete Oppositionspolitik betreiben die Grünen, seit sie im März

1981 mit sechs Abgeordneten (unter ihnen auch Ditfurth und Zieran) ins Frankfurter Stadtparlament einzogen. Mit einigem Erfolg, wie auch die Spontis zunächst fanden. »Den grünen Parlamentariern im Römer«, meinte im Mai 1982 der spätere Realo-Landtagsabgeordnete Jochen Vielhauer, »kann man das Kompliment nicht ersparen, die Verbindung von parlamentarischer und außerparlamentarischer Arbeit, soweit es ihnen möglich war, herzustellen.« Ein pseudonymer *PflasterStrand*-Redakteur lobhudelte, die »Römergrünen« hätten »beachtliche Inhalte mitformuliert« und in »Main-Hattan eine vorzeigbare Oppositionspolitik betreiben«. Und noch im August 1982 fanden selbst Daniel Cohn-Bendit und Joschka Fischer sehr freundliche Floskeln für die basisdemokratischen Vorstellungen der praktizierenden Grünen: »Ihr Demokratiebegriff stellt ab auf lebendige Bürger, auf Öffentlichkeit politischer Debatten und strikte Kontrolle jeder politischen Herrschaft durch den Bürger als politischen Auftraggeber. Dies entspricht den Postulaten des klassischen Begriffs von Demokratie.«

Was auch immer Begriffe postulieren können: Als die Grünen nach der gewonnenen Wahl ihre »beharrliche und mit guten Ideen« betriebene Rathauspolitik (*PflasterStrand*) im Landtag fortsetzen wollten, begann diese den Spontis plötzlich heftig zu mißfallen. »Das Spiel ›Hasch mich, ich bin die Fundamentalopposition‹ wird schnell langweilig«, dekretierten Cora Stephan und Matthias Horx Anfang Oktober 1982, bevor noch die grüne Fraktion überhaupt ihre Arbeit aufgenommen hatte. Jetzt, da die Spontis einen ersten Fuß auf grünes Parteiterritorium gesetzt hatten, sprachen sie jedem die politische Qualifikation ab, der ihrer neuen realpolitischen Lehre nicht folgte. Die Grünen aber sahen partout nicht ein, daß sie ihre politische Strategie ändern sollten, nur weil dies ein paar Leute so wünschten, die man bisher weder in Bürgerinitiativen noch in der grünen Partei gesehen hatte. Da entschlossen sich die Spontirealos, ihre Taktik zu ändern.

Statt jeden Grünen, der auf radikale Opposition im hessischen Parlament setzte, frontal anzugreifen, begannen sie nun, sich auf die Führer der »Fundis« einzuschießen, um sie von ihrer Gefolgschaft zu isolieren. Dabei mußte ganz besonders Manfred Zieran als Inkarnation allen Übels herhalten. Fischers Tiraden gegen seinen ärgsten (weil mindestens ebenso ausgebufften) Rivalen lesen sich heute allerdings eher wie strategische Pläne für die eigene politische Zukunft als eine ernstgemeinte Kritik. Zieran nämlich, so beklagte sich Joschka 1983 tief entrüstet, sei »über lange Zeit hinweg informeller Landesvorsitzender der GRÜNEN Hessen« gewesen, »obwohl er nie diesbezüglich irgendein Amt innegehabt hat«. Vom Frankfurter Römer aus (»Im Römer gibt es keinerlei Opposition, im Römer sind alle einer Meinung, da gibt es Ditfurth und Zieran und ansonsten ergebene Leute«) regierten »Zieran und seine Getreuen« überall rein, »wo sie es für notwendig hielten«, oder besetzten wichtige Posten mit der eigenen Gefolgschaft.

Die ebenso »fundamentalistische« grüne Landtagsfraktion nahm Fischer gegen solcherlei perfide, unter dem Deckmantel der Basisdemokratie betriebene Machtpolitik in Schutz. Joschka fand es empörend, »daß dieser Landtagsgruppe nie erlaubt wurde, richtig Tritt zu fassen..., nie so etwas wie ein eigenes Profil zu bekommen, daß diese Landtagsgruppe« – man konnte eine einmal erfolgreiche Bemerkung schließlich nicht oft genug wiederholen – »mit Verlaub gesagt, der Arsch und der Fußabstreifer für alle hier in Hessen war. Und damit hat Zieran hier Politik gemacht.« Das war in höchstem Maße bedauerlich, auch wenn diesen ganzen Behauptungen das von Fischer selbst erteilte Lob des grünen Demokratiebegriffs entgegenstand und es keinerlei Beweise für ihre Richtigkeit gab. Als zum Beispiel Reinhard Mohr und Matthias Horx in einem *PflasterStrand*-Interview Manfred Zieran mit ähnlichen Vorwürfen eindeckten, forderte der sie raffinierterweise dazu auf, diese zu belegen. Treuherzig antworteten die beiden Ankläger: »Das können wir nicht. Es scheint da keine objektive Sichtweise zu geben, und wir vertrauen da immer noch einem allgemein artikulierten Gefühl.« Und da in Spontikreisen traditionell Bauch mehr zählte als Kopf, stand der Urteilsfindung des obersten Realogerichtshofes nichts mehr im Wege. Im Oktober 1983, also genau ein Jahr nachdem er sich das erste Mal in der Partei zu Wort gemeldet hatte, verkündete Judge Fischer: »Der Zieran hat mit der grünen Kultur so viel zu tun, wie die Curry-Wurscht mit nem Müsli. Für mich ist das grün angestrichenes ML-ertum, wo jetzt langsam das Grün abblättert, und darunter kommt eben dieser Rost zum Vorschein, diese Verkniffenheit, ich würde nicht mal sagen, Stalinismus, weil das viel zu weit geht.« Nämlich zurück in Joschkas ureigenste Vergangenheit. Niemanden verabscheuen Renegaten bekanntermaßen mehr als denjenigen, der nicht mit ihnen zusammen ins gegnerische Lager ziehen will. Denn alle, die sich der Anpassung verweigern, führen allein durch ihre Existenz jedermann vor Augen, daß dieser Schritt keinesfalls so alternativlos ist, wie es die Überläufer alle Welt glauben machen wollen.

Die angeblich so übel behandelten Landtagsgrünen allerdings verließen sich weniger auf irgendwo von irgendwem artikulierte Gefühle, sondern vielmehr auf das, was sie aus eigener Anschauung wußten. Fünf Abgeordnete erteilten den Attacken der Realos und ihrem Zentralorgan noch im September 1983 eine klare Abfuhr und stellten in einem Interview fest. »Eins muß man dem abgöttisch geliebten Feindbild Zieran zugute halten: Er weiß wenigstens häufig, wovon er redet, um dann zu intervenieren.« In dieser Beziehung schienen sie sich bei den Spontirealos nicht ganz sicher zu sein. »Wenn Machtpolitik als einzige Wahrheit definiert wird«, so fragten sie, warum sollte man dann eigentlich nicht statt der Grünen die SPD wählen, die diese Politikform »aus dem Effeff beherrscht«, und »statt des ›Pflasterstrandes‹ den ›Vorwärts‹ abonnieren«?

Da schwiegen die Spontiführer und arbeiteten hartnäckig weiter an der konkreten Utopie. Dabei begnügte sich Joschka Fischer keineswegs mit verbaler Agitation, sondern setzte wieder seinen ganzen Körper ein. Gute acht Jahre, nachdem er der Spontifußballmannschaft im Frankfurter Ostpark den Rücken gekehrt hatte, um sich ersatzhalber im harten Nahkampftraining auf die anstehende Revolution vorzubereiten, meldete er sich überraschend bei seinen Kickerkollegen zurück. Doch er kam nicht allein, sondern brachte noch eine Reihe von neuen Mitspielern mit. Bald stellte sich heraus, daß die meisten von ihnen grüne Parteimitglieder waren, die Joschka auf erprobte Weise in seine Gang zu integrieren suchte.

Was auch voll und ganz gelang. Die grünen Fußballnovizen waren mächtig stolz, daß sie in der berühmtberüchtigten, Fremden normalerweise kaum zugänglichen Mannschaft mitbolzen durften. Und auch der alte Spontistamm akzeptierte bis auf wenige Ausnahmen willig, daß ihr Häuptling sofort wieder das Kommando übernahm und dabei die ganze Mannschaft umkrempelte. Er »zog sogleich«, erzählt Joschkas Ex-Genosse Heipe Weiss in seinem dokumentarischen Roman »Fuchstanz«, »auf dem Fußballplatz die neuen, realpolitischen Seiten auf, sprich: Disziplin, Verbindlichkeit und Pünktlichkeit, Kategorien, die im Laufe der Zeit den Ostpark-Kickern abhanden gekommen waren«. Einer der Hauptvorwürfe des *PflasterStrands* gegen die usurpatorischen »Zieranisten« lautete, sie seien »gutorganisierte Rund-Um-die-Uhr-Politiker«, gegen die die »chaotisch organisierten« Landtagsgrünen kaum eine Chance hätten. Nie aber las man davon, daß Joschka Fischer sogar noch in seiner Freizeit damit beschäftigt war, die »inneren Strukturen« (*PflasterStrand*) der Grünen zu knacken.

Die neu ins Leben gerufene Fußballplatzseilschaft sollte sich im Kampf um die Macht noch als nützlich erweisen, genauso wie das permanente Sperrfeuer gegen die »Oberfundis« auf die Dauer seine Wirkung nicht verfehlte. Daran beteiligte sich sehr bald auch die Frankfurter Redaktion der alternativen *tageszeitung (taz)* – aus leicht nachvollziehbaren Gründen. Nicht nur, daß sie im selben Gebäude wie der *PflasterStrand* residierte, ihr Personal war auf vielfache Weise mit der alten Spontiszene verflochten: Thomas Hartmann, einer der führenden *taz*-Gründer, hatte – wie könnte es anders sein – als langjähriges Mitglied des Revolutionären Kampfes zu Joschkas Zeiten bei Opel gearbeitet, und Redakteur Klaus-Peter Klingelschmitt war mit »dem Dany« gut befreundet. So sollten bald auch die Grünen in der hessischen Provinz, die den *PflasterStrand* nicht lasen, von den Schandtaten der fundamentalistischen Dämonen Ditfurth und Zieran erfahren.

Doch wie effektiv und hartnäckig große Teile des alten Spontilagers auch arbeiten mochten: Letztlich war es der hessische Ministerpräsident Holger Börner persönlich, der den grünen Realos zu ihrem ersten echten landespolitischen Durchbruch verhalf – freilich ohne Absicht. Denn obwohl sich die grüne Landtagsfraktion gar nicht so fundamentalistisch gebärdete und zusammen mit der SPD ein Vorschaltgesetz zum hessischen Haushalt verabschiedete, das es seiner Minderheitsregierung nicht nur erlaubte weiterzuregieren, sondern sogar äußerst umstrittene Straßenbauprojekte durchzuziehen, ließ Börner für September 1983 Neuwahlen ausschreiben. Er hoffte, abtrünnige Wähler würden aus Angst vor der allgemein beschworenen »Unregierbarkeit« Hessens zur SPD zurückfinden und die Grünen ihre überaus günstige Blockadeposition im Parlament verlieren. Aber Börners Rechnung ging nicht auf. Bei der Wahl büßten die Grünen zwar Stimmen ein und waren danach mit weniger Abgeordneten im Landtag vertreten, aber die Mehrheitsverhältnisse blieben grundsätzlich unverändert.

Dafür kippten nun innerhalb der Grünen die Mehrheiten. Auf ihrem ersten Parteitag nach der Wahl, der Anfang Oktober 1983 in Petersberg-Marbach stattfand, gingen die Realos unter der Führung von Joschka Fischer, Hubert Kleinert und Tom Koenigs in die Offensive. Sie machten nicht nur die »Fundamentalisten« für die Stimmenverluste verantwortlich, sondern warfen ihnen auch vor, sie hätten im Parlament keines der grünen Ziele erreicht. »Was«, so fragte Fischer die versammelte Basis, »haben wir verhindert? Weder Biblis noch Atomkraft noch Startbahn.« Das könne nur anders werden, wenn die Grünen ihre bisherige radikale Haltung aufgäben und endlich mit der SPD ein Tolerierungsbündnis anstrebten. Die »Fundamentalisten« hatten dem wenig entgegenzusetzen. Taktisch äußerst unklug plädierten sie dafür, der SPD nicht einmal Gespräche anzubieten und es gegebenenfalls auf erneute Neuwahlen ankommen zu lassen. Warum, so fragte sich hingegen die Mehrheit der grünen Basis, sollte man nicht einmal das Experiment wagen und mit der SPD wenigstens über eine Tolerierung verhandeln? Wenn dabei nichts oder nur allzu Bescheidenes herauskam, konnte man schließlich ein Bündnis mit den Sozialdemokraten immer noch ablehnen. Mit einer satten Mehrheit von 80 % stimmte deshalb der Parteitag dem Antrag der Realos zu.

Das war ein Traumergebnis für Joschka Fischer und seine Leute, besonders wenn man bedachte, daß sie es nach nur einjähriger Oppositionsarbeit innerhalb der Grünen erreicht hatten. Die Realos wußten aber recht genau, daß sie dieses Resultat äußerst glücklichen Umständen und geschicktem Taktieren verdankten. Nur weil sie ihr eigentliches Ziel, eine Koalition in Hessen und Ministerämter für die Realoführer, verleugnet hatten, konnten sie die grundsätzlich noch »fundamentalistisch« gesonnenen Grünen gewinnen. Auch war deren Zustimmung zur als Übergangslösung geplanten Tolerierung keineswegs gewiß, schien sie doch allein davon abzuhängen, inwieweit Holger Börners SPD die Bemühungen der Realos honorieren und grüne Forderungen erfüllen würde.

Solchen Unwägbarkeiten mußte vorgebeugt werden. Unmittelbar nach ihrem Sieg in Petersberg-Marbach gingen die Realos deshalb daran, ihre eigenen Leute an diversen Schaltstellen der grünen Landtagsfraktion zu plazieren. Etliche aus Joschkas Gang wurden in Wiesbaden als »Fachreferenten« eingestellt. Und noch einer erhielt bereits in der Woche nach dem historischen Parteitagstriumph endlich einen Posten: Fischers alter Mitbewohner, Mittaxifahrer, Buchhändler- und Opelkollege sowie Revolutionärer-Kampf-Genosse Tom Koenigs wurde zum »Haushaltsexperten« der Landtagsgrünen ernannt. Noch im Frühjahr desselben Jahres war Koenigs bei der Nominierung der grünen Landtagswahlkandidaten hoffnungslos abgeschlagen auf einem der hinteren Plätze gelandet. Jetzt rückte der ewige Mitmacher, von niemandem außer seinem Spontizirkel demokratisch legitimiert, auf eine Position vor, die wahrscheinlich noch einflußreicher war als die des grünen Fraktionschefs.

Langfristig sollte Koenigs der grünen Basis nebst ihrer »windelweichen Fraktion« (*PflasterStrand*) die Aversionen gegen eine echte Regierungskoalition austreiben. Zunächst aber war es seine Aufgabe, als Mitglied der grünen Verhandlungskommission die Gespräche mit der SPD zu koordinieren. Und zwar in enger Absprache mit Joschka Fischer, der unter den veränderten Bedingungen von Bonn aus sofort das tat, was er dem fiesen Zieran so schwer angekreidet hatte: überall hineinregieren.

Koenigs machte sich sofort an die Arbeit. In einem nur wenige Tage nach Petersberg-Marbach verfaßten internen Strategiepapier legte er dar, wie er den grünen Mitgliedern die noch gar nicht erzielten Ergebnisse der Tolerierungsverhandlungen zu verkaufen gedachte: »Die Landesmitgliederversammlung, die nachher über alles entscheidet, die sollte nicht von ungefähr vor völlig neuen Entscheidungen stehen. Nicht die entscheidet, sondern die Öffentlichkeit, Mobilisierung und Politisierung vorher.« Konkret hieß das: Wieder einmal allgemeine Mobilmachung der alten Anhängerschaft sowie der Medien in Realohand für die Tolerierung, wie immer diese auch inhaltlich ausfallen würde.

Damit der Landesmitgliederversammlung die endgültige »Nicht-Entscheidung« für ein Bündnis mit der SPD noch leichter fiel, wandte Fischers erster Offizier eine ausgereifte Salamitaktik an. Über die Verhandlungsergebnisse sollte die Basis nicht in toto abstimmen, sondern schrittweise auf zwei hintereinander stattfindenden Landesversammlungen. Koenigs Kalkül: Hatten die grünen Parteimitglieder einem Teil der Vereinbarungen erst einmal zugestimmt, würden sie beim zweiten Mal auch bei noch so miserablen Ergebnissen kaum ablehnen. Den Trick kennt man von windigen Vertretern, die wie zufällig ihren Kuli fallenlassen, weil sie wissen, daß ein Kunde, der ihn aufhebt, den Kaufvertrag für die Heizdecke praktisch schon unterschrieben hat.

Die Ergebnisse, die die grünen Verhandlungsführer mit der SPD im ersten Durchgang erzielten, konnten sich dann auch prompt nicht sehen lassen. Weder wurde die Startbahn West verhindert noch gab es Ausstiegspläne für die

Atomkraftwerke in Biblis. Und selbst die planmäßige Abwicklung der Genehmigungsverfahren für den Weiterbetrieb der wohl gefährlichsten hessischen Atomanlagen, der Hanauer Brennelementefabriken ALKEM und NUKEM, wurden akzeptiert. Nichts hatte die Verhandlungskommission erreicht, was über reine SPD-Politik hinausgegangen wäre.

Darüber waren nicht nur die hessischen »Fundamentalisten« entsetzt. Auch der Bundesvorstand der Grünen, der eine Tolerierung nicht grundsätzlich ablehnte, warnte die hessischen Parteifreunde nachdrücklich davor, den Vereinbarungen zuzustimmen. Und selbst der *PflasterStrand* zeigte sich enttäuscht: »Signifikant fehlt der Palette der Übereinkünfte das Moment sinnlich erfahrbarer Politik«, murmelte Redakteur Sellner sichtlich verwirrt. Trotzdem gab er selbstverständlich sein Bestes, der ehemals so actionverwöhnten Spontiklientel die Sache schmackhaft zu machen, indem er drohte: »Wenn dieses Bündnis scheitert, dann ist auf Jahre, vielleicht auf Jahrzehnte hinaus, nichts mehr los.« Und das wäre schlimm. Für geradezu eine Katastrophe aber hielt es der *PflasterStrand*-Redakteur, daß linke Grüne von der Hamburger GAL auf der nächsten hessischen Landesversammlung gemeinsam mit den einheimischen »Fundis« gegen die Vereinbarungen Einspruch erheben wollten. »Wäre es nicht geschmacklos«, fiel Herrn Sellner dazu ein, »könnte man – etwas überhöht – den Hitler-Stalin-Pakt assoziieren.« Daß nach dem schon langsam allzu reichlich eingeführten sowjetischen Diktator auch der Führer persönlich bei der ewiggestrigen Fraktion der Grünen mitmischen durfte, das wenigstens war neu an der von Tom Koenigs angeregten Medienoffensive.

Entschieden freundlicher als das Bild von Manfred Zieran-Stalin und Jutta Ditfurth-Hitler fiel dagegen ein Porträt Holger Börners aus, das der *PflasterStrand* kurz vor der ersten Abstimmung über das Bündnis mit der SPD zeichnete. Er sei ein »aufrichtiger Mann«, »ein Vollblutpolitiker ... Er hat keine zynische Häme. Im persönlichen Umgang ist er dezent väterlich.« Angesichts dieser Würdigung mochte es manch einen erschrecken, daß sich auf der entscheidenden Landesversammlung im Januar 1984 immer noch gut 40 % der grünen Basis dagegen aussprachen, Börner als Ministerpräsidenten zu tolerieren. Doch immerhin: eine Mehrheit stimmte den ersten Teilverhandlungsergebnissen zu, auch wenn die Abstimmung bereits wesentlich knapper ausfiel als in Petersberg-Marbach. Gründe dafür gab es genug. Das vehemente Engagement des mittlerweile recht profilierten Bundestagsabgeordneten Fischer und die Wühlarbeit seiner Gang für die Tolerierung. Oder die sieben Millionen Mark, die im Haushalt zur Förderung von Alternativbetrieben vorgesehen waren und von denen manch grüner Krauter zu profitieren hoffte. Und nicht zu vergessen das multimediale Trommelfeuer der »realpolitischen schreibenden Journaille« (*FAZ*). Die war sich ihrer Verdienste durchaus bewußt. Das konnte der Chronist der des grünen Fundamentalismus wohl unverdächtigen *Frankfurter Allgemeinen Zeitung* am Rande des Parteitages beobachten, wo angesichts des Realosieges ein Mann sich selbst und seine Umgebung für kurze Zeit vergaß: »Der Politredakteur des ›PflasterStrandes‹ grinst zufrieden: ›Da hat sich ja unsere einjährige Hetze gelohnt.‹«

Nur die von Tom Koenigs ausgehandelten Ergebnisse konnten nicht für die Zustimmung verantwortlich sein, denn die kamen einem Ausverkauf nahezu sämtlicher grüner Inhalte gleich. Daher verfielen die führenden Realos nach der gewonnenen Schlacht noch einmal ins Grübeln. Wenn jetzt einige Alternativprojektler die Zwischenzeit zum Nachrechnen nutzen und dabei feststellen würden, daß sieben Millionen Mark eine doch eher bescheidene Summe waren, von der vielleicht am Ende für ihr eigenes Projekt nichts übrigblieb? Da könnte es bei der Abstimmung über das Gesamtpaket aller Vereinbarungen möglicherweise knapp werden. Um keinerlei Risiken einzugehen, karteten Koenigs und seine Emissäre mit sechs »nicht mehr verhandlungsfähigen« (Koenigs) Forderungen an die SPD nach. Dabei wurden sie von Daniel Cohn-Bendit und Albert Sellner unterstützt, die sich mit einem Mal hart und kompromißlos zeigten: Die Grünen müßten »fest zu ihren Essentials stehen«, denn »die grünen Wähler wünschen sich eine ›Realpolitik‹ mit Rückgrat«. Woher aber sollte man dieses Körperteil plötzlich nehmen, wenn man nie darüber verfügt hatte? Da verstand es sich beinahe von selbst, daß man am Ende auch noch in den wichtigsten der sechs Punkte (Reduzierung des Straßenbauetats, Nachtflugverbot auf dem Frankfurter Flughafen) nachgab.

Nach der geleisteten Vorarbeit jedoch nahm die grüne Basis das nicht einmal mehr krumm. Sie wollte jetzt endlich wissen, wie die Tolerierung praktisch aussehen und was für sie selbst dabei herausspringen würde. Im Mai 1984 stimmte eine grüne Landesversammlung allen Verhandlungsergebnissen zu; im Juni wählten die grünen Landtagsabgeordneten Holger Börner zusammen mit der SPD zum hessischen Ministerpräsidenten. Anschließend gab der neugewonnene väterliche Freund in seiner Dienstvilla für die Fraktion ein kleines Fest. Dabei feierte jeder etwas anderes: Börner, daß er die noch vor einem Jahr so widerborstigen Systemfeinde so billig einkaufen konnte, Tom Koenigs, daß seine Taktik so hervorragend aufgegangen war, und die grünen Realos ihren ersten echten Schritt zur richtig realen Macht. Etwa zur gleichen Zeit hoben auf der gerade eingeweihten Startbahn West die ersten Maschinen ab.

Familienkrach

Durch die Tolerierung war eine Koalition mit der SPD endlich in greifbare Nähe gerückt. Wenn das Bündnis hielt, so hofften die Realos um Joschka Fischer, dann würde man dem alten SPD-Kumpel Karsten Voigt spätestens in der nächsten Legislaturperiode den ersten grünen Minister präsentieren können. Vorher aber hatte die Spontigang noch etwas Wichtiges zu erledigen. Im März 1985 standen in Frankfurt Kommunalwahlen an, und da sollte die Fundamentalistenhochburg im Römer endlich geschleift werden. Eine Kleinigkeit, möchte man meinen, wenn man bedenkt, was die Spontirealos auf Landes- und Bundesebene innerhalb kürzester Zeit alles erreicht hatten. Doch ausgerechnet beim Kampf um die Vorherrschaft in Frankfurt ging so viel schief, daß es kurzfristig schien, als müßten die Realos ihre gesamten Pläne für eine herrliche Zukunft begraben – und das nur wegen Daniel Cohn-Bendit.

Zunächst aber verlief auch diese Operation nach Plan. Als einer der letzten Spontiführer trat Cohn-Bendit im Mai 1984 den Grünen bei. Nach Unterzeichnung des Tolerierungsvertrages wollte er damit den letzten noch parteilosen Spontis signalisieren, daß es nun endgültig an der Zeit sei, auf die Gewinnerseite zu wechseln. Und tatsächlich blieb sein Schritt nicht folgenlos. Pünktlich zur Aufstellung der Kommunalwahlliste im Spätherbst des Jahres meldete sich auch die letzte größere Spontiabteilung, die autonomen Frauen des Revolutionären Kampfes, bei der Familie zurück. Die Mitglieder der Gruppe, zu der u. a. auch eine gewisse Margarethe Nimsch zählte, wollten zwar nicht sofort in die Partei eintreten, verlangten aber – was durchaus möglich war –, auf der grünen Liste kandidieren zu dürfen. Auch wenn die Frauen zunächst erklärten, sie stünden beiden grünen Fraktionen gleich fern, hatte das Realolager damit unerwartete Verstärkung erhalten.

Auf einer grünen Kreisversammlung setzten sich aber zunächst mehrheitlich die Kandidaten fürs Stadtparlament durch, die von der Fraktion um Ditfurth und Zieran unterstützt wurden. Dagegen legten die Realos ihr Veto ein – eine Möglichkeit, die das basisdemokratische Statut der Frankfurter Grünen aus Gründen des Minderheitenschutzes jeder Fraktion einräumte, die ein Drittel der Stimmberechtigten repräsentierte. Damit wurde eine erneute Abstimmung auf einem zweiten Kreisparteitag fällig. Da die Spontigang in der Zwischenzeit etliche alte Genossen dazu veranlaßt hatte, noch schnell für diese wichtige Abstimmung Grüne zu werden, brachten nun die Realos ihre Leute durch. Nicht unverständlich, daß daraufhin die Fundis ihrerseits die Veto-Notbremse zogen. Wohl oder übel mußte eine dritte Versammlung angesetzt werden.

Da platzte dem hibbeligen Dany ganz spontan der Kragen. Weil die Fundis es gewagt hatten, für sich das gleiche Recht wie die Realos in Anspruch zu nehmen, blies er zur Attacke. In einem mit »Kampfansage« überschriebenen Editorial in seinem Hausblättchen zeterte ausgerechnet er: »Das unausstehliche und ekelhafte Gelaber der Wortführer ist... nicht mehr auszuhalten.« Die Fundis seien »Radikalbolschewisten«, die mit unlauteren Mitteln versuchten, »die gesetzten Väter und vielbeschäftigten Mütter in der Realofraktion... zeitökonomisch unter Druck zu setzen«. Und das nur, um ihr mieses Ziel zu erreichen: nach der Wahl eine Zusammenarbeit zwischen SPD und Grünen im Rathaus zu verhindern. Mit dieser »radikalökologischen Bolschewistenfraktion« dürfe es künftig keinen Frieden und keine Absprachen mehr geben. Entweder zögen sich jetzt alle Spontis aus der grünen Partei zurück, oder seine alten Untertanen sorgten schleunigst dafür, daß »die Bolschewisten ... von einer Eintrittswelle von undogmatischen Individuen überschwemmt werden«.

Die Äppelwoi-Metropole Frankfurt in der Hand von Russen? Da zögerte auch der letzte Sponti nicht mehr und hörte auf die Worte seines Anführers. Innerhalb weniger Wochen traten noch einmal rund 80 alte Kämpfer dem Frankfurter Kreisverband bei.

Zuversichtlich ging Cohn-Bendit davon aus, daß jetzt einer Machtübernahme nichts mehr im Weg stehen würde. Doch dann passierte auf der dritten, entscheidenden Kreisversammlung das, womit der kleine Spontikönig nicht mal in seinen wildesten Alpträumen gerechnet hatte. Bei der Abstimmung um einen der letzten Listenplätze, den die Fundis aus Proporzgründen für sich beanspruchten, fiel ihm plötzlich sein alter Kampfgenosse, der Bundestagsabgeordnete Fischer, aus heiterem Spontihimmel in den Rücken. Im *PflasterStrand* las sich dieses historische Ereignis so: »Es war Joschka Fischer, der den Wechsel im Saal herbeiführte. Plötzlich sollten es nicht mehr die unüberbrückbaren strategischen Differenzen im Kreisverband sein, die den Dauerzustand an Fraktionshader bewirkt (!), sondern der ›Privatzwist zwischen Dany (Cohn-Bendit) und Manfred (Zieran)‹. Ihnen empfahl der große Integrations-Kazike Joschka, ihre Streitigkeiten mit Boxhandschuhen vor dem Saal auszutragen. Ein Kreis aus engsten Joschka-Kumpeln und einzelnen Bonner Fraktionsbediensteten ... verhalf dem Fundikandidaten zu einer knappen Mehrheit. Zieran lächelte Joschka anerkennend zu – es war eine rhetorische Spitzenkür.«

Cohn-Bendit war außer sich vor Wut. Joschka Fischer, sein Joschka, der Mann, der praktisch alles, was er war, ihm, dem Revolutionshelden von Paris, zu verdanken hatte – dieser Emporkömmling und Trittbrettfahrer ließ die alte Bande einfach im Stich und machte mit dem »Radikalbolschewisten« Zieran gemeinsame Sache. Das sollte er büßen. Und so erschien im nächsten *PflasterStrand* ausnahmsweise kein Artikel, in dem der fundamentalistische Teufel auf die Heftseiten gemalt wurde, sondern ein Beitrag von Albert Sellner, in dem er einiges – aber leider nicht alles – ausplauderte, was man intern über »Joseph Fischer« schon lange wußte: »Seit 1976 gehört Fischer zu den auffallenden Mitgliedern der ... Verabschiedungsdelegation, die auf dem großen Ghettobahnhof das Proletariat, den Antiimperialismus und den Bewegungsfetischismus zu den abfahrenden Zügen begleitet. Nach der Abreise aller denkbaren ›Opfer‹ konnten sich die Zurückgebliebenen ungeniert dem neu aufkommenden Kult der Macht widmen, und Joschka wurde ihr Hohepriester. Seine Kraft, die ihn befähigt, seit geschlagenen zwei Jahren über im Prinzip nichts anderes als Macht zu reden, muß fürwahr tiefe heftige Quellen haben.« Über die man gern mehr erfahren würde, doch Cohn-Bendits Lautsprecher beließ es zunächst bei dieser Andeutung.

Dafür drohte er Joschka Fischer am Ende seiner Schmähschrift um so unverhohlener: Ein Schüler des Machtpolitikers Herbert Wehner sei er, doch ein äußerst miserabler: »Der Macht verantwortungsvoll praktizierende Herbert Wehner wußte stets, daß Staats- und Parteiräson nur dann nützt, wenn sie durch entsprechende (Minister-, Parteiamts-)Sessel materiell abgesichert werden kann. Sein über Macht endlos räsonierender Stift Joschka wird die Gesellenprüfung nicht bestehen, wenn er sich krachend zwischen die Stühle setzt.« Im Klartext hieß das: Wenn Joschka seine alte Gang verraten wollte und nun glaubte, er, der Herr Bundestagsabgeordnete, könne es ganz alleine schaffen, dann sollte er sich schwer in acht nehmen!

Was Cohn-Bendit – es war zweifellos er, der hinter diesem Artikel im *PflasterStrand* stand – in seinem Furor einmal mehr entging, war das strategische Geschick seines Kumpels. Denn es war nur ein äußerst vordergründiger Pakt gewesen, den Joschka mit seinem Erzfeind Zieran geschlossen hatte. Ein einfaches Rechenexempel bewies nämlich, daß es auf den umkämpften Listenplatz überhaupt nicht ankam. Auch ohne dieses Mandat hätten die Realos über die Mehrheit der grünen Sitze im zukünftigen Stadtparlament verfügt – genug, um bei einem entsprechend guten SPD-Wahlergebnis auch gegen den Widerstand der noch im Stadtrat verbliebenen Fundamentalisten ein rot-grünes Bündnis eingehen zu können. Damit war der Listenplatz, den Fischer den Fundis so großzügig überlassen hatte, allenfalls ein symbolisches, auf jeden Fall aber bedeutungsloses Zugeständnis, das lediglich dazu dienen sollte, die Machtansprüche der Realos zu kaschieren.

Zieht man diese Umstände in Betracht, hatte Fischer letztlich doch über die Fundis gesiegt. Cohn-Bendit aber hatte für rein gar nichts einen Streit vom Zaun gebrochen, der, wenn er noch weiter eskaliert wäre, mit Sicherheit die Spontigang ihre gerade erst gewonnene führende Position innerhalb der Grünen gekostet hätte.

Zum Glück ging jedoch noch einmal alles gut. Fischer wird dem durchgedrehten Heißsporn nicht nur eindringlich und Schritt für Schritt die Sachlage erklärt und ihn eventuell auch daran erinnert haben, wie ungeschickt er schon bei der letzten Kommunalwahl die Spontis ausmanövriert hatte. In der nächsten Ausgabe des *PflasterStrands* durfte zwar Redakteur Sellner noch einmal versuchen, die leicht verunglückte Schmähvokabel »großer BoBo« (Bonner Boss) für Fischer zu etablieren, doch in der übernächsten Nummer war bereits wieder Ruhe eingekehrt. Bei der Kommunalwahl siegte dann die CDU mit

Walter Wallmann, so daß aus dem angestrebten »Konfliktbündnis« mit der SPD sowieso nichts wurde. Immerhin: Die Fundimehrheit in der grünen Fraktion war gefallen, und im Römer saß jetzt, neben einigen anderen Alt-Spontis, Fischers zuverlässigster Mann, Tom Koenigs. Und auch der vorangegangene Krach hatte letztlich sein Gutes: Fischer hatte Cohn-Bendit mit einem deutlichen Schuß vor den Bug ein für allemal klargemacht, daß in der Gang er allein für die strategischen Entscheidungen verantwortlich war. Cohn-Bendit hatte seinerseits Fischer über Sellner erinnern lassen, daß er ihn mit all dem Wissen, das er über die gemeinsame Vergangenheit besaß, jederzeit unter Druck setzen konnte. Und weil beide begriffen, daß sie nur als Duo erfolgreich bleiben würden, sprach man künftig nie wieder ein wahres Wort übereinander. Jedenfalls nicht in der Öffentlichkeit.

Habemus Joschkam

Im Prinzip hatte Joschka Fischer sicherlich nichts gegen Cohn-Bendits Plan, anläßlich der Kommunalwahl endlich mit der fundamentalistischen Fraktion aufzuräumen, allein dafür war es noch zu früh. Das war besonders an den Auseinandersetzungen um die Hanauer Atomfabriken deutlich geworden. Kurz vor Ausbruch der realointernen Querelen in Frankfurt hatte dieser Streit dem Tolerierungsbündnis auf Landesebene sogar überraschend ein Ende gesetzt. Was aber zunächst wie ein harter Rückschlag auf dem Weg zur ersehnten Koalition aussah, entpuppte sich bei näherer Betrachtung wieder einmal als Sieg für Joschkas Truppe.

Von Anfang an bildeten die Hanauer Betriebe für das rot-grüne Bündnis das, was ein Kommentator der *Zeit* wohl seine Achillesferse nennen würde. Denn daß mit NUKEM und ALKEM die mit Abstand gefährlichsten Atomanlagen im gesamten Bundesgebiet ausgerechnet in Hessen lagen, war schon ein ausgesprochenes Pech für die grünen Realos. Beide Fabriken erzeugten und verarbeiteten Plutonium: eine radioaktive Substanz, von der geringe Spuren genügen, um auf unabsehbare Zeit ganze Landstriche zu verseuchen. Solch ein gefährlicher Stoff ließ sich nicht einfach aus der Welt reden. Besonders deshalb nicht, weil er unentbehrlich für die deutsche Atomindustrie war, die Plutonium als Brennstoff für geplante neue Reaktoren vom Typ »Schneller Brüter« brauchte.

In den Tolerierungsverhandlungen hatten die grünen Realos den laufenden Betrieb von ALKEM und NUKEM zwar akzeptiert, aber immerhin erfolgreich darauf bestanden, daß ein weiterer Ausbau der Plutoniumproduktion nicht in Frage kam. Nur gut drei Monate nach der Wahl Holger Börners zum Ministerpräsidenten stellte sich jedoch heraus, daß in Hanau nicht nur zivil nutzbares, sondern auch große Mengen waffentaugliches Plutonium produziert wurden. Abgesehen davon, daß die Betreibergesellschaften damit gegen internationale Verträge verstießen, hatten sie dafür überhaupt keine Genehmigung. Damit nicht genug. Der hessische Wirtschaftsminister Steger, ein Atomlobbyist schwersten Wassers, den Holger Börner ausgerechnet nach Unterzeichnung des rot-grünen Bündnisses in seine Regierung geholt hatte, erklärte, er habe nicht nur die Absicht, diese illegalen Praktiken im nachhinein zu legalisieren, sondern auch der ALKEM die Lagerung von wesentlich größeren Mengen Plutonium zu gestatten sowie einem weiteren Ausbau der NUKEM zuzustimmen.

Damit hatten sowohl der »aufrichtige Vater« Börner als auch sein Minister für jedermann sichtbar die Tolerierungsvereinbarungen gebrochen, so daß die Fundamentalisten noch einmal kurzfristig Oberwasser gewinnen konnten. Auf einem Landesparteitag im südhessischen Mainhausen, zu dem die Realos leichtsinnigerweise ihr übliches Stimmvieh nicht herbeibefohlen hatten, beschlossen die Versammelten gegen den verzweifelten Widerstand von Tom Koenigs Anfang Oktober 1984, das Bündnis mit der SPD platzen zu lassen, falls die Landesregierung dem Ausbau von NUKEM tatsächlich zustimme. Als Steger kurze Zeit später mitteilte, es bleibe selbstverständlich bei der Genehmigungsabsicht der Landesregierung, konnten auch die Realogrünen nicht mehr anders. Vom Parteitagsbeschluß gezwungen, kündigten sie nach einem knappen halben Jahr im November 1984 die Zusammenarbeit auf.

Rasch aber erkannte Fischers Gang die Chancen, die in dieser Niederlage steckte und startete durch. So wie man ein Jahr zuvor argumentiert hatte, nur eine Tolerierung und, damit verknüpft, schriftlich fixierte Vereinbarungen könnten Atomanlagen und Startbahn West verhindern, begann man sofort eine neue Agitprop-Kampagne. Jetzt behauptete man, es bedürfe eben einer waschechten Koalition, um solche Ziele auch gegen den Widerstand der SPD durchzusetzen. Allerdings war man immer noch so vorsichtig, das verfemte Wort selbst nicht in den Mund zu nehmen – die wankelmütige Basis sollte den Braten nicht zu früh riechen. Im *PflasterStrand* konnte sich der aufmerksame Leser unterdes an eiernden Sätzen begeistern, in denen verkündet wurde, nunmehr sei »der Fall einer um personelle Koordination aufgebesserten Tolerierung denkbar«. Begründung: »Die SPD würde dann beispielsweise den Grünen nicht mehr in der Wirtschaft einen Zwingvogt der Atomlobby vorsetzen, der bei den praktischen Umsetzungen des Bündnisses Exekutive mit Exekution verwechselt.«

Auch Tom Koenigs blieb seiner alten Salamitaktik treu. In einem Papier, das die Grünen allmählich auf das nächste Machtziel vorbereiten sollte, war keine Rede von grünen Ministern: lediglich »personelle Mitbestimmung« in der Regierung wolle man fordern. Doch dann ging es Schlag auf Schlag. Für die nächste Landesversammlung Anfang Dezember, die Koenigs in Absprache mit Joschka Fischer intern unter das Motto »Fluch gegen die Fundis« stellte, mobilisierten die Realobosse alles, was eine Stimmkarte hochhalten konnte. Genau 895 Stimmberechtigte verzeichnete das Protokoll. Die große Mehrheit votierte für erneute Verhandlungen mit der SPD. Dabei sollte zunächst einmal Einigkeit in den Fragen der strittigen Atomanlagen erzielt werden. So ganz nebenbei schloß dieser Beschluß erstmals eine »mögliche Beteiligung in der Exekutive« nicht mehr völlig aus. Am nächsten Tag, als die Landesversammlung für die Realoführer weniger existentielle Fragen diskutierte, war die Anzahl der grünen Mitglieder im Saal auf ganze 195 geschrumpft. Die Differenz dokumentiert ziemlich exakt die Größe der Heerscharen, die Fischer und Co. noch in die tiefste hessische Provinz (hier Lich bei Gießen) zu expedieren vermochten.

Jetzt, da sie sich relativ sicher sein konnten, daß ihr Anhang jeder ihrer Entscheidungen zustimmen würde, wollten die Realos nicht mehr länger abwarten. Nach den von den Grünen in vielen Teilen Hessens erfolgreich bestrittenen Kommunalwahlen schrieb der grüne Fraktionsvorsitzende Karl Kerschgens dem hessischen Ministerpräsidenten einen Brief, in dem er ihn fragte, was er denn von einer grünen Regierungsbeteiligung halte. Kurze Zeit später, im Mai 1985, antwortete Börner mit einem klaren Koalitionsangebot. Die Ergebnisse, welche die neue grün-rote

Verhandlungskommission zur Hessischen Atomindustrie gleichzeitig vorlegte, waren dagegen reichlich nichtssagend. Die Atomkraftwerke in Biblis sollten erst einmal begutachtet, die Entscheidung über die Plutoniummengen bei ALKEM sollte vertagt und die Verhältnisse in weiteren Hanauer Atomfirmen konnten nicht beurteilt werden. Einzig bei NUKEM wurde der rot-grünen Landesregierung in spe empfohlen, einem Neu- und Ausbau nicht zuzustimmen.

Das war zwar nicht viel, doch immerhin etwas Konkretes, das man dem nächsten Landesparteitag vorlegen konnte. Auf diesem ging es im Juni 1985 nun erstmals offen um die Zustimmung zur schon so lange geplanten Koalition. Damit aber auch wirklich alles glattlief, wurde er in Niedernhausen abgehalten, einem kleinen Ort, der vom Frankfurter Spontivolk aus bequem mit der S-Bahn zu erreichen war. Und damit auch die letzten Wankelmütigen nicht auf die Idee kamen, bei der Regierungsbildung gehe es nur darum, eine kleine, für ihre Machtambitionen bekannte Clique mit Ämtern zu versorgen, verzichteten Fischer, Kleinert und Koenigs überraschend darauf, bei der Versammlung selbst aufzutreten. Statt dessen blieb es dem mittlerweile mit Fischer und Co. eng zusammenarbeitenden Karl Kerschgens überlassen, für das neue Bündnis Stimmung zu machen. Daß Fischers Gang gut daran tat, den Parteitag so sorgfältig vorzubereiten, zeigte das Ergebnis der Abstimmung. Überraschend sprachen sich nur knapp 53% für eine Koalition mit der SPD aus (verbunden mit der Forderung nach zwei grünen Ministerposten); der Rest hätte es doch lieber bei einer erneuten Tolerierung belassen.

Wem die Realos auch diesmal ihren Sieg zu verdanken hatten, wurde bei der nächsten Abstimmung deutlich. Hier fehlten den Koalitionären plötzlich 200 Stimmen. Das waren die der Alt-Spontis, die lediglich angereist waren, um ihre alten Kumpane zum Regieren zu ermächtigen und sofort danach wieder ins nahe Frankfurt abzurauschen. Jetzt wäre es möglich gewesen, den Koalitionsbeschluß wieder zu kippen. Doch die Fundis erwiesen sich als schlechte Bolschewisten und respektierten feige die einmal getroffene Entscheidung.

Endlich war Joschkas Gang am Ziel oder hatte, um im schiefen Bild zu bleiben, glücklich das letzte Scheibchen der großen Realosalami an die grünen Mitglieder verfüttert. Nur der Wurstzipfel fehlte noch. Und den hatte Joschka Fischer für sich selbst reserviert. Doch genauso wie die Spontis ihre Entscheidung für eine Koalition so lange es eben ging dementierten, stritt Fischer auch jetzt noch seinen langgehegten Wunsch nach einem Regierungsposten vehement ab. Wer ihm den unterstellte, bekam etwas zu hören, wie zum Beispiel im Dezember 1984 die Delegierten auf dem grünen Bundesparteitag in Hagen: »Und wenn hier gesagt wird«, tobte Joschka, »ich will sozialdemokratische Politik oder gar Minister werden – ja meine Güte, das ist doch absolut bekloppt.« Noch Anfang Oktober 1985, zwei Monate bevor er die Hand zu seiner Vereidigung hob, erklärte er in der Manier eines Walter Ulbricht (»Niemand hat die Absicht, eine Mauer zu errichten«): »Ich habe nicht die Absicht, Minister zu werden.«

Bis heute hält Fischer die Legende aufrecht, von seiner Nominierung für den Posten des hessischen Umweltministers – so steht es z. B. in der Biographie von Krause-Burger – erst nach Abschluß der Koalitionsverhandlungen am 16. Oktober 1985 erfahren zu haben. Und sogar dann habe er sich noch gegen das Amt gesträubt. Der Anschein, er selbst oder Teile seiner Spontibande hätten Einfluß auf die Auswahl des Ministerkandidaten genommen, soll unbedingt vermieden werden, und mit ihm der Eindruck, bei Joschka Fischer handele es sich um einen ganz gewöhnlichen Pöstchenjäger. Dafür jedoch spricht vieles; dagegen kaum etwas.

So wechselte zum Beispiel der Pressesprecher der Grünen im Bundestag, Georg Dick (in seinem »Regierungstagebuch« von Fischer selbst ausdrücklich seiner »Gang« zugerechnet), bereits im April 1985 von Bonn nach Wiesbaden – unmittelbar nachdem Fischer aufgrund des damaligen Rotationsverfahrens sein Bundestagsmandat verlor. Was sollte er hier, wenn nicht für seinen Boß den Quartiermacher spielen? Und auch daß eine vom Koalitionsparteitag in Niedernhausen beschlossene sogenannte »Personalfindungskommission für den grünen Ministerkandidaten« niemals zusammentrat, ist ziemlich bemerkenswert. Sie sollte, wie der Realogeschichtsschreiber Björn Johnsen in seinem Buch »Von der Fundamentalopposition zur Regierungsbeteiligung« berichtet, »personelle Mauscheleien« ausschließen, wurde dann aber »im Wirrwarr der Landesversammlung« wie zufällig nicht mehr gewählt. Am erstaunlichsten aber war, daß der *PflasterStrand* bereits am 15. Juni 1985, also gerade fünf Tage nach dem Niedernhauser Koalitionsbeschluß mehr wußte als 99% aller grünen Mitglieder: »Ausgepichten Pflasterstrandlesern sei es gesteckt, daß wir die beiden Minister bereits kennen – wir werden sie aber erst zu gegebener Zeit verraten.«

Mochte dieser Hinweise bloße Wichtigtuerei sein: Hinter der Tatsache, daß das Blatt bereits Anfang September ganz präzise über die Vergabe von grünen Regierungsämtern und Posten Auskunft geben konnte, steckte sicherlich mehr. Zwar verkaufte es sein Wissen als keineswegs gesicherte Vermutung und wog noch einmal die Qualifikation des von vielen Medien als designierten Umweltminister gehandelten Otto Schily gegen die anderer Kandidaten ab. Doch sein Fazit fiel eindeutig aus: Für den Ministerposten blieben nach Überzeugung des *Pflaster-*

Strand-Redakteurs Sellner nur »Kerschgens und Fischer. Ideal wäre eine Kombination beider, Fischer als Rammbock und Kerschgens als die arbeitende Mineurkolonne... Wer vorne dran steht? Meine Prognose: Fischer.« Gleichzeitig bereitete Sellner die grünen Feministinnen sanft darauf vor, daß sie noch ein wenig zurückstehen müßten: »So könnte es ironischerweise doch dazu kommen, daß es kein grünes Frauenministerium gibt – weil die geeignete Person fehlt.«

Und ironischerweise kam es genau so. Fischer wurde Umweltminister, Karl Kerschgens sein Staatssekretär, und statt eines Frauenministeriums gab es lediglich eine Staatssekretärin. Daß das Zentralorgan der Spontirealos schon fünf Wochen vor der Bekanntgabe dieser Entscheidung so ausgezeichnet informiert war, bewies gleich mehreres: zum einen, daß die Spontiführer hinter den Kulissen längst dafür gesorgt hatten, daß ihr Mann Minister wurde; daß man zum anderen auch bereit war, den Anspruch auf ein vom Parteitag unabdingbar gefordertes zweites Ministerium aufzugeben. Und daß der große Stratege Joschka Fischer nur deshalb die längst gefällte Entscheidung verschleierte, um den Eindruck eines abgekarteten Spiels zu vermeiden. Doppelt ironisch indes mutet an, daß mit Albert Sellner ausgerechnet dem Mann, der noch kurz zuvor »Bobo« Fischers Skrupellosigkeit und Machtgier tüchtig geschmäht hatte, die Aufgabe zufiel, den Herold für den neuen grünen Minister zu spielen. Und dabei dessen »Härte, taktische Klugheit und agitatorische Brillanz« ausdrücklich lobte und pries. Flexibilität war im schnellebigen Frankfurter Spontikosmos eben alles.

Die nachträgliche Bestätigung des Kandidaten auf der nächsten Landesversammlung war dann nur noch reine Formsache. Sie fand Ende Oktober 1985 in Neu-Isenburg statt, das direkt an der Stadtgrenze Frankfurts liegt und damit noch ein paar Kilometer näher an der Spontihochburg als der letzte Tagungsort. Auch deshalb geriet der Parteitag zum wohl größten Spontiplenum der Postrevolutionszeit: 1200 Stimmberechtigte versammelten sich hier. Von ihnen hatte man einen großen Teil noch nie auf einer Veranstaltung der Grünen gesehen, und man würde sie dort auch künftig nie wieder sichten. (Zum Vergleich: Auf den einen Monat später in Butzbach stattfindenden Parteitag verirrten sich lediglich 150 Unentwegte.) Und so stimmte denn die Versammlung trotz einiger kurz zuvor aufgetauchter widriger Umstände mit großer Mehrheit für die Koalition und für einen zukünftigen Minister Joschka Fischer. Joschka konnte durchatmen: Es war geschafft.

Neues Glück
(1985–1988)

Der grünste Minister des Planeten

Nur zwei Jahre waren vergangen, seit die Frankfurter Spontis begonnen hatten, in der grünen Partei politisch aktiv zu werden. Und was hatten sie in dieser kurzen Zeit nicht alles geschafft: Aus jammernden, resignierten Gestalten waren beinharte realpolitische Profis, und aus einer Gefolgschaft von widerspenstigen Systemgegnern war ein braves Parteivolk geworden. Sie hatten ihre noch kurz zuvor dominierenden fundamentalistischen Gegner ausgeschaltet und sich innerhalb eines knappen Jahres an die Spitze einer Partei gestellt, die von ihren Mitgliedern aus Opposition gegenüber einer Politik gegründet worden war, die sie in ihrer Mehrheit nun selbst mit verantworten mußten. Geglückt war den Spontiführern das alles nur deshalb, weil sie schon fast ein halbes Leben lang im politischen Geschäft waren, wenn auch unter etwas anderen Vorzeichen. Dabei hatten sie sich die gängigen Erfolgstechniken angeeignet: die Bildung von Seilschaften, rhetorisches Talent, die gar nicht mal so hohe Kunst des Verschleierns von Absichten und Zielen, das bedenkenlose Operieren mit gewagten Prophezeiungen und gut klingenden Versprechungen. Nur eines war ihnen innerhalb der letzten siebzehn Jahre noch nicht gelungen, weder als Revolutionäre noch in ihrer kurzen Zeit als grüne Realpolitiker: irgendein gestecktes Ziel zu erreichen.

Das sollte sich nun, da mit dem Amtsantritt des »ersten grünen Ministers des Planeten« (Fischer) endlich ein neues, glücklicheres Zeitalter angebrochen war, ein für allemal ändern. Er werde »kein Ankündigungsminister« sein, kündigte Joschka an, sondern jedem Zweifler »zeigen, daß grüne Realpolitik funktionieren kann«. Denn »ein grüner Umweltminister wird sich dort, wo die Interessen von Industrie und Politik verwoben, vernetzt, verfilzt sind, nicht einbinden lassen«. Und weil die ihn ewig nervende Jutta Ditfurth das in einem Streitgespräch etwas präziser wissen wollte und fragte: »Was heißt denn das für Hessen zum Beispiel? Was erwartest du dir von einer Koalition?« antwortete Herr Fischer 1985 auch einmal ganz konkret: »Den Ausstieg aus der Atomenergie.«

Die Frage war allerdings, ob Joschka Fischer überhaupt so genau wußte, was es mit dieser Atomenergie auf sich hatte. Mit Umweltschutzproblemen und ökologischen Fragen hatte er sich jedenfalls bis dato nicht nachhaltig beschäftigt. Das hatte er sogar selbst einmal eingestanden, allerdings bereits im Jahr 1978, als er während seiner großen Sinn- und Lebenskrise mit offenen Karten spielte: »Seien wir doch einmal ehrlich: wer von uns interessiert sich denn für die Wassernotstände im Vogelsberg, für Stadtautobahnen in Frankfurt, für Atomkraftwerke irgendwo, weil er sich persönlich betroffen fühlt?« Daß sich an diesem Desinteresse im Laufe der Zeit nicht viel geändert hatte, bestätigte auch Fischer-Kenner Sellner, der ihm in seiner anläßlich der Frankfurter Kommunalwahlquerelen verfaßten Charakterstudie bescheinigte: »Wenn Fischer über Gewaltfreiheit und deutschen Wald bramarbasiert, dann hat man oft das Gefühl, er feixt gerade... Wenn Joschka sich über Ökologie, Außenpolitik oder innenpolitische Spezialthemen ausläßt, dann haben seine Zuhörer in der Regel die Empfindung, daß da einer sehr bemüht ist, daß man es aber anderswo schon besser vernommen hat.«

Gisela Wülffing, ebenfalls *PflasterStrand*-Redakteurin, der Joschka noch aus Zeiten in Erinnerung war, »in denen er sich die Sporen der Militanz als polternder Derwisch im ›RK‹ verdiente«, reizte Fischer als Umweltschützer gar zum Lachen. »Für mich ist es aber auch komisch, Dich in Zusammenhang mit dem ›Begriff‹ Ökologie zu bringen.« »Du kennst eben nur einen bestimmten Teil von mir«, konterte Joschka ernst. »Ich bin auf dem Land groß geworden und habe zum Beispiel viel Ahnung von Pilzen.«

Überhaupt konnten die Startbedingungen für eine erfolgreiche rot-grüne Regierung nicht schlechter sein. Fast sah es so aus, als hätten sich kurz vor Beginn der Koalitionsverhandlungen finstere fundamentalistische Mächte gegen die Realos verschworen, um das Bündnis in letzter Minute zu verhindern. So verfügte Wirtschaftsminister Steger im August 1985 auf Weisung der Bundesregierung doch den Sofortvollzug des Neubaus der NUKEM und verhehlte dabei nicht, daß selbst der hessische Ministerpräsident diese Entscheidung befürwortete. Damit war nicht nur endgültig die Genehmigung erteilt, deren Ankündigung im November 1984 zum Zerbrechen des Tolerierungsbündnisses geführt hatte, sondern auch jene Bedingung nicht mehr erfüllt, unter der die grüne Landesversammlung der Aufnahme von Koalitionsverhandlungen überhaupt erst zugestimmt hatte. Doch das kratzte die grünen »Koalos« (*PflasterStrand*) ebensowenig wie die Tatsache, daß Steger auch im neuen Kabinett selbstverständlich Wirtschaftsminister blieb. War nicht eines der Hauptargumente für eine Koalition gewesen, daß dann die SPD den Grünen solch einen »Zwingvogt der Atomlobby« nicht mehr vorsetzen würde?

Kurz nach der NUKEM-Genehmigung mußten sich die Koalitionäre erneut in unangenehmer Weise an die eigene Vergangenheit erinnern lassen. Im Verlauf einer Demonstration gegen die NPD in Frankfurt wurde im August 1985 mit Günter Sare ein alter Genosse von Ministeramtsanwärter Joschka Fischer von einem Wasserwerfer überrollt. Noch auf der Straße erlag er seinen Verletzungen. Die politische Verantwortung für diesen Tod sahen die Demonstranten sowohl beim Frankfurter Polizeipräsidenten als auch bei SPD-Innenminister Horst Winterstein. Von den Grünen forderten sie deshalb den sofortigen Abbruch der Koalitionsverhandlungen. Die Realos konnten die Umsetzung dieser Forderung gerade noch abwenden. Sie verwiesen die Straßenkämpfer darauf, daß nur unter einer rot-grünen Regierung die dubiosen Umstände, unter denen Sare zu Tode gekommen war, rücksichtslos aufzuklären seien. Eine kleine autonome Minderheit mochte diesem Versprechen allerdings keinen Glauben schenken: Auf einem allerletzten, fast gespenstischen Spontiplenum, das anläßlich des Todes von Günter Sare im Hörsaal VI der Universität stattfand, bewarfen sie ausgerechnet an diesem historischen Versammlungsort der Frankfurter Linksradikalen die Alt-Spontis Joschka Fischer und Daniel Cohn-Bendit mit Eiern und Tomaten. Dabei skandierte die Menge: »Fischer, Bendit, Winterstein – eins ist wie das andere Schwein.«

Nur den kleinen Springteufel Cohn-Bendit regte das noch auf. Man konnte ihn gerade noch daran hindern, Stühle ins renitente Publikum zu schleudern. Den restlichen Spontiführern war wahrscheinlich der Protest der neuen Straßenkämpfergeneration genauso Wurscht wie der Inhalt des ausgehandelten Koalitionsvertrags. Obwohl dieser einem grünen Umweltminister praktisch keinen Handlungsspielraum ließ, wurde er im Oktober 1985 unterzeichnet. Für die Genehmigung und den Betrieb von

Atomkraftwerken blieb ausgerechnet Wirtschaftsminister Steger zuständig, was der *Spiegel* damals so kommentierte: »Die Grünen gaben sich damit zufrieden, daß sie sich künftig um den Bestand von Vogelarten kümmern dürfen, aber nicht um den Abbau von Kernenergie.«

Auch die *taz* ließ an der Bewertung der Koalition keinen Zweifel. »Von den Inhalten der Koalitionsvereinbarung dürfte es sie eigentlich nicht geben.« Doch Joschka und seinen Kumpanen ging es in erster Linie um Arten- und Bestandsschutz für Alt-Spontis. Ganz oben auf der roten Liste stand im Moment wieder einmal Fischer selbst, der gerade sein Bundestagsmandat an einen Nachrücker verloren hatte. Auch deshalb schwor er am 12. Dezember 1985 so bereitwillig den Eid, der ihn zum »hessischen Minister für Umwelt und« – soviel sozialdemokratischer Spott mußte sein – »Energie« beförderte. Danach gab es in Wiesbaden eine kleine Feier, bei der man viele alte Gesichter sah. Frank Wolff (Ex-Revolutionärer Kämpfer) spielte Cello, so wie einst im besetzten Jugendzentrum in Rüsselsheim. Matthias Beltz (Ex-Revolutionärer Kämpfer) trat auf, so wie einst auf den Betriebsversammlungen »beim Opel«. Und Daniel Cohn-Bendit (Ex-Revolutionärer Kämpfer) gackerte dazu – und zwar, daß er spätestens 1991 Außenminister sein werde –, genauso wie einst und immerdar. Nur was Klaus Lage (Organisation unbekannt) hierhin getrieben hatte, scheint bis heute nicht ganz klar. Vielleicht sang er: »Tausendmal probiert, tausendmal ist nichts passiert.« Immerhin, zum Minister hat's dann doch gereicht...

Als erste ministerielle Amtshandlung, so protzte Joschka Fischer gegenüber dem *Spiegel*, werde er ein »Dekret gegen die Hanauer Nuklearbetriebe« unterzeichnen. Was natürlich nur ein Witz war. Denn als erstes sorgte er selbstverständlich dafür, daß jene, welche über all die Jahre hinweg treu zu ihm gestanden und ihm schließlich zu seinem hohen Amt verholfen hatten, anständig versorgt wurden. Sein Ex-Mitbewohner und Mitkämpfer Tom Koenigs erhielt den Posten des Büroleiters im Umweltministerium, *PflasterStrand*-Propagandist Georg Dick wurde Pressesprecher, und WG-Kompagnon Raoul Kompania firmierte ab sofort als Fischers Fahrer, Faktotum und Adjutant. Auch Leute, die noch nicht so lange mit Joschka Seite an Seite gekämpft hatten, wurden mit einem Job in Wiesbaden entlohnt. Roland Schaeffer z. B. wurde Fischers »persönlicher Referent«, denn der hatte, wie der *PflasterStrand* lobte, »schließlich mit seinen Aktivitäten angefangen, den früher fundamentalistischen [Frankfurter] Kreisverband ›realpolitisch‹ zu unterwandern«. Zwar waren die beiden grünen Staatssekretäre Karl Kerschgens und Marita Haibach keine Frankfurter Alt-Spontis, doch letzterer wurde mit Gisela Wülffing eine *PflasterStrand*-Redakteurin als Pressereferentin beigeordnet. Das unterstrich nur noch einmal, wie fließend die Grenzen zwischen denen waren, die Realopolitik betrieben, und denen, die sie kommentierten. Und natürlich sollte auch Cohn-Bendits Propagandablatt selbst bei der Verteilung der Beute nicht leer ausgehen. Als der *PflasterStrand* kurz nach Fischers Regierungsantritt expandieren wollte, beantragte »der Dany« zwei auf mehrere Jahre zinsfreie Kredite aus dem Haushaltstitel »Förderung alternativer Betriebe« – die er selbstverständlich auch erhielt.

Nein, knauserig war Minister Fischer nicht. Diverse von ihm eingestellte Realobeamte wollte er gleich bei Amtsantritt »sprungbefördern«, was ihnen satte Einkommenszuwächse gebracht hätte; in wenigstens einem Fall kassierte das Verwaltungsgericht die Entscheidung, weil sie »ermessensfehlerhaft« war. Der Bund der Steuerzahler sprach im Zusammenhang mit Fischers Personalpolitik bald von »einer grandiosen Geldverschwendung«, der Deutsche Beamtenbund von »Ämterpatronage großen Stils«. Mochten diese Vereine von einer konservativen Grundhaltung aus gegen das grüne Umweltministerium Stimmung machen, war das von der ÖTV-Betriebsgruppe nicht unbedingt anzunehmen. In einer Petition an den Landtag beklagten sich zehn ihrer Mitglieder darüber, Fischers Leute nähmen im Ministerium sofort Spitzenpositionen ein, während altgediente Beamte bei Beförderungen nicht mehr zum Zuge kämen.

Selbst darin könnte man noch den Protest von verknöcherten Bürokraten sehen, die angesichts des frischen Windes, der nun durchs Ministerium brauste, ihrer durchgeplanten Karriere hinterhertrauerten – wenn es denn tatsächlich irgendwo gebraust hätte. Doch Fischer erzeugte mit seiner neuen, recht umfangreichen Mannschaft – über zweihundert Leute beschäftigte das Umweltministerium – von Anfang an nur heiße bis laue Luft. Alles, was er anfaßte, mißlang dem Minister, und zum Schluß war die »realpolitische« Bilanz seiner Aktivitäten das, was man in einer Wirbelsturmforschung verheerend nennt.

Das zeichnete sich schon in den ersten Regierungswochen ab, als Mitte Januar 1986 der Untersuchungsbericht zum Tod von Günter Sare vorgelegt wurde. Unmittelbar nach dem Zwischenfall hatten die Realos nicht nur zugestimmt, statt eines allgemein geforderten parlamentarischen Untersuchungssausschusses einen einzelnen »unabhängigen« Gutachter mit dem Fall zu beauftragen, sondern sie hatten sogar einen von CDU und FDP (!) gegen Innenminister Winterstein im Landtag eingebrachten Rücktrittsantrag zurückgewiesen. Schließlich sollte erst das ausstehende Gutachten die rückhaltlose Aufklärung des Falles bringen, woraus man ja dann immer noch Konsequenzen ziehen konnte. Was aber der »unabhängige Untersuchungsbeauftragte« anschließend präsentierte, war, das mußte selbst der *PflasterStrand* einräumen, nichts anderes als »eine Kopie des Polizeiberichts«. Die Realos, statt nun den Rücktritt des Innenministers zu fordern, übergingen diese Tatsache mit peinlich berührtem Schweigen. Einzig der letzte im Landtag verbliebene »Fundamentalist«, der Abgeordnete Jan Kuhnert, wies in einer Rede nach, daß der Bericht vielleicht das Papier wert war, auf dem er gedruckt wurde – mehr aber nicht. Ausgerechnet diesem Mann wurde kurz darauf verboten, für die grüne Fraktion zu sprechen.

Diese Katastrophenpolitik setzte sich fort. »Müllprobleme, nichts als Müllprobleme«, klagt Joschka Fischer in seinem »Regieren geht über Studieren« betitelten »Regierungstagebuch« jammervoll, als hätte er zuvor nicht das geringste vom anfallenden hessischen Giftmüll gewußt. Dabei hatten ihn die Fundamentalisten bereits ein halbes Jahr vorher eindringlich gewarnt: »Ein Skandal wäre es schon, wenn der grüne Minister den Transport zur und die Lagerung des Giftmülls der Hoechst AG in der DDR-Deponie Schönberg bei Lübeck zu verantworten hätte. Diese Giftmülldeponie trägt zur Vergiftung weiter Teile des Grundwassers in der DDR und in Holstein bei.« Und genau dahin exportierte Umweltminister Fischer nun den Müll – gegen den Protest zahlreicher Umweltverbände, der Grünen in der Region, ja sogar von CDU-Landesregierungen. Überhaupt hatte gerade die CDU viel Spaß an dem Ex-Revoluzzer. Weil die hessische Regierung anläßlich einer Großdemonstration gegen die dort geplante atomare Wiederaufarbeitungsanlage drei Wasserwerfer und drei »Lichtmastkraftwagen« nach Wackersdorf schickte, fragte sie in einer Presseerklärung belustigt an, ob das der Umweltminister persönlich angeordnet habe. Der SPD-Koalitionspartner amüsierte sich mit den grünen Amtsinhabern jedoch nicht weniger prächtig. »Die Sozialdemokraten«, empörte sich ein Realo, »achten argwöhnisch darauf, daß Joschka Fischer lediglich durch Rasurgewohnheiten und Schuhmode im öffentlichen Bewußtsein bleibt. Mit konkreter Politik soll er sich nicht profilieren.« Nicht einmal eine harmlose Bioabfalltonne durfte der Umweltminister einführen. Als Fischers Staatssekretär Kerschgens auf einer Pressekonferenz stolz einen Prototyp präsentierte, pfiff Holger Börner ihn am nächsten Tag gleich zurück, die Abfalltonne selbst verschwand irgendwo zwischen den hessischen Müllbergen. »Die Staatskanzlei hat die Grünen bewußt auflaufen lassen«, zitierte der *PflasterStrand* danach einen anonymen Sozialdemokraten.

Vielleicht hätte der Minister vor Amtsantritt eben doch ein wenig intensiver seine gesetzgeberischen Kompetenzen studieren sollen, statt blindlings drauflos zu regieren. Doch wahrscheinlich wäre sein größtes Debakel selbst damit nicht zu verhindern gewesen. Das erlebte Fischer, als sich Ende April 1986 im ukrainischen Tschernobyl ein Atomreaktor nicht an die Sicherheitsbeteuerungen der internationalen Atomgemeinde hielt und explodierte. Damit war das eingetreten, was Umweltaktivisten seit Jahren befürchtet hatten. Doch offenbar nicht der erste grüne Minister in der Bundesrepublik.

In seinem im *Spiegel* vorabgedruckten »Regierungstagebuch« beschreibt sich Joschka zwar als tatkräftigen Macher, der sofort nach Bekanntwerden des GAUs alles tat, um seine lethargische Partei angesichts der dramatischen Situation zum Handeln zu veranlassen. Das aber ist nichts anderes als eine im nachhinein zurechtgelegte »faustdicke Lüge«. So nannte jedenfalls die *taz* Fischers Phantastereien, wobei sie sich auf einen offenen Leserbrief des damaligen grünen Bundesgeschäftsführers, Eberhard Walde, an Umweltminister Fischer berief. Walde stellte richtig: »Als Claudi [so nennt Joschka in seinem Buch penetrant seine dritte Frau, C. S.] Dir am 29. April 1986 (so Deine Tagebucheintragung) spät nachts von der

Rundfunknachricht über den Super-Gau berichtete, hast Du unverzüglich (wie weiland Helmut Schmidt bei der Flutkatastrophe in Hamburg) die Initiative an Dich gezogen ... Dein unverzügliches Handeln erlebte nach Deiner Darstellung seinen Höhepunkt, als Du mich am 30. April anriefst, um die Partei aus ihrer ›tiefen Ruhe aufzurütteln‹.« Sodann zählt Walde, der von einem Ministeranruf nichts weiß, vom Aufruf zur Demonstration über das Drucken von Plakaten bis hin zu einer Pressekonferenz alles auf, was der grüne Bundesvorstand bis zu diesem Zeitpunkt bereits in die Wege geleitet hatte, um unverzüglich auf die Katastrophe zu reagieren. Und schloß seinen Brief: »Übrigens war diese Pressekonferenz bereits gelaufen, als Du mich ›richtiggehend agitiert‹ haben willst, bis ich endlich ›begriff‹. Vielleicht hättest Du Deine Mitarbeiter im Umweltministerium bitten sollen, die Rundfunknachrichten regelmäßig abzuhören. Du wärst dann wie wir bereits am Montag, den 28. April, informiert gewesen, und Claudi hätte Dich in jener Nacht (am 29. April) in Deinem Dämmerzustand lassen können. Natürlich, Joschka, hat jeder das Recht, in seinem Tagebuch sich so günstig darzustellen. Aber wenn man das Tagebuch dann veröffentlicht, sollte man doch vermeiden, den eigenen Narzißmus auf anderer Menschen Kosten auszuleben.«

Auch wenn Joschka Fischer in der späteren Paperbackausgabe seines »Tagebuchs« den Ablauf seiner entschlossenen Intervention um jeweils einen Tag vordatierte, wird seine Darstellung kaum glaubhafter. Dennoch irrte der grüne Bundesgeschäftsführer, als er unterstellte, Fischer hätte mit dieser Fälschung bloß seine Eitelkeit befriedigen wollen. In erster Linie ging es ihm nämlich darum, sein eigenes Versagen zu kaschieren. Tagelang war aus dem Umweltministerium kein Wort zum GAU zu vernehmen, und erst am Donnerstag, dem 1. Mai, wurde in Hessen endlich ein Krisenstab gebildet. Am Abend desselben Tages warnte der Umweltminister die Bevölkerung erstmals vor radioaktiver Verseuchung – viel zu spät, denn zu diesem Zeitpunkt war die erste große radioaktive Wolke längst über Hessen hinweggezogen. Als dann Holger Börner wenig später im Landtag eine Erklärung abgab, in der er feststellte, daß sich trotz Tschernobyl an der Atompolitik seiner Regierung nichts ändern werde, da hörte man von dem harten politischen Kämpfer Joschka kein Wort des Protests. Schweigend auf der Regierungsbank sitzend, nahm Fischer Börners Rede zur Kenntnis.

Das war selbst einigen treuen Realos zuviel, auch wenn sie es nicht wagten, ihren großen Zampano namentlich anzugreifen. Dietrich Wetzel, ehemaliges Mitglied der Spontiwählerinitiative und späterer Realobundestagsabgeordneter, empörte sich: »Die realpolitisch versessenen Grünen in Wiesbaden schweigen schimpfend und handeln durch Untätigkeit. Die Katastrophe ist nicht auszusitzen. Die Welt ist anders geworden nach Tschernobyl. Es gibt nur einen sinnvollen Katastrophenschutz, nämlich die Ursachen zu beseitigen. Das ist der Auftrag der Grünen: das Instrument der Koalition zu benutzen, um die Stillegung der AKWs zu erreichen.« Ansonsten müsse man sich ernsthaft fragen, ob man nicht besser aus der Regierung ausscheide. Denn, so meinte Wetzel nicht ohne Pathos: »Ein rot-grünes Bündnis hat nur so lange einen Sinn, wie es dem Leben dient.«

Von Joschka Fischer waren solche Töne nicht zu hören. Offensichtlich war das Bündnis in erster Linie dazu da, seine Ministerexistenz zu garantieren. Denn etwa im umgekehrten Verhältnis zu seinen »realpolitischen« Erfolgen steigerte sich seine Lust an dem, was er für Regieren hielt. Bereits im Bundestag hatte ihn ja der tägliche Umgang mit »den Verantwortlichen im Land« schwer begeistert. Jetzt freute sich Joschka jedesmal aufs neue, wenn er die Bekanntschaft von weiteren hochrangigen Persönlichkeiten machen durfte. Ein »echter Unternehmer von altem Schrot und Korn« etwa beeindruckte den aufgestiegenen Outcast »tief«, und mit dem Regierungspräsidenten der südhessischen Metropole Darmstadt plauderte es sich äußerst »angenehm«. Das ist bei diesem Mann besonders bemerkenswert, handelte es sich doch um den alten Intimfeind der Spontis, den ehemaligen Frankfurter Polizeipräsidenten Knut Müller. Hatte Joschka nicht zehn Jahre zuvor ihm und seiner Polizei faschistische Verhörmethoden – ähnlich denen in Chile unter Putschgeneral Pinochet – unterstellt? Und hatte Müller nicht nach der Meinhof-Demonstration 1976 im hessischen Fernsehen seinerseits auf das Foto des »Terroristen« Joseph Martin Fischer gedeutet und ihn dabei des versuchten Mordes an einem Polizisten beschuldigt? Sollte Müller da nicht versucht sein, einmal beim Herrn Minister unverbindlich nachzufragen, was damals wirklich geschehen war? Offenbar nicht, denn beruhigt konnte Joschka in sein Tagebuch notieren: »Es wird ein erfolgreiches Gespräch, vor allem was die Lösung aktueller Probleme im Hausmüllbereich betrifft ... Die Vergangenheit spielte keine Rolle.« Im Hausmüllbereich läßt sich eben manchmal mehr entsorgen, als man gemeinhin denkt.

Neben solchen hatte das Amt noch andere Vorteile. Und wenn es schon nicht der Umwelt diente, so doch wenigstens dem Umfang – und zwar des Ministerleibes. Ein »Mett- und Servelatwurst«-Essen mit Wirtschaftsminister Steger hier, ein kleines Besäufnis mit SPD-Staatssekretär Giani dort (»Trefflich läßt es sich mit ihm trinken...«): nach gut einem Jahr Regierungszeit war nicht mehr zu übersehen, daß sich Fischer in seiner Position ausgesprochen wohl fühlte. Und den Mitgliedern seiner Gang ging es mit ihren Posten und Pöstchen kaum anders, wie der *Spiegel* zu berichten wußte: »›Die haben alle‹, so ein leitender Beamter aus Joschka Fischers Umweltministerium, ›ein ausgesprochenes Versorgungsdenken‹. In Fischers Ministeretage, wo viele Alternative untergekrochen sind, ist die Geldanlage ein wichtiges Gesprächthema. Ein vielgehörter Satz, so ein Mitarbeiter: ›Mein Steuerberater rät mir, eine Immobilie zu kaufen.‹«

Angezahlte Eigentumswohnungen, leckere Mettwürste, angeregte Hausmüllplaudereien, die erste eigene Ökowaschmaschine, tiefe Eindrücke: All das, was sich die Spontiführer mühsam erkämpft hatten, sollte man jetzt aufgeben? Und das nur, weil irgendwo bei den Russen ein Atomkraftwerk hochgegangen war und sich dadurch selbst die eigenen Leute verrückt machen ließen? Dafür sollte man die Koalition riskieren? Ach was!

Eben deshalb setzte man nach Tschernobyl den Koalitionspartner auch nicht unter Druck, um ihn von seinem Atomkurs abzubringen. Statt dessen begann Fischers Gang mal wieder damit, den eigenen Anhang systematisch zu bearbeiten, um die Koalition auf keinen Fall zu gefährden.

Nachdem er sich vom ersten Schrecken erholt hatte, bediente sich Fischer zunächst einmal des Kunstgriffs, den er bis heute am besten beherrscht: Entschlossenheit zu simulieren, wo er keinesfalls zu handeln beabsichtigt. Derselbe Mann, der angesichts Börners Bekenntnis zur Atomenergie so hartnäckig geschwiegen hatte, formulierte zwei Wochen nach Tschernobyl plötzlich verwegen: »Meine Position ist stärker denn je, daß man die sofortige Stillegung aller Atomanlagen, also nicht nur der AKWs betreiben und fordern muß.« Dabei sekundierte Kumpel Cohn-Bendit, der in einem Artikel mit der radikal drängenden Überschrift »Aussteigen Abschalten Stillegen« seiner alten Gefolgschaft überraschend verkündete, »daß der Ausstieg aus der Atomenergie jetzt auch politisch machbar ist«. Nur wenig später schob wiederum Fischer eine Studie nach, in der er Experten, die sich mit der geheimnisvollen Atomenergie auskannten, nach Strich und Faden beweisen ließ, daß ein sofortiger Ausstieg nicht nur möglich, sondern auch unbedingt nötig sei. Denn, so »Energieminister« Fischer, »jetzt, nicht erst in grauer Zukunft gilt es, eine neue Energiepolitik einzuleiten«.

Damit die Regierung aber mit dieser Forderung nicht ernst machen mußte, ließ man das »jetzt« erst einmal verschieben. Bis Ende des Jahres, so beschloß die erste grüne Landesversammlung nach Tschernobyl im Juni 1986 mit großer Mehrheit, sollte die hessische Landesregierung sämtliche Atomanlagen stillegen. Andernfalls sei die rotgrüne Koalition definitiv zu beenden. Doch auch das war nur eine taktische Finte, der sich die Realos schon öfter bedient hatten, um die Basis sich austoben zu lassen. Joschka Fischer jedenfalls spekulierte darauf, daß seine Partei, wenn sich die radioaktiven Wolken erst einmal verzogen hatten, auf ihrem radikalen Beschluß genauso wenig beharren würde wie schon auf so vielen anderen Beschlüssen zuvor. Das mußte er den durch Tschernobyl ein wenig Verwirrten ja nicht gleich erzählen, sondern vielleicht erst ein gutes halbes Jahr später. Was er dann auch bereitwillig tat, als ihn Mitte Dezember 1986 ein Reporter der *Welt* noch einmal an den bevorstehenden Termin erinnerte und nachfragte, ob er denn demnächst das Beschlossene in die Tat umzusetzen gedenke. »Ich glaube nicht«, antwortete da Fischer, sich souverän mit seiner Partei in eins setzend, »daß Ihnen die hessischen Grünen diesen Gefallen tun werden. Ich werde dafür kämpfen, die Koalition fortzuführen bis zu den Neuwahlen.« Und die sollten erst im Herbst des nächsten Jahres stattfinden.

Um aber völlig sicherzugehen, daß zum Jahresende nicht doch mehr Grüne seinen Rücktritt forderten, als nach den bisherigen Erfahrungen zu erwarten war – wer weiß, vielleicht hatte die Strahlung ja doch irgend etwas Seltsames angerichtet? –, griff Fischer zu einem Mittel, zu dem Minister immer dann Zuflucht nehmen, wenn sie ihren eigenen, längst gefällten Entscheidungen höhere Weihen verleihen wollen: Er gab ein Gutachten in Auftrag.

Begutachtet werden sollten die Hanauer Atomanlagen, zu denen u. a. auch die bekannten Firmen ALKEM und NUKEM zählten. Man konnte davon ausgehen, daß das Gutachten die bereits bekannte Gefährlichkeit der Plutoniumfabriken bestätigen würde. So hätte Fischer sanften, aber nicht übertriebenen Druck auf die SPD ausüben und somit Punkte bei den Atomkraftgegnern sammeln können. Andererseits konnte noch einmal verbindlich festgestellt werden, daß er als Umweltminister keinerlei rechtliche Handhabe besaß, gegen die Atomfirmen vorzugehen. Damit wären sowohl der Handlungswille Fischers als auch seine effektive Machtlosigkeit bewiesen: ein gutes Argument gegenüber der Basis, um die Koalition und seinen Posten auch über den Jahreswechsel hinaus zu verteidigen.

Doch es kam alles ganz anders als erwartet. Das Gutachten stellte zu Fischers Überraschung fest, was die besserwisserischen Fundamentalisten schon immer vermutet hatten: ALKEM und NUKEM verfügten über keinerlei Genehmigung zur Plutoniumproduktion und waren völlig illegal errichtet worden. Das Betreiben dieser Anlagen war also nichts anderes als eine Straftat. Die hessische Landesregierung hätte beide Betriebe sofort stillegen müssen. Allerdings bestätigte der Gutachter, daß dafür allein der Wirtschafts- und Atomminister Steger zuständig war. Gleichzeitig aber entließ er Fischer nicht aus der Verantwortung: Der Umweltminister sei verpflichtet, auf seinen Ministerkollegen Druck auszuüben und ihn so zur Stillegung zu drängen.

Noch konnte Fischer es nicht ahnen, aber in diesem Moment war entgegen seiner ursprünglichen Absicht ein Prozeß ins Rollen gebracht worden, der schließlich mit dem Bruch der ersten rot-grünen Koalition in der Bundesrepublik enden sollte. Denn unmittelbar nach der Veröffentlichung des Gutachtens begann sich nun auch die Hanauer Staatsanwaltschaft für die Atomanlagen zu interessieren. Wegen »Beihilfe zum illegalen Betrieb einer Atomanlage« erhob sie im Oktober 1986 gegen die drei wichtigsten Atombeamten im Wirtschaftsministerium sowie gegen die Geschäftsführer der ALKEM Anklage. Etwa gleichzeitig meldete sich auch der Anwalt der Bürgerinitiative gegen die Hanauer Betriebe, der grüne Kreistagsabgeordnete Matthias Seipel, zu Wort. Er wies Joschka Fischer auf eine bisher übersehene Gesetzeslücke hin. Danach gebe das sogenannte »Immissionsrecht« dem Umweltminister genügend Handhabe, die gefährlichen Plutoniumfabriken zu schließen. Wenigstens aber sei Fischer »jetzt gezwungen, den Konflikt zu suchen, will er nicht selbst im Sumpf der Betriebe untergehen, und sei es durch die Drohung des Strafgesetzbuches, das auch den Tatbestand der Beihilfe zum illegalen Betrieb einer atomtechnischen Anlage durch Unterlassen kennt«.

Das hieß nichts anderes, als daß auch der erste grüne Umweltminister angeklagt werden konnte, gewissermaßen als Helfershelfer der Atommafia: eine Katastrophe nicht nur für ihn selbst, sondern für die ganze grüne Partei. Jetzt stand Fischer noch viel stärker unter Handlungsdruck als nach Tschernobyl. Denn selbstverständlich hatte Wirtschaftsminister Steger als engagierter Förderer der Atomkraft (bis zu seinem Eintritt in die Regierung Börner war er Mitarbeiter des »Deutschen Atomforums«, einer PR-Agentur der Atomindustrie) nicht die Absicht, der illegalen Plutoniumproduktion ein Ende zu machen. Doch Fischer ließ sich selbst durch eine drohende Anklage nicht schrecken. Er unternahm nichts, um die mittlerweile gefährlichsten Schwarzbauten der Republik dichtzumachen. Und auch von einem Konflikt mit der SPD war nichts zu spüren.

Da sich der Umweltminister offensichtlich alles gefallen ließ, ging sein Mettwurstspezi Steger gleich noch einen Schritt weiter. Gemeinsam mit Ministerpräsident Börner beschloß er, der ALKEM nachträglich eine Betriebserlaubnis für weitere zehn Jahre zu erteilen. Dies kündigte er am 8. Januar 1987 auf einer denkwürdigen Pressekonferenz erstmals vor Publikum an. Das war noch einmal ein eindeutiger Bruch des rot-grünen Koalitionsvertrags, und spätestens jetzt hätte Joschka lauthals und öffentlich protestieren müssen. Er tat es nur sehr unentschieden und verhalten und gab, um Zeit zu gewinnen, ein weiteres Gutachten in Auftrag.

Keine drei Jahre war es her, daß Tom Koenigs angekündigt hatte: »Wir dürfen ihr [der SPD, C. S.] keinen Schwindel, keine Verlade, keinen politischen Fehler nachsehen..., müssen sie parlamentarisch und außerparlamentarisch ständig belagern und berennen... Im Laufe der Legislaturperiode müssen wir erreichen, daß nicht wir die SPD tolerieren, sondern die SPD uns, unter uns leidet, zehnmal mehr als sie unter der FDP gelitten hat, denn bei uns geht es um Inhalte, nicht um Posten, das tut ihr weh, der SPD.« Das war vor dem Tolerierungsbündnis gewesen. Jetzt aber, in der Koalition, nahm Joschka Fischer jede Demütigung hin, jede Verletzung grüner Grundsätze durch die SPD. Nicht die Sozis ließ er leiden, sondern die grünen Parteimitglieder. Und das nur, weil er die Koalition und seinen Posten auf jeden Fall erhalten wollte: mindestens bis zur Bundestagswahl am 25. Januar 1987 (vielleicht würde es danach noch viel schönere, wichtigere Posten geben?), besser noch darüber hinaus, am liebsten aber für immer. Erst nach der für Rot-Grün wieder einmal erfolglos verlaufenen Bundestagswahl haute er in der üblichen Manier auf die Pauke. Um die Basis zu beschwichtigen, drohte er am 8. Februar 1987 auf einer grünen Landesversammlung seinen »letzten Rechenschaftsbericht« als Minister für den Fall an, daß die SPD bei ihrer ALKEM-Entscheidung blieb. Und da passierte es dann doch. Holger Börner interpretierte diese Rede als ernstgemeintes Rücktrittsangebot. Und da der Ministerpräsident eher zu konsequentem Handeln neigte als sein Umweltminister, wurde Joschka Fischer bereits am nächsten Tag gefeuert. Die Koalition war beendet.

So prompt Börner seine Entscheidung auch gefällt hatte, war sie doch letztlich kaum zu verstehen. Denn schließlich hatte Fischer während seiner Amtszeit mehr als einmal bewiesen, wie windelweich und bis zur Selbstverleugnung anpassungsbereit er war. Hatte er nicht bereits vor Regierungsantritt die NUKEM-Genehmigung akzeptiert? Hatte er nicht in den vergangenen kritischen Monaten stillgehalten? Und hatte er nicht den Beschluß seiner Partei zur Koalitionsauflösung zum Jahresende souverän ignoriert? Ziemlich sicher hätte er auch Stegers ALKEM-Entscheidung geschluckt. Jetzt aber erlaubte es Börners fristlose Kündigung den Realos, diese Behauptung als Unterstellung zurückzuweisen. Um Fischers Opportunismus vergessen zu machen und sein Image gegenüber der eigenen Basis aufzupolieren, wurde verbreitet, Joschka Fischer habe selbst geplant, der unseligen Atomkoalition ein Ende zu machen. Börner sei ihm nur zuvorgekommen.

Auch wenn Fischer bis heute versucht, diese Version aufrechtzuerhalten (»Ich habe eine Koalition in Hessen beendet«, erzählte er in der Talk-Show »Sabine Christiansen« noch im Januar 1998), ist sie eindeutig falsch: Führende SPD-Politiker, unter ihnen Fischers Interimsnachfolger Armin Clauss, enthüllten einige Zeit nach dem

Bruch, daß Fischer und seine Leute im Umweltministerium bereits lange vor Stegers spektakulärer Pressekonferenz am 8. Januar über dessen ALKEM-Genehmigungspläne informiert waren. Sie hätten aber nicht nur beim Koalitionspartner keinen Einspruch dagegen eingelegt, sondern – wie ein Aktenvermerk von Büroleiter Tom Koenigs zeige – sogar noch ihre Zustimmung signalisiert. In einem ausführlichen Papier, das ein Jahr nach dem Koalitionsbruch als Beilage zur grünen Parteizeitung *stichwort: grün* erschien, wies Fischer diese Enthüllungen zwar als »Märchen vom verschwiegenen inneren Widerstand gegen den Hanauer Nuklearsumpf« empört zurück. Dabei kaprizierte er sich hauptsächlich darauf zu beweisen, daß die SPD ihm, dem Umweltminister, vor Stegers Konferenz kein Wörtchen über ihre infamen Pläne verraten hatte, sondern ihn weiter davon ausgehen ließ, daß ALKEM getreu des Koalitionsvertrages nicht genehmigt werden würde. Und so habe er, Fischer, erst am 8. Januar von der ganzen »Verlade« erfahren und darauf in angemessener Zeit mit seiner Rede reagiert. Doch bei seiner ganzen Widerlegerei stellte sich Joschka so übergeschickt an, daß er am Ende mehr sich selbst widerlegte als die vorgeblichen Verleumder von der SPD.

Liest man nämlich sein Papier genau, erfährt man, daß der angeblich so schlecht informierte grüne Minister allerspätestens am 10. Dezember 1986, also fast einen Monat vor Stegers Pressekonferenz, über die Absichten des durchtriebenen Koalitionspartners Bescheid gewußt haben muß. An diesem Tag erschien anläßlich einer großen Anfrage der Grünen über die »Illegale Plutoniumverarbeitung in Hanau« als Bundestagsdrucksache ein Entschließungsantrag der SPD-Bundestagsfraktion, in dem bereits die angeblich so hochgeheime Stegersche ALKEM-Genehmigung in fast allen Details vorformuliert worden war. Warum aber bekam der hessische Umweltminister davon nichts mit? Schuld daran war der Weihnachtsmann! Denn, so Joschka Fischers brillantes Plädoyer in eigener Sache, »damals zwischen Nikolaus und Christkind, an jenem 10. Dezember 1986, hatte keiner richtig nachgelesen in Bonn«. Einen Antrag der SPD zu einer Anfrage der Grünen? Zum seit Monaten wohl wichtigsten Koalitionsthema in Hessen? Den sollte kein Grüner gelesen haben?

Nein, Fischer war über ALKEM bestens informiert – die Genehmigungspläne existierten seit November 1986 – und schwieg, weil er nur zu gerne weiter den dicken Joschka in der Landeshauptstadt Wiesbaden markiert hätte. Dazu war er selbst dann noch fest entschlossen, als nach Stegers Pressekonferenz am 8. Januar alle Fakten auf dem Tisch lagen. Wer wollte, konnte das dem *PflasterStrand* entnehmen, in dem noch am 24. Januar 1987 rhetorisch gefragt wurde: »Ist es aber ratsam, das rot-grüne Zweckbündnis in dem Jahr aufzukündigen, in dem erstmals der Wähler sein Urteil abgibt? Wäre es nicht sinnvoller, mit einer behutsamen Argumentation die Grenzen der Landespolitik darzustellen und das eigentliche der Grünen an dieser Politik zu zeigen, das ja darin besteht, als ›unverläßlicher‹ Partner Probleme und Streitpunkte aufrechtzuerhalten, die der einfältige Senior, der auf ›Erfolg‹ spekuliert, gerne unter den Tisch kehren würde?« Und gleich in der nächsten Ausgabe (vom 7. Februar, also zwei Tage bevor Fischer den Dienst quittieren mußte) nannte es ein Realoaktivist einen »Schildbürgerstreich«, wenn die Koalition nun an Stegers Bescheid zerbräche. Wer sich erinnert, wie das Blatt in der Vergangenheit als offizielles Sprachrohr der Grünen in der Regierung fungiert hatte, kann hier unschwer den Beginn einer neuen Propagandaoffensive erkennen, mit der die grüne Basis »behutsam« auf das beabsichtigte Durchhalten der Koalition eingeschworen werden sollte.

Die Grünen als Kinderpartei, die den alten, blöden Brummbär SPD mit flotten Ökosprüchen ab und zu ein bißchen ärgerte, sonst aber nolens volens allem zustimmte, was ihr vorgelegt wurde: So hatte es Fischer die ganze Regierungszeit gehalten, so hatte er weitermachen wollen, auch nach seiner vorgeblichen »Rücktrittsrede«. Daß daraus nichts wurde, lag nicht an ihm, sondern an Holger Börners letztlich unnötiger Entscheidung.

Die aber war für Joschka und seine grünen Realos ein großes Glück. Denn hätten sie die Koalition fortgesetzt, hätte sich wohl am Ende allzu deutlich gezeigt, daß von den vor einem guten Jahr versprochenen realpolitischen Erfolgen nichts eingelöst worden war. So konnte Fischer nun einerseits behaupten, die Grünen hätten zu wenig Zeit gehabt, um tatsächlich handfeste Ergebnisse erzielen zu können, andererseits darauf verweisen, daß auch Realos nur bis zu einem gewissen Grad zu Kompromissen bereit seien. Im heroischen Originalton klang das so: »Börner wollte uns integrieren. Mit der Integration ist es nichts geworden, im Gegenteil. Wie damals an der Startbahn auf Wasserwerferdistanz, so sitzen wir uns heute auf Tischdistanz gegenüber, unbeugsam, keinen Millimeter Spielraum gebend.«

Diese Legende setzte sich durch. Wieso man allerdings trotz dieser Unbeugsamkeit und ob der »völligen Zerrüttung des Vertrauens innerhalb der Koalition durch Börner und Steger« (Fischer) die Koalition auch in der nächsten Legislaturperiode unbedingt fortsetzen wollte, fragte sich offenbar nur eine Minderheit. Und so wurden die vorgezogenen Neuwahlen zum hessischen Landtag im April 1987 für den stählernen Joschka und seine Grünen zum Triumph. Die Partei erreichte fast 10% der Stimmen und damit das beste Ergebnis in einem Flächenbundesland seit Gründung der Partei. Die SPD aber büßte massiv Stimmen ein. Für die nächsten vier Jahre stellte eine

Koalition aus CDU und FDP die Regierung, mit der denkbar knappsten Mehrheit von nur einer einzigen Stimme im Parlament.

Die Realos waren schrecklich enttäuscht: »Furchtbar« und »deprimierend« fand es Fischer, daß er sich nun nicht mehr von der SPD über den Tisch ziehen lassen durfte. Und Daniel Cohn-Bendit litt so sehr an dem Wahlergebnis, daß er in einen seiner typischen Metaphernkrämpfe verfiel: »Heute schmerzt uns der Verlust der rot-grünen wilden Ehe und droht, unsere politische Phantasie zu lähmen.« Das mochte wohl sein, denn beide begriffen nicht, wieviel Glück sie mit dem Wahlergebnis gehabt hatten. Nichts sprach dafür, daß Fischer und seine Kumpane in einer zweiten rot-grünen Koalition erfolgreicher gewesen wären als in der ersten. Das aber hätte das Ende vieler so steiler politischer Karrieren bedeuten können, denn für ein zweites grünes Regierungsdesaster war die Zeit noch nicht reif.

Voll auf Regieren

Nach der verlorenen Hessenwahl saßen die Grünen im Wiesbadener Landtag zusammen mit der abgewählten SPD in der Opposition. Joschka Fischer fand daran keinen Gefallen, obwohl er immerhin sofort zum Vorsitzenden seiner Fraktion gewählt wurde. Natürlich war auch das Dasein eines Fraktionsvorsitzenden nicht ohne. Immerhin konnte man weiter Reden schwingen, Leute herumscheuchen und sich in Maßen dicke tun. Doch für das Echte war das kein Ersatz. Nein, Joschka wollte jetzt nur noch eins: regieren, regieren, regieren ...

Und zwar nicht mehr irgendwo in der Provinz, das hatte er schließlich hinter sich, sondern dort, wo die ganz große Politik gemacht wurde, in Bonn. 1991 standen die nächsten Bundestagswahlen an. Und bis dahin wollte Fischer die Zeit, die er jetzt als Führer einer Oppositionsfraktion hatte, dazu nutzen, seine Partei für eine rot-grüne Koalition auf Bundesebene fit zu machen. Je früher er damit anfing, so dachte er sich, desto besser. Und deshalb diktierte der große Stratege seiner Partei schon im August 1987 das neue Thema ins Aufgabenbuch: »Politik denken unter dem Gesichtspunkt der Regierungsmacht.«

Praktisch bedeutete das für die Realos, daß sie zunächst einmal diejenigen ausschalten mußten, die sich an diesem Denkprozeß nicht beteiligen wollten: die verhaßten Fundamentalisten und Ökosozialisten. In Hessen war das schon längst gelungen. Nach der Regierungsübernahme wurde hier auf kaltem Weg das durchgesetzt, worüber sich anläßlich der 85er-Kommunalwahl der Dany und der Joschka noch so sinnlos zerstritten hatten: das Niederstimmen und Hinausdrängen der radikalen Ökologen. Nach Joschkas Amtsantritt bekamen sie einfach keine Posten mehr und kein Mandat. Am Anfang verstieß man dafür noch gegen das grüne Parteiprogramm. So wurde einem fundamentalistischen Nachrücker das ihm zustehende Mandat verweigert mit der Begründung, andernfalls sei die rot-realogrüne Parlamentsmehrheit gefährdet. Später strich man den Minderheitenschutz aus dem Parteiprogramm und die Rotation gleich dazu. Damit war das Hinaussäubern der Fundis legalisiert. Weder auf der hessischen Landesliste für den Bundestag noch für den Landtag wurden Mitglieder des gegnerischen Flügels nominiert, so daß Joschka nach den Neuwahlen in Wiesbaden nur noch von Realogetreuen umgeben war. (U. a. auch von Gangmitglied Georg Dick, der damit gleich schon wieder versorgt wurde.)

In der Bundespartei allerdings ließ sich eine solche Säuberungsaktion nicht so leicht bewerkstelligen, denn hier dominierten die Radikalen. Zudem stellte das feindliche Lager gleich die komplette Parteispitze. Ausgerechnet der Ökosozialist Christian Schmidt (mit dem Autor nicht verwandt noch bekannt), die radikale Feministin Regina Michalik und die Erzgegnerin der Frankfurter Realos, Jutta Ditfurth, wurden direkt nach der hessischen Landtagswahl in den Bundesvorstand gewählt. Die Realos, in den ersten Jahren eine rein hessische Erscheinung, waren im Bund eine kleine, verschwindende Minderheit.

Dies waren die Spontis jedoch auch in Hessen einmal gewesen, und so sah der Boß der Realogang vorerst keinen Grund zum Resignieren. Um die Regierungslinie der Realos bundesweit durchzusetzen, versuchte er es zunächst einmal mit Argumenten. Joschka behauptete zum Beispiel, »ohne den Machtfaktor Mehrheitsbeschaffung droht der Abmarsch der Partei ins selbstgewählte Getto der reinen radikalen Lehre und der praktischen Wirkungslosigkeit«. Natürlich stimmte das nicht. In Hessen hatten die Grünen zu der Zeit, als sie sich noch auf den außerparlamentarischen Widerstand stützten, mehr erreicht als Umweltminister Fischer in seiner ganzen Amtszeit. Verhindert wurden z. B. eine ganze Reihe von umweltzerstörenden Großprojekten wie etwa eine Wiederaufarbeitungsanlage in Nordhessen, ein dritter AKW-Block in Biblis oder eine Großtalsperre im Taunus. Und so verfing diese Drohung bei der grünen Basis nicht. Auch seiner These, »bei fundamentalen und ›systemüberwindenden‹ Extravaganzen ... halbieren sich die Wähler«, wollte niemand so recht folgen.

Da man so offensichtlich nicht weiterkam, überlegte das Realolager im ersten Halbjahr 1988 intensiv, ob es nicht einen anderen Weg gab, den Fundis beizukommen. Gute alte Bekannte überlegten mit, wie z. B. der ehemalige *PflasterStrand*-Redakteur Matthias Horx. In seinem neuen Blatt, dem »Zeitgeistmagazin« *Tempo*, stellte er im Januar einen »teuflischen Plan« vor, wie man »die Fundis rausekeln« könnte: Dazu böten sich entweder »der offene Rausschmiß«, »die leise Kaltstellung« oder »die Zermürbungstaktik« an. Die zweite Option lobte Horx ganz besonders, weil die bereits erfolgreich praktiziert werde: »In Hessen behauptet sich der harte Kern der Realo-Truppe um Joschka Fischer, Tom Koenigs und Daniel Cohn-Bendit mit Raffinesse und Tücke. Kunststück: in den 70er Jahren haben sie genügend Erfahrung im Ausbooten von K-Gruppen gesammelt.« Für die Bundespartei wußte aber auch er keinen Rat, denn »einen Thomas Ebermann könnte man allenfalls mit Dynamit aus der Partei sprengen. Und Jutta Ditfurth ist sowieso die Margret Thatcher der Grünen: eisern und unbeugsam.«

Das wußte auch Joschka Fischer, der darob immer griesgrämiger wurde. Schien es ihm langsam doch so, als müsse er in Wiesbaden versauern. Über Fischers Stimmungstief berichtete ein anonymer Parteifreund im Grünen-Organ *stichwort: grün*. »Joschka zieht als beleidigte Leberwurst durch den Landtag ... Er kann sich noch nicht einmal freuen, wenn ihn einer anlacht.«

Dann aber wurde, gerade noch rechtzeitig, das passende Antidepressivum gefunden. Kurz nachdem die Fundis im Juni 1988 auf einem grünen Perspektivenkongreß noch einmal über die Realos gesiegt hatten, fanden sich auf wundersame Weise gleich mehrere Ankläger, welche die führenden Fundamentalisten der Korruption bezichtigten. Realofeind Manfred Zieran erhielt eine anonyme Anzeige, weil er angeblich zu Unrecht mehrmals hintereinander 550 DM aus der Parteikasse bezogen habe, insgesamt 8800 DM. Gleich dem ganzen grünen Bundesvorstand wurde vorgeworfen, sich im Verlauf von Renovierungsarbeiten an der Bonner Parteizentrale »Haus

Wittgenstein« der »persönlichen Bereicherungen« und der »Nötigung zur Steuerhinterziehung« schuldig gemacht sowie sich dabei – darunter ging es nicht – »stalinistischer Strukturen« bedient zu haben. Und der *PflasterStrand* konnte sogar exklusiv einen fundamentalistischen Finanzskandal vermelden: Drei radikalökologische Gauner, unter ihnen auch Manfred Zieran, seien nach einer Sitzung des Landeshauptausschusses dem hessischen Landesverband das Entgelt für zwei Übernachtungen und dreimal Saunabenutzung in einer Odenwälder Pension schuldig geblieben, immerhin zweimal 30 DM sowie dreimal sieben DM. Zweifellos ein Kapitalverbrechen.

Das kam den Realos mehr als recht. Selbst Daniel Cohn-Bendit flossen da Wörter wie »alltägliche Selbstbedienung einzelner Vorstandspersonen« und »heuchlerisch-penetrante Doppelmoral« wie von selbst in die Schreibmaschine, obwohl die Beschuldigten die Vorwürfe zügig und plausibel widerlegen konnten. Fast ein halbes Jahr dauerte diese Kampagne. Und sie hatte dann schließlich den gewünschten Erfolg. Im Dezember 1988 wurde der ökosozialistisch-fundamentalistische Bundesvorstand um Jutta Ditfurth auf einem Bundesparteitag der Grünen in Karlsruhe abgewählt. Endlich konnte Joschka Fischer wieder lachen, auch wenn es anders aussah. Fischer sei den Tränen nahe gewesen, berichtete der *stichwort: grün*-Reporter, als es am Ende des Parteitages aus ihm herausjubilierte: »Seit fünf Jahren habe ich die erste Wahl gewonnen.«

Erst ein Jahr später wurde den abservierten Bundesvorstandsmitgliedern durch unabhängige Wirtschaftsprüfer bestätigt, daß die Vorwürfe gegen sie weitestgehend aus der Luft gegriffen waren. Unterschlagungen und Selbstbereicherungen konnten genauso wenig festgestellt werden wie irgendwelche Fehlbeträge in der Kasse. Nur bei der Buchhaltung seien Fehler gemacht worden, doch das auch schon in den Jahren zuvor, als der radikale Bundesvorstand noch gar nicht im Amt war. Die sonst eher realofreundliche *taz* kommentierte damals: »Die Umstände des Bauprojekts wurden von den Realos vor allem deshalb zum Skandal erklärt, weil man sich nicht mehr anders zu helfen wußte. So wurde Wittgenstein zum Hebel, um eine die Partei lähmende Frontstellung aufzubrechen und neue Mehrheiten zu erringen, die in der politischen Debatte nicht zu erzielen waren. Die Rechnung ging auf... Zugleich bereicherte die Affäre das Instrumentarium der Grünen um das Mittel der Intrige.« Auch die Anschuldigungen gegen Manfred Zieran erwiesen sich als haltlos. Die Staatsanwaltschaft weigerte sich, die anonyme Anzeige weiterzuverfolgen und Anklage zu erheben.

Blieb die Summe von 81 DM aus der Pensionsprellerei im Odenwald. Doch selbst wenn die drei fundamentalistischen Kapitalverbrecher hier gefehlt haben sollten – was sie bestritten –, standen diesem Betrag 130 000 DM gegenüber, die Joschka Fischer nach Beendigung seiner Ministerkarriere als »Übergangsgeld« erhalten hatte. Völlig legal, versteht sich, obwohl nichts finanziell zu überbrücken war, denn als Fraktionsvorsitzender erhielt er unmittelbar darauf die doppelten Abgeordnetenbezüge. Davon las man allerdings seinerzeit nichts in der Realopresse, sondern erfuhr es erst zwei Jahre später aus der *FAZ*.

So wurde der Sturz des radikalen Bundesvorstandes in Karlsruhe zu einem der wichtigsten Erfolge der Realos, wenn sie auch selbst noch nicht die totale Befehlsgewalt bei den Grünen übernehmen konnten. Doch ließen sich Ökosozialisten und radikale Ökologen nun Schritt für Schritt aus der Partei drängen. Allerdings wimmelte es im grünen Parteiprogramm immer noch von inhaltlichen

Forderungen, die einer Regierungsbeteiligung entgegenstanden. Wie erfreulich für die ehemaligen Spontis, daß ihnen ihr alter Feind Karsten Voigt wegen zurückliegender Beschimpfungen schon lange nicht mehr gram war, sondern sie bereits im Juli 1986 in den *Frankfurter Heften* fürsorglich darauf hingewiesen hatte, um was sie sich zuerst zu kümmern hätten: »Erst wenn die GRÜNEN ihr prinzipielles NEIN zu einer jeden auch militärisch abgestützten Sicherheitspolitik..., ihre Fixierung auf eine Strategie der einseitigen Abrüstung und ihre Forderung nach einem NATO-Austritt aufzugeben bereit sind, kann es für die Sozialdemokraten wirklich interessant werden, die Kompromißfähigkeit der GRÜNEN auf Bundesebene im einzelnen auszuloten.«

Wenn es weiter nichts war, was die Sozis verlangten, muß sich Joschka Fischer da wohl gedacht haben, und startete im August 1987 eine Kampagne – »mehr zufällig als strategisch geplant«, wie Mitstreiter Cohn-Bendit dem Realoanhang weismachen wollte –, die darauf zielte, die Forderung nach Auflösung der Militärblöcke und einem Austritt der Bundesrepublik aus der NATO aus dem grünen Parteiprogramm zu streichen. Auch sonst warfen die Realos jetzt Stück für Stück alles über Bord, was beim Regieren nicht zu gebrauchen war. Der sofortige Ausstieg aus der Atomenergie, nach Tschernobyl noch als absolut nötig und durchaus jederzeit machbar befunden, konnte ihrer Überzeugung nach ein wenig verschoben werden. Und das Problem, das die Spontis einmal mit dem »kapitalistischen System« gehabt hatten, erledigte sich langsam wie von selbst. Schon 1985 hatte Cohn-Bendit befunden, Kapitalismus sei nicht »per se« verwerflich, nur die mit ihm leider verbundenen Ungerechtigkeiten (während Fischer, wie üblich hinterhertrottend, selbst in seinem Ministertagebuch vom »Immer-noch-Kapitalismus« gesprochen hatte, dem wohl irgend etwas anderes zu folgen habe). Zwei Jahre später aber begriff auch der Langsamere von beiden, was man schreiben mußte, wenn hierzulande ernsthaft regiert werden sollte: »Die zentrale Frage des 19. Jahrhunderts«, erklärte Fischer 1989 in seinem Buch »Der Umbau der Industriegesellschaft« sei »wohl definitiv entschieden: Der Kapitalismus hat gewonnen, der Sozialismus verloren.« Damit habe das kapitalistische System »die ganze und alleinige Verantwortung für die Erhaltung des Ökosystems Erde übernommen«.

Was dem Ökosystem Fischer-Gang jetzt noch fehlte, war eine neue Koalition, um ihre deutlich erweiterte allgemeine Regierungsreife unter Beweis stellen zu können. Denn der Bruch des rot-grünen Bündnisses auf Landesebene hatte ihnen zwar unter ihren Anhängern genutzt, aber sicher nicht beim rechten Flügel der SPD. Der sah sich einmal mehr in seiner Überzeugung bestätigt, daß Rot-Grün letztlich doch Chaos bedeutet. Hier und auch anderswo hielt man die Realos absurderweise immer noch für verkappte Staatsfeinde, die lediglich vorübergehend Kreide gefressen hatten, um ihre umstürzlerischen Absichten zu tarnen. Wo aber ließ sich der Beweis für das Gegenteil besser erbringen als in Frankfurt, der Stadt, in der die Spontis tatsächlich einmal den Aufstand geprobt hatten?

Hier hatte bereits 1986 Daniel Cohn-Bendit aus experimentellen Gründen für das Amt des Oberbürgermeisters kandidiert. Schon damals lautete seine Begründung, »daß die gesellschaftliche Akzeptanz der Grünen sich erhöhen wird, wenn sie zeigen, daß sie auch Regionen und vor allem Großstädte mitverwalten. Erst wenn diese Akzeptanz der Grünen sich erhöhen wird, wird eine rot-grüne Koalition auf Länderebene oder im Bund als etwas Mögliches erscheinen.« Die Großstadt, so »der Dany«, sei schließlich für ihn so etwas wie ein »Laboratorium«, ein »Rahmen, um Lebensentwürfe und Experimente zu ermöglichen, sei (!) sie noch so unstet, noch so avantgardistisch, so nervös, auch wenn dann eine wohlverdiente Ruhe und Gemütlichkeit erst erkämpft werden muß«. Allein an diesen radebrechenden Ausführungen war für jedermann bereits erkennbar, daß für Cohn-Bendit die Stadt immer nur ein *Laber*atorium bleiben würde. Und selbstverständlich hatte damals der justament selbsternannte Kämpfer für Ruhe und Gemütlichkeit keine Chance, vom Magistrat, in dem CDU und FDP dominierten, auch wirklich gewählt zu werden – für einen solchen Fall hätten die Realos sicherlich jemand anderen aufgestellt.

Als 1989 in Frankfurt am Main ein neues Kommunalparlament gewählt wurde, war es denn auch nicht Cohn-Bendit, der an der Spitze der nunmehr reinen Realoliste der Grünen stand, sondern Fischers zuverlässigster Mann, Tom Koenigs. Von ihm versprach man sich, daß er tatsächlich in der Lage sein würde, im Falle einer rot-grünen Mehrheit der Frankfurter Stadtpolitik einen eindeutigen Realostempel aufzudrücken – und damit nicht nur für die Erhöhung der allgemeinen gesellschaftlichen Akzeptanz der Grünen zu sorgen, sondern vor allem der SPD gerade rechtzeitig vor dem entscheidenden Termin die absolute Bundesregierungstauglichkeit der Grünen zu demonstrieren. Keiner unter den Frankfurter Alt-Spontis war für dieses zweite realogrüne Pilotprojekt geeigneter als er.

Die Beamtenseele

Wäre die Fischer-Gang ein eingetragener Verein, dann hätte Joschka Fischer das Amt des Vorsitzenden inne, und Daniel Cohn-Bendit oblägen die Aufgaben einer Betriebsnudel bzw. die der obligatorischen Stimmungskanone. Tom Koenigs aber besetzte sicherlich den Posten des Schriftführers und Kassenwarts.

Wie Joschka Fischer und die Mehrzahl der anderen Clan-Mitglieder ist auch Koenigs, dessen Vorname eigentlich Thomas lautet, kein gebürtiger Frankfurter. Der Sohn einer alteingesessenen Kölner Bankiersfamilie (sein Vater gehörte zu den Mitbegründern der Deutschen Bank) wurde am 25. Januar 1944 in Damm/Pommern geboren. 1945 floh seine Familie vor der vorrückenden Roten Armee in den Westen, wo Koenigs im rheinischen Oberbreisig aufwuchs. Anders als bei seinen späteren Mitstreitern verlief sein erster Lebensabschnitt in äußerst geregelten Bahnen. Koenigs machte sein Abitur in Essen und anschließend in Düren eine Lehre in einer Bank, die von seinem Onkel geleitet wurde. Wie es sich gehörte, leistete er seinen Wehrdienst ab und brachte es gar zum Offizier der Reserve. 1966 begann er dann ein Betriebswirtschaftsstudium in Berlin, das er nach nur drei Jahren mit Auszeichnung abschloß.

»Tief angerührt« (Koenigs) durch den Tod Benno Ohnesorgs stieß er dort 1967 zur Studentenbewegung. Um 1968 wurde er Mitglied in einer der vielen »Roten Zellen«, 1972 verließ er Berlin und zog nach Frankfurt. Hier schloß er sich sofort dem Revolutionären Kampf an, der ihn zunächst für sechzehn Monate als Schweißer zu Opel ans Band schickte. Anders als Fischer, der zur selben Zeit bei Opel arbeitete, und anders als Cohn-Bendit sowieso, fiel er in der Organisation nicht durch große Führerposen oder radikales Gebaren auf. Auch in seinen Berliner Jahren hatte er sich eher im Hintergrund gehalten. Später, als ein solches Verhalten schon biographische Pluspunkte einbrachte, vermeldete Koenigs der Nachwelt: »Verschiedentlich ist mir mein Harmoniestreben in den revolutionären Zirkeln der Studentenbewegung als zutiefst unpolitisches Verhalten vorgeworfen worden. Opportunismus, Revisionismus und Reformismus wurden zu meiner Charakterisierung bemüht.«

Nur einmal sollte der harmoniesüchtige Revoluzzer aus der Mitläuferrolle fallen. Anfang der Siebziger, so behauptet er, habe er sein Millionenerbe dem Vietcong geschenkt. Allerdings kursieren sowohl über die Höhe der Summe, als auch über Zeitpunkt und Ort der Geldübergabe die unterschiedlichsten Angaben – mal sind es zwischen 40 000 und 40 Millionen DM, mal zwischen 500 000 und fünf Millionen, mal soll das Geld 1972, mal 1973 übergeben worden sein, mal will er das ganze Vermögen gespendet haben, mal nur die Hälfte und den Rest später der chilenischen Widerstandsbewegung MIR –, so daß der Wahrheitsgehalt dieser generösen Tat nicht überprüfbar ist. Bis heute weigert sich Koenigs standhaft, präzise Auskünfte über die Höhe seiner »Millionenspende« zu geben (»das ist doch irrelevant«), was die Sache nicht gerade unverdächtiger macht. Dennoch wird sie immer wieder gerne zu seiner Charakterisierung herangezogen (»ließ sich vor Jahren sein Erbe vorzeitig auszahlen und spendete es dem Vietcong«, *Spiegel*, 1985; »der einst sein Millionenerbe dem Vietcong auslieferte«, *Spiegel*, 1993), weil es sonst nicht allzuviel Glamouröses aus Koenigs Leben zu berichten gibt.

Während des großen Frankfurter Häuserkampfes mischte er wohl auch in Joschkas Putzgruppe mit; stolz rühmte er sich später »kräftiger Straßenkämpfe«. Bald aber verlagerte sich das Schwergewicht seiner Aktivitäten auf internationale Themen. Koenigs engagierte sich für den chilenischen Widerstand, der gegen das Militärregime kämpfte, welches 1974 die Volksfrontregierung Allendes gestürzt hatte. Er organisierte Demonstrationen und Solidaritätsveranstaltungen, die hauptsächlich deshalb in Erinnerung blieben, weil der penible Revolutionär die Veranstaltungsorte nicht spontigemäß kahl ließ, sondern sie mit sorgsam bemalten Transparenten dekorierte – ganz im Stil der gegnerischen, ebenso ordnungsversessenen K-Gruppen.

In dieser Zeit wurde auch seine Beziehung zu Joschka Fischer enger. Zunächst wohnte Koenigs gemeinsam mit ihm, Matthias Beltz und anderen in einer Wohngemeinschaft im noblen Frankfurter Holzhausenviertel. Wenig später zogen Tom und Joschka in eine WG jenseits des Mains; hier stießen Johnny Klinke, Ralf Scheffler und Raoul Kompania, den Koenigs bereits aus seinen Berliner Tagen kannte, zu den alten Genossen. Es war jene Spontiepoche, als aus den Revolutionären Kämpfern alternative Taxifahrer wurden. Auch Koenigs machte den für Taxifahrer obligatorischen »P-Schein« und hatte, wie Joschka, hinterm Steuer prompt sein erstes real-, bezeichnenderweise auch gleich lokalpolitisches Erweckungserlebnis: »Nie war ich näher am Nerv dieser Stadt. Dies Teil-Sein der pulsierenden Stadt, ungebrochen funktionierender Teil, das hat mich mit Frankfurt verbunden.«

Bevor aber das Teilchen Tom auch im großen politischen Räderwerk wie geschmiert funktionieren durfte, sollte es noch ein Weilchen dauern. Koenigs marschierte bei den großen Anti-Atomkraft-Demos in Brokdorf und anderswo mit. Oder er sorgte zusammen mit dem harten Kern von Joschkas Gang in der »Batschkapp« für Ordnung. Und er reiste viel, überführte Lkws in den Nahen Osten, fuhr in die Mongolei und immer wieder für einige Monate nach Lateinamerika – alles ausnahmsweise ohne

Fischer. Daheim in Frankfurt aber fand man ihn bald wieder an der Seite des alten Spontistrategen. Als Fischer Anfang der Achtziger im Keller der Szenezentrale Karl-Marx-Buchhandlung sein Antiquariat aufmachte, übernahm Koenigs – was sonst? – die Buchhaltung des Ladens.

Aber auch mit Daniel Cohn-Bendit verbindet ihn etwas, nämlich die Liebe zum schriftlich formulierten Stuß. Zwar liest man allenthalben, Koenigs sei ein brillanter Übersetzer lateinamerikanischer Autoren, weshalb er auch als literarischer Feingeist unter den Frankfurter Alt-Spontis gehandelt wurde. Dies freilich will man nicht mehr glauben, wenn man einmal seine eigenen journalistischen oder feuilletonistischen Versuche zu Gesicht bekommen hat. Über einen seiner Lieblingsautoren schrieb Koenigs zum Beispiel: »Etwas bösartig verüble ich Vargas Llosa seine politischen Ansichten.« Und – eher gutartig bejubelt – über das Hemingway-Fragment »Garden of Eden«: »Herrlich, Mann Hemingway von oben bis unten. Und immer wieder making love, drinks und nacktes Baden im Meer, an der Côte d'Azur gebräunte Haut und blondes Haar über Schultern und Brüste.« Noch schrecklicher aber klang es, wenn sich der Autor am lockeren Wortspiel versuchte: »Ist das Feuer des Kampfes um die Mehrheit diesseits der Union denn schon wieder abgeBRANDT?« fragte er neckisch die SPD und machte sie gleichzeitig darauf aufmerksam, daß ihre kommunalpolitischen Vorstellungen ihn an das Angebot in »Hauffburgers Schnellimbiß« erinnerten. »Es ist Wildnis außen und noch mehr in mir drin«, schreibt er an anderer Stelle überaus passend.

Und so stand denn auch Tom Koenigs zu Beginn der achtziger Jahre am Anfang einer vielversprechenden Karriere als noch unentdeckter Autor, schlechtbezahlter Übersetzer, Rucksacktourist, Taxifahrer und Nebenerwerbsrechenschieber in einem alternativen Buchladen – als gerade noch rechtzeitig die Grünen gegründet wurden. Freilich interessierte auch ihn die Partei erst, als sie seinen alten Feldherrn Joschka 1983 als Bundestagskandidaten aufstellte. Danach startete Koenigs durch und wurde bald zu Fischers wichtigstem Mann bei der Eroberung der hessischen Grünen. Von Anfang an versuchte er systematisch, an Posten und Positionen zu gelangen. Schon gut drei Monate nach seinem Beitritt bewarb er sich um ein Landtagsmandat, landete aber weit abgeschlagen auf einem hinteren Listenplatz. Im September 1983 hatte er bereits mehr Erfolg: Als Quotenrealo wurde Koenigs in den dreiköpfigen Kreisvorstand der Frankfurter Grünen gewählt. Nur einen Monat später stellte ihn die grüne Landtagsgruppe als Haushaltsexperten ein, gegen den Einspruch des höchsten Kontrollorgans der Partei, des Landeshauptausschusses, der bei dieser Entscheidung satzungswidrig übergangen wurde.

Damit hatte er eine Position ergattert, die der Fischer-Gang einen enormen Einfluß in der Landespolitik sicherte. Koenigs bestimmte nunmehr, in enger Absprache mit Fischer, den Kurs der Fraktion. Und da er auch bei den späteren Tolerierungs- und Koalitionsverhandlungen mit der SPD einer der maßgeblichen Verhandlungsführer der Grünen war, verhandelte der Boß der Gang indirekt immer mit. Und so war es Koenigs, der Fischer schließlich den Weg zum Ministeramt ebnete; dieser machte ihn dafür zum Leiter seines Wiesbadener Büros. Gleichzeitig gehörte Koenigs seit der Kommunalwahl im März 1985 als Abgeordneter dem Frankfurter Stadtparlament an; dort führte er als Chef des Realoflügels einen Kleinkrieg gegen die verbliebenen fundamentalistischen Stadtverordneten.

Nach der Entlassung des grünen Umweltministers und Kumpels blieb dieser Multifunktionsmensch im Ministerium, obwohl ihn der neue CDU-Umweltminister Weimar alsbald politisch kaltstellte und in die EDV-Abteilung abschob. Da Koenigs dazu neigt, eine Sache um ihrer selbst willen zu tun, wobei egal ist, um was es sich handelt, störte ihn das nicht allzusehr; daß er gleichzeitig eifrig – und schließlich erfolgreich – seine Verbeamtung betrieb, ist bloß ein weiteres Detail, das ins Persönlichkeitsbild paßt.

Je genauer man nämlich Koenigs betrachtet, desto deutlicher erkennt man in ihm den Prototyp eines deutschen Beamten. Er exekutiert von anderen Vorgedachtes, zeichnet sich durch bedingungslose Loyalität aus, was er durch allerlei Wortgeklingel zu rechtfertigen sucht. »Pragmatiker sind die wirklichen Visionäre«, tönt es gelegentlich hohl aus ihm heraus, oder: »Nicht im Negatorisch-Reaktiven liegt die Stärke.« Vollends entfalten konnte sich dieser autoritäre Charakter aus dem Spontibilderbuch, als Rot-Grün 1989 in Frankfurt tatsächlich siegte und er in den darauffolgenden Jahren gleich mehrere Dezernentenposten einnehmen durfte. Ob er einen Antrittsbesuch beim Ehrenvorsitzenden der Deutschen Bank, Hermann Josef Abs, machte oder beim Chef desselben Instituts, Hilmar Kopper, ob es sich um die Frankfurter SPD-Oberbürgermeister Volker Hauff und Andreas von Schöler (»der Zauberer«) handelte oder um seinen »Freund« Otto Graf Lambsdorff: Stets war er voller Bewunderung für den jeweils Ranghöheren. Gegenüber Untergebenen allerdings ist er unnachsichtig und pedantisch, und mit dem eigenen Parteipöbel mochte er bald überhaupt nicht mehr parlieren. »Der stellt uns nur noch vor vollendete Tatsachen«, zitierte die *taz* 1994 einen Frankfurter Grünen, »und sagt nicht mehr, was er macht.«

Das hat er mit anderen Mitgliedern seiner Bande durchaus gemeinsam. Auch Joschka Fischer lechzt nach Anerkennung durch jene, die er einst so stolz verachtete, und macht dafür den Buckel gerne einmal krumm; und ähnlich rigoros und überheblich wie Koenigs springt er mit seinen Subalternen um. Was Tom Koenigs jedoch von ihm und auch Daniel Cohn-Bendit unterscheidet, ist die Tatsache, daß er sich innerhalb der Gang nicht in den Vordergrund drängt. Er ist ein Mann, der gerne in der zweiten Reihe steht und bereitwillig die Aufgaben übernimmt, die man ihm zuteilt. Ihm geht, wie er selbst sagt, das »In-der-Seilschaft-Bleiben« über alles, und so weiß Fischer, daß er sich jederzeit hundertprozentig auf ihn verlassen kann. Dieselbe kritiklose Pflichterfüllung erwartet Tom Koenigs von seinen Untergebenen. Dazu paßt, daß der ehemalige Offizier, je länger er sich in Amt und Würden befand, sich selbst eher als tapferen Soldaten sah denn als demokratisch gewählten Beamten: »Die Macht des Hauptmanns«, erzählt der Stadtrat in seinem Buch »Tagträume & Nachtschichten«, »bemißt sich nach der Zahl seiner Mannen. Mit Stolz blicke ich auf die große Anzahl von Beschäftigten in meinem Dezernatsbereich.« Auch die grüne Partei vergleicht er gerne mit einer militärischen Formation; da gelte es, um jeden Preis »die eigenen Reihen im Sturme aufrechtzuerhalten«.

Was Koenigs nicht schlecht gelang. Bald konnte er die von ihm angeführten Frankfurter Grünen in Magistrat und Stadtparlament als »die Preußen in der Koalition« präsentieren, gegen die sich die lokale SPD ausnahm wie ein chaotischer Spontihaufen. Selbst als Koenigs 1993 zum ersten grünen Stadtkämmerer Deutschlands ernannt wurde, dachte er nicht daran, aus der Disziplin auszuscheren, die er sich auferlegt hatte. Und das, obwohl dieser Job in Rezessionszeiten die Verleugnung der letzten Reste grüner und allgemein sozialer Überzeugungen verlangte. Tom Koenigs war dafür genau der richtige Mann. Er hielt auf seinem Posten als grüner »Sparkommissar« nicht nur eisern durch, sondern vermochte sogar den Anschein zu erwecken, als begeistere ihn die Aufgabe.

Ein einziges Mal gab Koenigs eigene Ambitionen zu erkennen: als er 1995 erwog, bei der ersten Direktwahl für das Amt des Oberbürgermeisters zu kandidieren. Cohn-Bendit pfiff ihn mit der Begründung zurück, eine eigene grüne Kandidatur spalte das rot-grüne Wählerlager und nütze deshalb nur der Kandidatin der CDU, Petra Roth. Wie immer fügte sich der Parteisoldat, mit dem Resultat, daß Roth den ersten Wahlgang glatt für sich entscheiden konnte. Prompt machte Koenigs vor der neuen Oberbürgermeisterin einen vollendeten Diener und murmelte ihr zu: »Falls das neue Stadtoberhaupt meine Erfahrung auf dieser schwierigen Wegstrecke nutzen möchte, gehe ich gerne mit.«

Kein Wunder, daß bei so viel Unterwürfigkeit die neue CDU-Bürgermeisterin Koenigs als »einen beinharten, zu seinen Überzeugungen stehenden Politiker« schätzte. Fragt sich eben nur, was das für Überzeugungen sind. Immerhin konnte Koenigs auch unter Petra Roth noch für zwei weitere Jahre als Kämmerer amtieren. Erst im März 1997, als die CDU die Kommunalwahl gewann und Leute aus dem eigenen Verein nach neuen Pfründen verlangten, sah sich die Oberbürgermeisterin gezwungen, ihren treuen, mittlerweile auch im Unternehmerlager geschätzten Kassenwart zu feuern.

Um ihm nicht gar zu sehr Unrecht zu tun, sei aber angemerkt, daß auch Koenigs hin und wieder aus seiner grauen Beamtenrolle schlüpft. Daß er ein echter Spaßvogel sein kann, bewies er erst in jüngster Zeit auf einem Landesparteitag der Grünen. Hier wurde Koenigs im April 1997, nur sechs Wochen nach Verlust des Kämmereramtes, von seiner Gang ziemlich offensichtlich mit dem Posten des hessischen Landesvorsitzenden (im Grünenjargon »Parteisprecher«) versorgt. Unter anderem dafür hielt man den Wahlparteitag direkt in Frankfurt ab. Einzelne (Realo-)Grüne äußerten den Vorwurf, Koenigs

Kandidatur sei zuvor »in abgeschlossenen Hinterzimmer-Zirkeln« ausgekungelt worden und solle nun auf die übliche Weise von den »Frankfurter Heerscharen« durchgesetzt werden; offenbar habe die »Frankfurter Grünen-Mafia« die Absicht, auf diese Weise den Landesverband vollends unter ihre Kontrolle zu bringen. Da meldete sich Koenigs stellvertretend für seine Gang zu Wort und widersprach den Vorwürfen: Natürlich sei an denen nichts dran, denn schließlich sei ja »Hinterzimmerkultur Gift für unsere Partei«.

Ob das Gelächter angesichts dieses Scherzes groß war, ist leider nicht überliefert. Dafür aber das, was der grüne Oberamtmann 1992 ganz ernsthaft über sich und seine Kumpane schrieb: »Ich ... selbst hatte und habe immer noch einen Trumpf mehr auf der Hand: die alten Freunde von damals und heute. Mit ihrer Stimme und ihrem Einsatz kann ich rechnen, natürlich nicht bei jeder Diskussion und Abstimmung, sondern nur wenn's wirklich nötig ist und völlig unabweisbar.«

Alles ist gut
(1989–1993)

Im Großstadtrausch

Ende der achtziger Jahre kamen die Realos um Joschka Fischer kurzfristig ins Grübeln. So lange hatten sie immer wieder die Vokabeln »Realpolitik« im Munde geführt, daß sie schließlich selbst nicht mehr genau wußten, was sie eigentlich bedeuten sollte. Zunächst hatte man dieses so vielversprechend klingende Wörtchen als bloßen Kampfbegriff gegen die Fundamentalisten erfunden, um deren Weg des radikalen, auch außerparlamentarischen Widerstandes als im besten Fall naiv, ein bißchen weltfremd und irreal zu diskreditieren. Realpolitik sollte dagegen bedeuten, daß man zwar die Ziele der Radikalen – z. B. mehr demokratische Kontrolle, eine andere, sozial gerechtere Gesellschaft und eine grundsätzliche Wende in der Umweltpolitik – im Prinzip in Ordnung fand, sie jedoch Stück für Stück, auf dem Weg des parlamentarischen Kompromisses und vor allem auch in der Regierung durchzusetzen gedachte. Je länger allerdings die Realos in den Parlamenten und gelegentlich gar in Regierungen herumwurschtelten, desto offenbarer wurde auch, daß sich auf diese Weise kaum etwas davon realisieren lassen würde. Eigentlich war damit das Experiment – und nichts anderes sollte Realpolitik anfänglich sein – auf der ganzen Linie mißglückt. Folgerichtig wäre es gewesen, wenn die

Realos zum fundamentalen Widerstand zurückgekehrt wären. Was aber tun, wenn man nicht die geringste Lust verspürte, wieder ganz von vorne anzufangen?

An diesem Punkt kam einmal mehr der alte Genosse Thomas Schmid ins Spiel. Der sah nicht ganz zu Unrecht im Realoflügel der Grünen so etwas wie die Nachfolgeorganisation des Revolutionären Kampfes. Und so wie Joschka in der Partei die Rolle des Oberstrategen erfolgreich weiterspielte, so versuchte Schmid auch hier, wieder als Cheftheoretiker zu glänzen. Zu diesem Zweck scharte er bereits kurz nach seinem Beitritt einige Leute um sich und gründete 1984 innerhalb der grünen Partei einen eigenen Zirkel: die sogenannten »Ökolibertären«. Als »Vordenker« dieser Minifraktion verbreitete Schmid von nun an brandheiße Theorien und tiefschürfende Analysen am laufenden Band. Ihr ewig gleichlautender Tenor: Die Verhältnisse in Deutschland seien mittlerweile ganz andere als zu den Zeiten, da man selbst noch als Revolutionär unterwegs war. Ein unglaublicher »Wertewandel« habe in den letzten Jahren stattgefunden. Von dem seien nahezu alle Deutschen erfaßt worden, die sich auf diese Weise von autoritätshörigen Untertanen fast durchweg zu kritischen, aufgeklärten Staatsbürgern entwickelt hätten. Ablesen könne man das zum Beispiel daran, daß der »Fernsehkonsum seit 1974 kontinuierlich in der BRD zurückgegangen« sei. Das Ergebnis dieses Prozesses: Der Staat sei keineswegs mehr die »herrschende Scheiße« (Schmid, 1976), gegen den sich intensiver Schußwaffengebrauch empfehle (Schmid, 1978), sondern eher ein toleranter, demokratischer Musterbetrieb. Verantwortlich für dieses Wunder aber sei die Rebellion von 1968ff. Der entschlossene Kampf der Revolutionäre habe am Ende eben doch die ganze Gesellschaft revolutioniert, auch wenn jene das in ihrem überschäumenden Eifer nicht sofort bemerkt hätten.

Damit hatte Schmid eine echte Patentlösung gefunden. Denn für die Realpolitiker folgte daraus, daß sich irgendwelche radikaldemokratischen Reformen erübrigten, weil es schlechterdings nichts mehr zu reformieren gab. Dennoch dauerte es eine Weile, bis die Realos diese Thesen Schmids aufgriffen. Da spielte wohl die alte Rivalität zwischen dem Besserwisser Schmid und dem Pragmatiker Fischer eine Rolle, die zumindest ersterer immer wieder anheizte, indem er Joschka vorwarf, bewußtlose Machtpolitik zu betreiben – statt ihm, dem Denker Schmid, zu folgen. Doch Ende der Achtziger wurden ähnliche Ansichten zur Lehrmeinung einiger Soziologen. Sie riefen das Zeitalter der »civil society«, der »Zivilgesellschaft« aus, in der die Herrschenden auf gewaltsame Konfliktlösungen ein für allemal verzichtet hätten.

Nun tönte plötzlich auch Daniel Cohn-Bendit, der schon immer an neuen, duften Theorien interessiert war, daß sich durch die »68er« »die Gesellschaft... entscheidend gewandelt hat... Sozial ist das, was wir an Versteinerungen, an Immobilität angeprangert haben, aufgelöst worden durch diese Bewegung«. Heute würden die Leute »selbst bestimmen, wie sie leben«, und zwar nicht nur eine Minderheit von Millionären, sondern die »überwiegende Mehrheit«. Und das könne er, Dany, sogar beweisen: »Deswegen gibt es die hohe Scheidungsrate, deswegen hat die Kirche das Problem, daß niemand auf sie hört, wenn es um Verhütung geht.« Was wohl am Ende auch Joschka überzeugt haben mußte, der nur wenig später meinte: »Wir haben unglaublich viel bewegt.« Und einen solch idealen Staat geschaffen, daß außerparlamentarischer Widerstand künftig nicht mehr nötig sei: »Jetzt gibt es ja keine Tabus mehr.«

»Love and Peace«, die alten Hippie-Parolen, waren also in der Bundesrepublik Deutschland gegen Ende der Achtziger schon längst verwirklicht. Doch wie stand's mit

»Happiness«? Dafür schien jetzt auf einmal das Kapital zuständig zu sein. »Zur freien Gesellschaft gehört in der Tat die freie Wirtschaft«, verkündete in einem fröhlichen Unisono die halbe Führungsspitze des Revolutionären Kampfes – nämlich Daniel Cohn-Bendit und Thomas Schmid – gut fünfzehn Jahre nach Auflösung ihrer antikapitalistischen Organisation in der *Frankfurter Rundschau*. Offensichtlich hatte das »magische Jahr 1968« (Fischer) auch die Unternehmer von fiesen Ausbeutern in richtige Philanthropen verwandelt. Mit den wenigen schwarzen Schafen aber, die anderes im Sinn hätten, solle man nicht allzu hart umspringen. Das meinte zumindest der heilige Thomas Schmid, der jetzt nicht mehr an die heilsame Wirkung eines Privatkriegs glaubte, sondern an die »Fähigkeit des Menschen zur Einsicht«. Selbst als der Reaktor des Atomkraftwerks in Tschernobyl explodierte, warnte er vor jedem bösen Wort, das die hiesige Atomindustrie kränken könnte: »Jede Entlarvungsstrategie ist jetzt besonders fehl am Platz: denn sie grenzt nicht ein, sondern aus«, und das tut bekanntlich nicht gut, sondern weh, auch einem Stromkonzernherrn. Nur die Macht der Liebe breche am Ende auch Atomkraft: »Man muß den Menschen Gutes zutrauen, man muß sie mögen.«

Auch Joschka Fischer mochte ihn jetzt, den Kapitalismus. Hatte er ihn noch kurz zuvor als notwendiges Übel nur mürrisch akzeptiert, schwärmte er in dem 1992 erschienenen Buch »Die Linke nach dem Sozialismus«. »Der Konsumkapitalismus ist die realisierte und bisher erfolgreichste Utopie der Moderne von der Machbarkeit der Welt«, der in seiner sozialstaatlichen Variante dem »größten Teil der Menschheit noch heute fast wie ein Traum aus jenem sagenhaften Utopia erscheint«. Allerdings vergaß er zu erwähnen, daß der größte Teil der Menschheit in gleichfalls kapitalistischen Ländern der dritten Welt lebt, wo von diesem Utopia bis heute nicht viel zu spüren ist – ein peripheres Detail. Wichtig war der Glaube, daß der Kapitalismus die Gesellschaft, die die Realos vor Zeiten eigentlich erst erkämpfen wollten, längst realisiert hatte. Damit hatte sich auch die alte Forderung nach einschneidenden ökonomischen Reformen endgültig erledigt.

Realpolitik konnte künftig also nur noch heißen, diese beste aller möglichen Welten etwas netter zu dekorieren und ein wenig zu begrünen. »Logo«, wie Fischer gerne sagt, daß man nun auch nicht mehr die Interessen derjenigen vertreten wollte, die immer noch etwas an den herrschenden Verhältnissen auszusetzen hatten: rückschrittliche Underdogs, schlecht gelaunte Behinderte oder nörgelnde Umweltaktivisten etwa. Statt dessen entdeckten die Realos die gehobenen Mittelschichten als neue Klientel, den dynamischen Banker, den höheren Angestellten, die von Joschka selbst erfundene »unternehmerische Linke«, eben all jene, die so progressiv waren, gut zu verdienen und auf diese Weise täglich aufs neue die realexistierende Utopie zu verwirklichen.

Gleichzeitig konnten endlich auch andere veraltete Feindbilder entsorgt werden. Wenn alles gut ist, was vormals schlecht war, warum sollten es dann nicht auch jene Parteien sein, die man einst für bürgerlich, korrupt und repressiv gehalten hatte? Abermals spielte Thomas Schmid thematisch den Vorreiter. Bereits 1986 schlug er den Grünen vor, ein Bündnis mit der CDU einzugehen. Und im August 1989, als sich nach der Europawahl abzeichnete, daß es bei der nächsten Bundestagswahl wohl keine Mehrheit für Rot-Grün geben würde, fand Daniel Cohn-Bendit die Lambsdorff-Liberalen höchst sympathisch: »Ich will die Ampelkoalition ... Das ist der Eröffnungsschachzug, um zu sagen, wir kämpfen um die Öffnung der Parteienstruktur.« Denn hatte man die erst einmal durchgesetzt, konnten die Grünen eigentlich mit jedem regieren. Nur der bedächtigere Joschka wollte im Moment weder mit der FDP noch der CDU koalieren, jedoch nicht aus prinzipiellen, sondern aus psychologischen bzw. strategischen Gründen. Eine rot-grün-gelbe »Ampel«, so antwortete er 1989 Cohn-Bendit, würde »beim grünen Klientel eher nur Verwirrung stiften«, und auch ein Bündnis mit der CDU verbiete sich, »denn praktisch würde dies die Partei in Stücke schlagen«.

Und zwar nur, weil auch in der grünen Partei und unter ihren Wählern das alte, verbiesterte Mißtrauen gegen Staat und Kapital noch recht verbreitet war. Mit einem rot-grünen Bündnis in Frankfurt wollten Fischers Realos deshalb nicht nur aller Welt ihre gewachsene Regierungsfähigkeit unter Beweis stellen. Gleichzeitig sollte den eigenen Anhängern demonstriert werden, um wieviel angenehmer es sich im kapitalistischen System doch leben ließe, wenn sich die Grünen an seiner Gestaltung beteiligten, statt immer weiter zu opponieren. Vor Ort rührten dafür schon seit Mitte der achtziger Jahre vor allem zwei lokalpolitische Satelliten des großen Fischer-Clans die theoretische Trommel: der ehemalige Kopf des Frankfurter Häuserrats, Winfried Hamann, und Frank Herterich, ein Ende der siebziger Jahre zur Spontiwählerinitiative konvertierter Funktionär der maoistischen KPD. Als Gründer eines »Instituts für urbane Intervention« namens »URBI ET ORBI« predigten sie jahrelang den orientierungslosen alten Frankfurter Linksradikalen als Ersatz für ihren überholten »Spontaneismus« den wilden »Urbanismus«.

Auch dieser Begriff beinhaltete ein neues »Ja«, diesmal zur Großstadt, die die Spontis jahrelang als »Bankfurt« oder »Krankfurt« geschmäht hatten, als Hort der gewissenlosen Spekulation und des kapitalistischen Übels. Jetzt aber war die Stadt überraschend gesundet und erschien in einem ganz anderen, grellbunten Glitzerlicht: als spannende, weltoffene Metropole, als ein Ort der permanenten Diskussion und des faszinierenden Sinnenrausches. Doch nicht nur das. Frankfurt am Main, so prophezeiten es die Urbis und Orbis, sei so etwas wie eine auserwählte Stadt, in der sich in naher Zukunft die kapitalistische Utopie im gewissermaßen Superutopischen vollenden werde. Hier sollte die alte Spontiforderung Wirklichkeit werden und die »Arbeitsgesellschaft, wie wir sie bisher zu verstehen gewohnt waren«, zu Ende gehen, um dann von einem ganz neuen »Typ von Gesellschaft« abgelöst zu werden, den man – nein, nicht Kommunismus, bewahre! – »in Abgrenzung zur Arbeitsgesellschaft Kulturgesellschaft getauft hat«, eine Gesellschaft, in der das Leben praktisch nur noch Kunstproduktion und Kulturgenuß sein würde oder so etwas wie eine einzige rauschende Party.

Und weil die pünktlich mit dem Start der rot-grünen Stadtregierung losgehen sollte, legte sich der Frankfurter Realoclan, nunmehr »voll im Bann der urbanen Idee«, schon vorher mächtig ins Zeug. Jeder versuchte, den anderen mit Vorschlägen zu übertrumpfen, wie sich die alte Spontimetropole noch schöner, prächtiger und herrlicher gestalten ließe. Rasch gebildete urbanistische Arbeitsgruppen präsentierten ihre kühnen Ideen, wie zum Beispiel die von Frank Herterich, Daniel Cohn-Bendit und Thomas Schmid, die vorschlugen, »in der Nachbarschaft des Hauptbahnhofes einen Basar anzusiedeln«, die meinten, Parkhäuser sollten entweder abgerissen oder »wenigstens mit kulturellen Einrichtungen ›aufgestockt‹ und im urbanen Sinne veredelt werden«, und schließlich durfte es auch an der »Einrichtung von Skulpturengärten« respektive einer »Skulpturenmeile« nicht fehlen. Neben einer »Akademie der Künste« planten sie ganz neue Stadtteile, in denen sich »Kultureinrichtungen – und nicht nur ein Bürgerhaus – in Szene setzen müßten«. Neue Schulen sollten errichtet werden und ein »Institut für europäische Wirtschaftspolitik, an dem die Führungskader der Wirtschaft den letzten Schliff erhalten, aber nicht im Sinne ökonomischen Spezialistentums, sondern in dem umfassenderer Bildung gegenüber Gesellschaft und Natur« – offensichtlich damit sich diese auf dem Parkett der urbanisierten »Zukunftsgesellschaft« (Winfried Hamann) auch angemessen zu bewegen wußten.

Selbstverständlich beteiligte sich auch Tom Koenigs an dem, was nun nicht mehr Diskussion, sondern, weil's weltmännischer klang, »urbaner Diskurs« genannt wurde. Er schlug ein mitten in der Stadt gelegenes »Centre Theodor W. Adorno« vor – oui, oui, man denkt an Paris –, selbstredend als »internationales Kommunikations- und Experimentierfeld für Theater, Oper, Film und Medien«. Sein Hauptinteresse aber galt dem Umweltschutz unter urbanen Vorzeichen: »Unsere Vorstellung von Frankfurt ist die grüne Stadt am Fluß«, erklärte er und versprach »total verkehrsfreie Stadtteile« sowie eine »autofreie Innenstadt« mit »gelebter Urbanität wie etwa auf einer italienischen Piazza«. Dabei sekundierte ihm der *PflasterStrand* mit konkreten Zeitvorgaben: Innerhalb von acht Jahren, sagte das Blatt im März 1989 vorher, werde Rot-Grün den Autoverkehr in Frankfurt halbiert haben.

Um das Jahr 2015 herum sollte das urbane Projekt endgültig vollendet sein. Das prophezeite wenigstens Tom Koenigs. Dann, so schrieb er in dem Buch »Tagträume & Nachtschichten«, fänden auf dem Main »Solarboot-Rallyes« statt, führen in der Frankfurter Innenstadt »alle Rad«, »Sonnenkarren« oder »Muskelkraftwagen«, ja, in punkto Fahrradverkehr werde es so aussehen wie auf dem Pekinger Platz des Himmlischen Friedens, freilich aber auch »wie auf alten Bildern, mit Buden und Basar, wo

Handel und Wandel und Sehen und Gesehenwerden vor allem auf der Straße stattfindet. Und natürlich auch die Politik. Überall wird politisiert.« Die Luft in der City gleiche der eines Kurorts, denn der Ausstoß von CO_2 werde kräftig vermindert sowie die »betonierte, asphaltierte oder sonstwie gedeckelte Fläche der Stadt... drastisch verringert«. Unter der Stadt werde die Eisenbahn durch einen großen Tunnel brausen, und oberhalb die Menschen solidarisch in neuen Stadtteilen wohnen: »Einige Umbau-, Sanierungs- und Neubauprogramme für kollektive Wohnformen haben den Trend zur Single-Wohnung der frühen 90er Jahre seit langem in einen Trend zur Wohngemeinschaft umgekehrt.« Am Main hätten schließlich die »Bouquinisten« ihre Stände aufgebaut (schon wieder: Paris, Paris!), direkt am Ufer liegt ein Strandbad, und im Fuß schwimmt – man reibt sich die Augen und glaubt es kaum – der nunmehr siebzigjährige Tom Koenigs persönlich, zusammen mit einem sehr, sehr guten Freund, dem immer noch kreglen Dany.

So planten also die Frankfurter Realos am Vorabend ihrer Machtübernahme in Gedanken und auf viel Papier ein tolles urbanes Projekt nach dem anderen. Die Befürchtung aber, daß man auch diesmal, wie so oft in der Vergangenheit, scheitern könne, äußerte niemand. Denn schließlich befand man sich, nach Jahren fataler Irrtümer, endlich auf der richtigen Seite, nämlich der des Geldes. Und da sollte man sich noch überflüssige Gedanken über die Finanzierung von Skulpturengärten, Parkhausabrissen, neuen Stadtteilen machen? Im kapitalistischen Utopia doch nicht! »In die großen Städte der Bundesrepublik fließt ein ungeheurer Geldstrom«, rechnete der *Pflaster-Strand* vor; und das Pro-Kopf-Einkommen in Frankfurt sei das mit Abstand höchste der Bundesrepublik. Zudem seien hier die meisten Banken der Bundesrepublik beheimatet, so daß auch in Zeiten der Krise das Geld immer weiter in den städtischen Haushalt strömen werde, wie man schon in der urbanistischen Offenbarung, dem ersten Buch Koenigs, nachlesen konnte: »Die Banken haben [2015!!] – ähnlich wie die Orchideen – aus der Marktwirtschaft und der Wachstumskrise viel Geld gesogen, und Frankfurt ist entsprechend von dem Einbruch verschont geblieben.«

Damit nun alle Welt in angemessener, das heißt natürlich: urbaner Weise von diesen phantastischen Veränderungen erfuhr, die sich demnächst in Frankfurt abspielen würden, konnte auch das »realo-grüne Hausorgan« (so die Bezeichnung des Frankfurter Werbebranchenblattes *Horizont*), der *PflasterStrand*, nicht mehr dasselbe bleiben. Ende 1989, nur wenige Monate nachdem die rot-grüne Stadtregierung ihre Arbeit aufgenommen hatte, wurde das einstige Szeneblättchen gründlich renoviert. Denn: »Der Provinzialismus herkömmlicher Stadtzeitungen wird dieser Stadt nicht gerecht.« Also verkaufte Daniel Cohn-Bendit das Blatt an einen professionellen Verleger, blieb jedoch weiter Herausgeber. Schließlich sollte auch im neuen *PflasterStrand* nur das stehen, was Cohn-Bendit und seinen großstädtischen Realos paßte.

Daß der neue Chefredakteur etwas gegen diesen Kurs haben würde, stand nicht zu erwarten. Immerhin war er ein guter alter Bekannter aus den Gründertagen des Blättchens und hieß Matthias Horx. Auch ihm schwebte Großes vor. So wie sich in Frankfurt allmählich ein ganz neuer Gesellschaftstyp herauskristallisierte, so sollte auch der *PflasterStrand* ein »Prototyp für eine neue Generation des Genres ›Stadtillustrierte‹« sein, in der sich die »Exklusivität und Luxuriösität« der sich demnächst ins Prächtigste wandelnden Großstadt spiegeln würde. »Wir nennen diesen Zeitschriftentypus das ›Urbane Journal‹«, flötete Horx in der letzten Ausgabe des »alten« *Pflaster-Strands*, eine revolutionäre Blattform, die in den nächsten

Jahren auch in anderen Metropolen ihren Siegeszug antreten werde. Und auch beim Thema Finanzen redete der Blattmacher wie ein echter Urbanist: »Das Geld? Dank des Engagements unseres Verlegers Herrn Kierzeck wird es uns nicht so schnell ausgehen.«

Am Ende spielte dann der schnöde Mammon im urbanen Diskurs doch noch eine gewisse Rolle: Als die Grünen nach dem Wahlsieg von Rot-Grün im März 1989 die Koalitionsvereinbarungen mit der SPD unterzeichneten, mußten sie bei ihren Plänen hier und da einige Abstriche machen. Die Kürzungen aber hielten sich in Grenzen, denn die Mehrheit der Sozialdemokraten unter der Führung ihres »Modernisierers« Volker Hauff war ähnlich urbanitätsversessen (und schwafelte nahezu identisch daher: »Neues Leben am Main kann auch heißen, durch Boote und Fähren den Fluß durch die Nähe des Wassers, durch Spüren und Riechen, sinnlich zu erfahren«; O-Ton Hauff). Thomas Schmid war begeistert. »53 Seiten umfassen die Vereinbarungen von SPD und Grünen, ein schöneres Stück regierungsamtlicher Prosa ist mir nicht bekannt... Nicht selten strahlt der Text der Vereinbarungen die Heiterkeit des Osterspazierganges aus: von Eis und Alp befreit.« Jetzt endlich konnte eine neue, vielleicht geradezu märchenhafte Epoche beginnen, in der ganz Frankfurt im edelökologischen Glanz erstrahlen würde und bald, wenn bei der Bundestagswahl im nächsten Jahr alles nach Plan verlief, auch die restliche Nation. »Die wahre Politwende«, wußte das »elegante städtische Journal« namens *PflasterStrand* in einer Eigenanzeige zu berichten, »fand Anfang 1989 statt, als SPD und Grüne, Volker Hauff und Daniel Cohn-Bendit die neue Frankfurter Stadtregierung bildeten.«

Ja, »der Dany« hatte es auch noch geschafft und war endlich zu einem ersehnten Posten gekommen. Dafür hatte er sich mächtig ins Zeug gelegt. Schon im Dezember

1988, vier Monate vor der Kommunalwahl, forderte er in der Zeitschrift *stichwort: grün* für die Grünen vehement das Kulturdezernat, das er sogleich ganz danygerecht in »Amt für Kultur und Freizeit« umzubenennen und sich selbst zuzuschustern gedachte. Denn: »Die Kultur ist eine gesellschaftliche Querdenkerei an sich und für sich. Die Kulturpolitik hat die Aufgabe, den Rahmen zu beschaffen und den Raum zur Verfügung zu stellen.« Die Grünen aber könnten damit »ihre gesellschaftliche Grandiosität, ihren Größenwahn darstellen«. Zudem habe der Posten den großen Vorteil, »daß du machen kannst, was du willst, weil sich für diesen Bereich doch kaum jemand interessiert«. Da allerdings irrte Cohn-Bendit: Als es zur Magistratsbildung kam, beanspruchte der Koalitionspartner SPD den Posten des Kulturdezernenten, und so sah es zunächst so aus, als könnte Dany wieder nicht das machen, was er wollte: öffentlich alimentiert, seinen Größenwahn darstellen.

Damit aber auch er endlich einmal halbwegs seriös beschäftigt wurde, schuf die rot-grüne Koalition in Frankfurt eigens für den »Weltbürger« (*PflasterStrand*) das zwar einflußlose, jedoch gut klingende Amt für Multi-Kulturelles. Auch wenn es nur ein ehrenamtliches Dezernat war, freute sich »der Dany« trotzdem ungemein. Denn einerseits hörte sich Multikultur ja nach viel mehr an als schlicht »Kultur«, und andererseits durfte er auf diesem Posten seiner Lieblingsbeschäftigung, der Quer- und Durcheinanderdenkerei, nachgehen. Dabei konnte er keinen großen Schaden anrichten, gleichzeitig aber als Aushängeschild fungieren, auf dem in dicken Lettern geschrieben stand, daß die grünen Realos weiterhin eine unbequeme und die Herrschenden irre anstrengende Größe bleiben würden.

Der machtpolitisch wichtigste Grüne in der neuen Frankfurter Stadtregierung aber war von Anfang an der

Realobeamte Tom Koenigs. Er wurde Dezernent für Umwelt und Energie. Mit Margarethe Nimsch als Gesundheitsdezernentin erhielt endlich auch einmal eine Frau aus dem Revolutionären Kampf ein höher dotiertes Amt. Einer ihrer Referenten hieß übrigens Gerd Fürst, auch er ein alter Revolutionärer Kämpfer aus Joschkas Putzgruppe sowie routinierter Ostparkkicker. Er mag stellvertretend für das Heer von Alt-Spontis stehen, welche der rot-grüne Magistrat als Büromitarbeiter, Gutachter oder Abteilungsleiter in Lohn und Brot setzte.

»Erobern wir uns die Stadt« hatte eine – natürlich auch »Lotta Continua« entlehnte – Parole des Revolutionären Kampfes gelautet. Zwei Jahrzehnte später war den Revoluzzern um Dany, Joschka und Tom die praktische Umsetzung geglückt. Schon wieder ein Ereignis, das gebührend gefeiert werden mußte. Nachdem Volker Hauff im Römer seine Antrittsrede als Oberbürgermeister gehalten hatte, zogen die Rebellen von einst zusammen mit ihm und der Führungsspitze der SPD in ein Varieté-Theater, das in der Frankfurter Innenstadt erst kürzlich eröffnet hatte. Es wurde ein durchaus rauschendes Fest, auf dem sich SPDler und Alt-Spontis – im *PflasterStrand* abgedruckte Fotos zeigen es – bald lachend in den Armen lagen. Betrachtet man die Gesichter der ehemaligen Revolutionäre genauer, wird man den Eindruck nicht los, daß sie mehr bewegte als der politische Sieg, sogar mehr als die »wahre Politwende«. Sie alle schienen förmlich vor Glück darüber zu platzen, daß man es irgendwie doch noch geschafft hatte. Endlich gehörte man dazu, endlich war man zurückgekehrt in das, was man irgendwann einmal voller Verachtung »Establishment« genannt hatte.

Einer der Feiernden aber schien, seinem befreiten Lachen nach zu urteilen, ganz besonders darüber zu jubilieren, daß nun doch noch alles gut geworden war. Es war der Hausherr selbst, der frischgebackene Varieté-Direktor Johnny Klinke.

Der neue Mensch

Bekanntlich waren nicht alle ehemaligen Mitglieder des Revolutionären Kampfes Joschka Fischer nach 1982 gefolgt und als Berufspolitiker auf den rollenden Erfolgszug der Grünen aufgesprungen. Zwar traten viele in die grüne Partei ein, manche taten dies aber lediglich, um die Karriere ihrer einstigen Anführer zu befördern und ansonsten privater Wege zu gehen. Einige hatten sich nach dem Ende der Spontiära sogar gänzlich von der Politik verabschiedet und auf andere Weise versucht, ihr Glück zu machen. Ein erklecklicher Teil war etwa bei Frankfurter Werbe- und Public-Relations-Firmen untergekommen, andere hatten einstmals kollektiv geführte Alternativbetriebe in florierende Ein-Mann-Unternehmen verwandelt oder waren von gefragten linken Strafverteidigern mangels Klientel zu erfolgreichen Wirtschaftsanwälten mutiert. Diese scheinbar unaufhaltsam wachsende Schicht von Leuten, die dem eigenen Milieu entstammte, sollte nach der Vorstellung der Realoführer nicht nur diejenige sein, deren Interessen die grüne Partei künftig zu vertreten habe; ihr Erfolg schien Joschka und Co. auch der Beweis dafür, daß sich die Gesellschaft, in der man lebte, wirklich und wahrhaftig aufs prachtvollste verändert hatte. Grund genug, diesen Phänotyp zum neuen Leitbild der in die Jahre gekommenen Frankfurter Szene zu erklären.

Waren in den siebziger Jahren der revolutionäre Betriebsarbeiter oder der martialische Straßenkämpfer, später dann der alternative Müslifreak oder der ausgeflippte Taxijobber die Heldenfiguren, die man in der Spontiszene verehrte, so feierte der *PflasterStrand* Ende der Achtziger diesen »neuen Städter« als Idol. Als idealtypischen Vertreter dieses Erfolgsmenschen, den man bald auch, weil es schicker klang, den »urbanen Citoyen« nannte, hatte sich das Blatt den letzten großen Aufsteiger aus den eigenen Reihen erkoren: den alten Revolutionären Kämpfer Johnny Klinke. Zusammen mit seiner Lebensgefährtin Margareta Dillinger und dem RK-Genossen Matthias Beltz gründete dieser 1988 in der Frankfurter Innenstadt ein Varieté-Theater mit dem pompösen Namen »Tigerpalast«. Für den *PflasterStrand* war dieses Ereignis mehr als nur eine schlichte Unternehmensgründung. Schlägt man irgendeine beliebige Ausgabe des »Metropolenmagazins« aus der Zeit auf, muß man den Eindruck gewinnen, daß dieses Etablissement das Zentrum des so manisch beschworenen neuen Großstadtlebens bildete: So oft wurde der »Tigerpalast« erwähnt, empfohlen und als Zeichen dafür bejubelt, daß nun endlich Schluß sei »mit der alternativen Selbstbeschränkung«.

Dabei hatte es lange Zeit so ausgesehen, als hätte Johnny Klinke nicht mehr rechtzeitig die Erfolgskurve gekriegt. 1950 in Berlin als Sohn eines Zeltmissionspredigers geboren, verlief sein Leben zunächst in etwa wie das seiner Kumpane. Schon früh kam er nach Frankfurt, wo er 1968 als Gymnasiast zum Anführer der antiautoritären Schülerbewegung avancierte. Danach schloß auch er sich dem Revolutionären Kampf an und rückte als Schweißer bei Opel in Rüsselsheim ein. Seinen größten Auftritt hatte Klinke dort auf der großen Betriebsversammlung im Herbst 1971, wo er neben Joschka Fischer vom Podium »Eine Mark mehr für alle« forderte. Kurz darauf wählten ihn die Beschäftigten seiner Abteilung zum Vertrauensmann. Allerdings konnte er diese Funktion nicht lange ausüben, da ihm schon 1972 fristlos gekündigt wurde: Im revolutionären Überschwang hatte Johnny dem Opel-Personalchef eine kräftige Ohrfeige verpaßt. Wie Joschka Fischer sah sich Klinke nach seinem Rausschmiß nach einem neuen Betrieb um. Noch im selben Jahr begann er eine Werkzeugmacherlehre beim Armaturenhersteller VDO in Frankfurt.

Ähnlich wie sein Genosse Tom Koenigs taugte auch Klinke nie zum Spontiführer und großen Plenumsredner; dafür widmete er sich um so intensiver der, wie er selbst es nannte, »Abteilung Straßenkampf und Straßenfest«. Den Straßenkampf betrieb er als eifriges Mitglied in Joschkas Putzgruppe, die Feste aber fanden bisweilen auch im Saale statt: 1972 beteiligte er sich an der Gründung eines ersten Spontizentrums im Frankfurter Stadtteil Bockenheim, am 1. Mai 1978 eröffnete er mit dem »Strandcafé« »den ersten alternativen Gastronomiebetrieb in Frankfurt« *(FAZ)*. Hier traf sich die zusehends resignierte Spontiszene gerne zum Frühstück, auch wenn Klinke kulinarisch nicht viel zu bieten hatte: »Hinter der Theke war er fehl am Platz«, erinnert sich Tom Koenigs, denn »geschmeckt hat es dort nie.« Dieses Manko machte Johnny durch andere Qualitäten wett: »Dafür konnte er dir das beste Frühstück der Welt versprechen, so daß du es schließlich auch geglaubt hast.«

An die Verheißungen seiner Kumpel aber mochte Klinke seinerseits nicht mehr glauben. Als diese 1982/83 die Grünen entdeckten und begannen, sie Schritt für Schritt für die Spontis zu erobern, machte er nicht mit. Klinke überließ das »Strandcafé« einem Kollektiv und zog in seine Geburtsstadt Berlin. Während seine ehemaligen Genossen sich zu Hause im Zeitraffertempo von alten Gewohnheiten verabschiedeten, blieb er hier dem alternativen Lebensstil treu. Offenbar quälten ihn, der gut fünf Jahre jünger ist als Fischer, Koenigs und Cohn-Bendit, zu diesem Zeitpunkt noch nicht die existentiellen Sorgen, die seine Gang-Kollegen dazu bewogen, die letzte sich bietende Karrierechance beim Schopf zu ergreifen. Klinke schlug sich als Maurer und Würstchenbrater auf Rummelplätzen durch und trampte durch Europa. Mit der Zeit begann er, sich für den Zirkus und das Varieté zu interessieren. Das lag nahe, denn in der Alternativszene hatte gerade die Jonglier- und Clownwelle ihren Höhepunkt erreicht. Bald träumte Klinke davon, ein eigenes Varieté zu eröffnen, jedoch sah er finanziell keine Möglichkeit, diesen Traum zu realisieren. So entschloß er sich, wieder nach Frankfurt zurückzukehren, wo es sein alter Kumpel und langjähriger WG-Mitbewohner zwischenzeitlich zum Minister gebracht hatte. Hier mußten sich doch die nötigen Mittel auftreiben lassen.

Klinkes Rechnung ging auf. Aus demselben Topf, aus dem schon Cohn-Bendits *PflasterStrand* einen zinsfreien Kredit erhalten hatte, förderte die rot-grüne Regierung das »Tigerpalast«-Projekt von Klinke und Beltz mit 700 000 DM. Daß mit Wirtschaftsminister Steger ausgerechnet der Mann den Kredit bewilligte, der kurz zuvor noch den Anlaß für Fischers Entlassung geliefert hatte, sollte nun auch nicht mehr stören. Zusammen mit einem Zwei-Millionen-DM-Kredit, mit der die Stadt Frankfurt den Umbau eines ehemaligen Versammlungssaals der Heilsarmee unterstützte, hatte Johnny Klinke genug Geld zusammen, um im Herbst 1988 sein Varieté eröffnen zu können.

Ohne die alten Genossen wäre ihm das sicher nicht gelungen, zählt doch Johnny Klinke nicht gerade zu den hellsten Köpfen in Fischers Gang. Das weiß er sogar selbst. Stets scheint ein gewisser Stolz mitzuschwingen, wenn er bekennt, daß er von irgend etwas nicht den geringsten Schimmer hat. In einem Leserbrief an den *PflasterStrand* offenbarte Klinke freimütig, er sei nicht mal in der Lage, selbst simpel gestrickte Texte zu kapieren: »Ich habe den *PflasterStrand* nie verstanden, nie gelesen, aber eigentlich immer gerne gehabt – und so ist eben Familie.« Familie ist aber auch, wenn man jemandem nicht auf den Kopf zusagt, daß man ihn im Grunde für eine veritable Knalltüte hält, sondern es so formuliert, daß der Gemeinte sich auch noch geehrt fühlt. »Du bist«, schrieb Matthias Horx zum fünfjährigen Jubiläum des »Tigerpalasts«, »als einer der wenigen in unseren intellektuellen Kreisen noch zu jener ursprünglichen Naivität fähig, die dem Abgeklärten peinlich erscheinen mag, die aber nichts weiter ist als Lebenskraft.« Feiner kann man einen nicht zugrunde loben.

Auch wenn Klinke gegenüber seinen alten Mitstreitern hin und wieder eine gewisse Unabhängigkeit herauszukehren sucht und die in der Politik aktiven ehemaligen Spontis schon mal eine »gutbürgerliche, nachholbedürftige Karrieretruppe« nennt: So naiv, daß er nicht wüßte, was die alten Genossen von ihm erwarten, ist er nicht. Bereitwillig markiert er für sie den Vorzeigeunternehmer und plappert die Realoideologie von den Segnungen des Kapitalismus nach (»Die Revolution hat das Kapital gemacht«). Wie der Sprecher einer Mittelstandsvereinigung propagiert er die Unternehmertugenden Mut und Risikobereitschaft, die man auch als Varieté-Direktor brauche. Und schwärmte der *PflasterStrand* voll urbanistisch weggetreten, Klinkes Varieté sei »als erotische Variante des großstädtischen Alltags verführerisch schön« und komme »einem Glaubensbekenntnis an eine Stadt gleich, die schon lange nicht mehr Gegner ist«, konnte Johnny durchaus mithalten: »Wir sind ja ein Großstadtprojekt«, das gerade recht komme, um Frankfurt, die »Hauptstadt der Energien«, im urbanen Sinne aufzuwerten.

Allerdings: Als angesichts knapper kommunaler Kassen der Großstadtrausch im Realolager allmählich wieder verflog, bekam Johnny Klinke dies offenbar nur zum Teil mit. Bis heute wird er nicht müde, in jeder Talk-Show und in jedem Interview die bis ins Detail gleichen Phrasen vom spannenden »Großstadtabenteuer« und den »großstädtischen Energien« zu wiederholen. Dafür erweiterte er immerhin sein Repertoire um einen Punkt, der gerade bei seinem Freund Tom Koenigs in den Jahren seiner Stadtkämmererschaft einigen Anklang gefunden haben dürfte. Denn schon kurze Zeit nachdem sich herausstellte, daß sein Varieté gewinnbringend arbeitete, begann Klinke damit, die städtische Subventionskultur kräftig zu schmähen: »Müssen wir nicht raus aus dem Subventionsdenken, aus der Subventionskultur?« Öffentlich geförderte Theater, die nicht genügend Zuschauer hätten, sollten kurzerhand geschlossen werden – weil auch in der Kultur »das Leistungsprinzip« gelten müsse. Daß sein eigener Laden aber kaum ohne die städtischen Millionen und die Landesmittel aufgemacht hätte, das hatte Johnny Klinke mittlerweile halt vergessen.

Gewinn warf und wirft der »Tigerpalast« nur ab, weil er gesponsert wird. Zunächst unterstützte ihn der Großkonzern AEG alljährlich mit einer halben Million Mark. Und als AEG die Mittel strich, sprang 1996 die Frankfurter Henninger Brauerei ein. Dieses Finanzierungsmodell empfiehlt Varieté-Direktor Klinke seitdem auch allen anderen kulturellen Institutionen, deren Betreiber als »Kulturjammerer« (Klinke) Klage führen über das Ausbleiben öffentlicher Zuschüsse. Einwände, man begebe sich damit in die Abhängigkeit der Geldgeber, läßt er nicht gelten: »Viele Linke haben die Klein-Moritz-Vorstellung, daß die Industrie mit dem Kultursponsoring Loyalität einkaufte. Das ist ein Fehler. Durch Kultursponsoring kann niemand Loyalität einkaufen ...« Auf die Idee, daß Geldgeber aus der Wirtschaft an bestimmten Kulturinhalten generell ein eher geringeres Interesse haben könnten, kommt Herr Klinke nicht.

Sein Varieté bietet sich für ein Sponsoring vor allem deshalb an, weil es ein arg biederes, angestaubtes Programm präsentiert, das politisch kaum Anstoß erregen dürfte. Hier agieren Tiger, Akrobaten, Clowns und Jongleure vor einem Publikum, das der Direktor am Ende einer Vorführung auch schon mal zum Schunkeln animiert. Passiert es ausnahmsweise doch, daß sich die Zuschauer über einen Programmpunkt echauffieren (so geschehen im Herbst 1997, als sich der Kabarettist Heinrich Pachl einige Scherze zum Tode Lady Di's erlaubte), dann versichert Klinke noch am selben Tag dem Reporter der *Bild*-Zeitung, gegen solcherlei Frevel werde er selbstverständlich auf der Stelle einschreiten. So geht es zu in einem »der schärfsten Läden der Stadt« (Klinke).

Wie weit Direktor Klinke sich von dem entfernt hat, was einst auf den Flugblättern des Revolutionären Kampfes geschrieben stand, demonstrierte er im Jahr 1996. Wegen einer Krankmeldung feuerte er da kurzerhand einen äthiopischen Angestellten, der in dem Restaurationsbetrieb des »Tigerpalasts« als Spüler gearbeitet hatte. Das Arbeitsgericht allerdings kassierte die Kündigung und nannte Klinkes Vorgehen »bedenklich«. Die *FAZ* kommentierte das Urteil mit der angebrachten Häme: »Bei seiner Wandlung vom ausgebeuteten Lohnabhängigen zum blutsaugenden Kapitalisten – wie damals in Klinkes Klassenkämpferkreisen Arbeitnehmer und Arbeitgeber genannt wurden – hat der Direktor des Varietés ›Tigerpalast‹ jetzt vom Arbeitsgericht Frankfurt sozusagen den kapitalistischen Ritterschlag bekommen.«

Erhielt Klinke diese »Auszeichnung« für seine Ausbeuterqualitäten durchaus zu Recht, so müßte eine Institution, die seine unternehmerischen Fähigkeiten zu beurteilen hätte, sie ihm gleich wieder entziehen. Ob er seine eigene »Tigerpalast«-Sektmarke kreieren wollte oder Anfang der neunziger Jahre verkündete, eine Varieté-Dependance in Leipzig eröffnen zu wollen: am Ende scheiterte Johnny Klinke mit all seinen Bemühungen, neben dem »Tigerpalast« etwas anderes auf die Beine zu stellen. Was einmal mehr zeigt, daß Johnny nur dort erfolgreich sein konnte, wo ihn seine alten Kumpel unterstützten. Dafür betet er auch gerne den Schmu nach, den sie ihm vorsagen: vom Großstadtabenteuer über die Subventionskultur bis hin zum Sponsoring.

Dabei ist die Rolle des kulturpolitischen Lautsprechers nicht die einzige, die Johnny Klinke im Frankfurter Realonetzwerk spielt. Nicht minder bedeutend war, daß nach der Eröffnung des »Tigerpalasts« Fischers Gang wieder ein soziales Zentrum zur Verfügung stand. Hatte man sich zu Spontizeiten zunächst in eher gutbürgerlichen »Genossenkneipen« und an der Uni getroffen, später dann im alternativen Veranstaltungszentrum »Batschkapp« oder eben in Johnnys »Strandcafé«, umgaben sich die gesellschaftlichen Aufsteiger mit Beginn der urbanistischen Zeitrechnung in Frankfurt gerne mit dem weltstädtischen Flair, von dem man glaubte, daß es das Varieté Abend für Abend verströme.

Johnny Klinke gab sein Bestes, um sich nützlich zu machen. Mit einer wohlüberlegten Einladungspolitik sorgte (und sorgt) er dafür, daß im »Tigerpalast« lokale Prominenz aus Politik, Medien und Wirtschaft verkehrt. Anders als in den Kneipen der alternativen Szene, wo man unter sich blieb, trafen nunmehr jene, die allzugern dazugehören wollten, auf *FAZ*-Herausgeber oder den jeweiligen Oberbürgermeister bzw. die Oberbürgermeisterin, Vorstandsvorsitzende oder hochrangige Banker; hier plauderte man mit ihnen »von gleich zu gleich«, jedoch gewissermaßen auf eigenem Terrain.

Mit dem Ambiente im »Tigerpalast« konnten die ehemaligen Steinewerfer ihren alten Gegnern endlich vorführen, wie sehr sich auch ihre ästhetischen Vorstellungen gewandelt hatten – wobei das Varieté mit seinem Marmor-, Plüsch- und Spiegel-Interieur durchaus im üblichen postmodern-einfallslosen Rahmen bleibt. Andererseits geben sich die Honoratioren der Stadt bis heute, zehn Jahre nach der ersten Premiere, noch immer von den austauschbaren Programmen in Johnnys Laden begeistert. Kurz: Im »Tigerpalast« sieht man das, was sich Fischers Realos unter der Zivilgesellschaft vorstellen, nebst brodelnder urbaner Lebensart aufs champagnerherrlichste verwirklicht, und das ist Johnny Klinke zu verdanken. So hat denn selbst der schlichte Klinke als großer Integrator im verzweigten Frankfurter Alt-Spontigeflecht eine bedeutende Aufgabe. Und darauf ist er mächtig stolz. Jeden, der ihn danach fragt, läßt er wissen: »Meine Freunde sind alle in der Politik ... Joschka Fischer, Daniel Cohn-Bendit, Tom Koenigs. Das war und ist meine Familie.«

Aber Klinke ist nicht der einzige »Siegertyp« *(FAZ)* im Unternehmerlager, den Fischers Clan hervorgebracht hat. Und auch nicht der erste. Gewissermaßen den »Urahn« des »neuen Städters« unter den Frankfurter Spontis verkörpert der Gastronom Klaus Trebes. Nach einigen Anläufen als Schauspieler (u. a. als Mitglied von »Karl Napps Chaos-Theater« und in einigen Autorenfilmen) besann sich der ehemalige Putzgruppenkämpfer auf seine Kochkünste und eröffnete im Januar 1984 in Frankfurt-Bockenheim das Restaurant »Gargantua«. Ein Jahr nach Fischers Einzug in den Bundestag hatte er damit das Startsignal für die Hinwendung der ehemaligen Revoluzzer zum großbürgerlichen, »urbanen« Lebensstil gegeben. »Der erste Meilenstein«, frohlockte der *PflasterStrand* damals, »auf dem Wege zu einem zivilisierten Bockenheim scheint gesetzt.«

Lange Zeit pflegten etliche Mitglieder von Fischers Gang nicht nur in Trebes »Edel-Freßschuppen« *(Pflaster-Strand)* zu speisen; wie der »Tigerpalast« diente ihnen das Lokal auch zu Repräsentationszwecken. Besonders Joschka Fischer gab hier bei Täubchensuppe oder Lachs in Sauerampfersahne gern und regelmäßig Interviews, bis er im Herbst 1996 überraschend wieder die Askese seiner frühen Jahre entdeckte. Aber obwohl Fischer seinen Freund Trebes gerne als »bedeutende Frankfurter Unternehmerpersönlichkeit« lobt und ihn als solche der Presse vorführt, unterscheidet sich dieser vom mediennotorischen Johnny Klinke insofern, als er sich nicht von Joschkas Truppe instrumentalisieren läßt. Angenehm auffällig hält sich Klaus Trebes mit Bekenntnissen zur Aufsteigerideologie der Realos zurück, was wohl auch daran liegen mag, daß Trebes seinen Aufstieg tatsächlich aus eigener Kraft geschafft hat. Auch mit seiner rebellischen Vergangenheit oder seinem illustren Bekanntenkreis geht er nicht hausieren. Statt dessen widmet er sich einfach dem, wovon er anscheinend wirklich etwas versteht: seinem Lokal (das inzwischen ins noblere Frankfurter Westend umgezogen ist) und dem Kochen. Das ist im Frankfurter Realomilieu schon eine beachtenswerte Leistung.

Klaus Trebes hatte 1976 im »Elfmeter« in Frankfurt-Heddernheim mit dem Kochen begonnen, der dem alternativen Kulturzentrum »Batschkapp« angeschlossenen Kneipe. Hier startete auch Ralf Scheffler seine Postspontikarriere. Scheffler, der 1971 »als Berufsrevolutionär« (Scheffler) aus der Provinz zum Revolutionären Kampf nach Frankfurt kam, ist wohl Joschka Fischers engster Freund. In beider Leben gibt es etliche Parallelen. Wie der gleichaltrige Fischer gehörte Scheffler zu den militantesten Kämpfern der Putzgruppe, wie Fischer wurde er zur Zeit der großen Spontiresignation für vier Jahre Taxifahrer. Mit Ralf Scheffler wohnte Fischer in wechselnden Wohngemeinschaftskonstellationen länger zusammen als mit jedem anderen Spontigenossen; selbst zu der Zeit, als Joschka bereits Minister in Wiesbaden war, teilte er sich noch mit »Onkel Ralle« (Fischer) im Frankfurter Nordend eine Wohnung. Und als Fischer 1982 seinen Taxijob quittierte, um bei den Grünen Berufspolitiker zu werden, gab auch Scheffler das Fahrgeschäft auf und stieg erneut bei der »Batschkapp« ein. Nach den bekannten heftigen Auseinandersetzungen mit dem Kollektiv krempelte er den Laden um und wurde dessen Geschäftsführer.

Obwohl Scheffler als Musikclubbesitzer und Konzertveranstalter bald ähnlich erfolgreich war wie seine beiden ehemaligen Genossen Klinke und Trebes: Den Typus des aufstrebenden neuen Städters verkörperte er nie. Ihm behagte das Lifestyle-Beiwerk einfach nicht, mit dem die Urbanismuspropheten diese Figur ausgestattet hatten. Scheffler hielt lieber – auch das eine Parallele zu Joschka Fischer – an dem Rock 'n' Roll- und Rauhbeinimage der frühen Jahre fest. Und als der urbanistisch veredelte *PflasterStrand* nach nur wenigen Monaten sein Erscheinen einstellen mußte, zeigte er sich sichtlich erleichtert: »Spätestens seit der Ex-Pflasterstrand vom Ex-Zeit-Magazin-Redakteur zum Zentralorgan der sogenannten Weißwein-Fraktion erklärt wurde«, schrieb er ein wenig überironisch an das Nachfolgeblatt *Journal Frankfurt*, »konnte ich mich in dem Ex-Metropolenmagazin nicht mehr wiederfinden. War mir doch klar, daß meine prollmäßigen Trinkgewohnheiten (mein Favourite Drink ist seit einiger Zeit Whisky Sour) den gehobenen Ansprüchen, die das Ex-Blatt an seine Leser stellt, nicht mehr gerecht werden konnten.«

Wenn Ralf Scheffler auch keine Lust verspürte, den angegrünten Yuppie zu geben, so profitierte doch auch er wie selbstverständlich von der »Familie«. Schon im Herbst 1983, ein gutes halbes Jahr nachdem er den Grünen beigetreten war, organisierte er das Wahlkampf-Rahmenprogramm der Partei. 1991 durfte er das Sommerfest ausrichten, das Staatsminister Fischer in der hessischen

Landesvertretung in Bonn für 1500 Gäste gab. Doch das alles waren Marginalien gegen den Plan der rot-grünen Frankfurter Stadtregierung, Schefflers »Batschkapp« in ein Gebäude umziehen zu lassen, das sich im Besitz der Stadt befand. Allein die Tatsache, daß der Stadt am Ende einige Millionen für das 15 Millionen Mark teure Projekt fehlten, ließ das Vorhaben scheitern.

Zum Ausgleich erhielt Scheffler 1993 die Möglichkeit, eine zweite Diskothek in bester Frankfurter Citylage zu eröffnen: das »Nachtleben« an der Konstablerwache. Die Stadt subventionierte diesen in einem ebenfalls städtischen Gebäude untergebrachten Betrieb durch einen Mietvertrag, der die Miete an den Umsatz koppelte. Zudem erhielt er problemlos eine Nachtkonzession, um die sich zu dieser Zeit manch ein Konkurrent jahrelang vergeblich bemühte. Einen Leserbriefschreiber im *Journal Frankfurt* erinnerte diese Pfründepraxis »an 'ne staatlich erteilte Lottokonzession«.

Ralf Scheffler sah das anders. Als im selben Blatt ein jüngerer Kneipier und Musikveranstalter, der über weniger gute Verbindungen zur rot-grünen Stadtregierung verfügte, die versteckte Subventionspraxis an die Öffentlichkeit brachte und behauptete, der »Batschkapp«-Betreiber zähle eben zu den »Stadtlieblingen«, legte Scheffler die gleiche Platte auf wie schon Kollege Klinke: »Wir werden nicht subventioniert, wir sind nicht subventioniert, fertig, aus. Wir wollten noch nie im Leben Subventionen. Wir legen auch gar keinen Wert darauf, wir wollen nämlich unsere Unabhängigkeit behalten.« Wer etwas anderes behaupte, sei ein »aufgeblasener Schwätzer«. Und allen Ernstes fügte er hinzu, er habe die lukrative Diskothek nur auf intensives Drängen der Stadt eröffnet, deren Absicht es gewesen sei, an dieser Stelle die Innenstadt wiederzubeleben und somit mehr »soziale Kontrolle« zu etablieren. »Nach ein paar Gesprächen habe ich dann gesagt, okay, irgendwie bist auch du gefordert, quasi meinen Teil der sozialen Verantwortung wahrzunehmen.« Die Tatsache des äußerst kulanten Mietvertrags aber bestritt Scheffler keineswegs, sondern bestätigte sie noch einmal ausdrücklich.

Die Vorwürfe, daß zu Zeiten der rot-grünen Stadtregierung Scheffler und andere alteingesessene Musikveranstalter bei der Vergabe von städtischen Räumlichkeiten bevorzugt wurden, lassen sich nicht belegen. Allerdings durfte 1994 ein Leserbriefschreiber namens Jens Prewo unwidersprochen im *Journal Frankfurt* behaupten: »Denn daß diese Herren Macht haben, weiß jeder, der schon einmal etwas auf die Beine stellen wollte, das größer als eine Wohnungsparty sein sollte... Die Stadt spielt immer wieder bestimmten Leuten in die Hände, und andere kommen unter die Räder. Man kennt sich halt von früher.« Und der Augenschein will dem Mann immer wieder recht geben. Anläßlich ihrer 1200-Jahr-Feier zum Beispiel überließ die Stadt Frankfurt Ralf Scheffler und einem Kompagnon 1994 einen ganzen Innenstadt-Straßentunnel für eine Rave-Veranstaltung mit 20 000 Besuchern. Der Organisator der zweiten Mammutveranstaltung des Stadtjubiläums, ein Drahtseillauf von der Paulskirche bis zum Dom, war niemand anderes als – Johnny Klinke.

Auf zum letzten Gefecht

Natürlich mochte sich Joschkas Gang nicht mit der eroberten Teilhabe an der Macht in Frankfurt und den damit verbundenen Versorgungsmöglichkeiten begnügen. Denn so erbittert sie auch mit allen »Tricks und Tracks« (Koenigs) ihren Kampf gegen die Fundis, für gesellschaftliche Anerkennung und lukrative Posten in Stadt und Land geführt hatten – nie verloren sie dabei ihr eigentliches Ziel aus den Augen: die ganz, ganz große Politik, oder konkreter: die bereits 1982 anvisierte Beteiligung an der Macht in Bonn. Sieben Jahre später, in der ersten Hälfte des Jahres 1989, standen die Zeichen endlich so gut wie nie zuvor. In der grünen Bundespartei waren nach dem Sturz des radikalen Parteivorstandes die Fronten in Bewegung geraten. Unter der Führung der beiden ehemaligen Maoisten Antje Vollmer (Ex-Liga gegen den Imperialismus) und Ralf Fücks (Ex-KBW) hatte sich eine neue Fraktion namens »Aufbruch 88« gebildet. Erklärten deren Vertreter zunächst, zwischen Realos und Fundamentalisten vermitteln zu wollen, entpuppten sie sich bald als ebenso machtinteressiert wie die Realos. Ein loses, mit der Zeit immer enger werdendes Bündnis zwischen beiden Fraktionen brachte nun auch auf Bundesebene die Mehrheit für eine grüne Regierungsbeteiligung, für die sich die Realos so lange vergeblich abgerackert hatten.

Zudem signalisierten Meinungsumfragen und Wahlprognosen schon seit längerer Zeit eine Mehrheit für Rot-Grün, so daß auch in der SPD das Interesse an einer Koalition kräftig stieg. Sollte jetzt endlich der sehnlichste Wunsch der Realos in Erfüllung gehen? Fast schien es so, denn im Juni 1989 wurden drei von ihnen, darunter selbstverständlich auch der Boß persönlich, von führenden Sozialdemokraten (zu denen der SPD-Experte für Alt-

Spontifragen Karsten Voigt zählte) zu einer echten Geheimkonferenz in ein wirkliches Schloß eingeladen. Hier durfte Joschka Fischer noch einmal erklären, daß die Grünen für eine Regierungsbeteiligung selbstredend alle Bedingungen der Sozis erfüllen würden und mit der Marktwirtschaft sowie der Einbindung der Bundesrepublik in das westliche Militärbündnis alles klargehe – Egon Bahr, der offensichtlich nicht ganz aufgepaßt hatte, verlangte doch tatsächlich ein Bekenntnis zur NATO.

Alles war derart perfekt auf eine Machtübernahme vorbereitet, daß sich Fischer ein Scheitern kaum noch vorstellen konnte. Er sah sich schon als neuen Umweltminister in Bonn, wenn nicht auf einem noch bedeutenderen Posten. Doch dann passierte etwas völlig Unvorhergesehenes, das alle seine Machtträume zunichte machte. Das Ärgerliche daran war, daß Joschka selbst nicht unschuldig an diesem Debakel war.

War er es doch gewesen, der seinerzeit sein Bekenntnis zur NATO damit verknüpft hatte, daß im Gegenzug »die Rechten« auf eine »heilige Illusion« verzichten müßten, nämlich die Forderung nach einer deutschen Wiedervereinigung. »Im eigenen Interesse«, erklärte er damals, »müßte man diese deutsche Karte ... ein für allemal verbrennen. Das heißt, selbst wenn eine Wiedervereinigung angeboten würde, müßte man sie ablehnen ... Denn es wird allen Beteiligten besser gehen, wenn es so bleibt, wie es ist.«

Fischer hatte geglaubt, dies sei ein äußerst raffinierter Tauschhandel. Die »Rechten« würden in ihn über kurz oder lang freudig einschlagen, weil sie selbst insgeheim schon lange den Glauben an die Wiedervereinigung verloren hatten, und den Linken würde eben dieses Zugeständnis die Zustimmung zur militärischen »Westintegration« versüßen. Wäre sein Plan aufgegangen, es wäre ohne Zweifel Joschkas großpolitisches Gesellenstück gewesen, und gerade deshalb wiederholte er seinen Vorschlag – immer unterstützt von Mitgliedern seiner Gang – bis ins erste Halbjahr 1989 hinein gebetsmühlenartig in allen relevanten deutschen Medien. Doch dann fiel im November 1989 plötzlich und für alle unerwartet die Berliner Mauer, und von einem Tag auf den anderen wurde die angestaubte Einheitsfrage wieder aktuell. Aber Joschka schaltete noch nicht schnell genug um. Zwar feierte er die »zweite deutsche Novemberrevolution« ungeahnt euphorisch als »Einbruch der Geschichte in die Schrebergärtnerei der Bonner Parteien«, doch blieb er so entschieden wie selten bei seiner Überzeugung: »Die Grundsatzentscheidung wird heißen: europäische Einigung und Westintegration oder staatliche Wiedervereinigung der beiden deutschen Staaten. Beides zusammen wird es nicht geben.«

Wenig später ging dann alles wieder seinen normalen realpolitischen Gang. Anfang Februar 1990 erklärte Fischer, die Grünen müßten nun auch die deutsche Einheit akzeptieren. Und anläßlich der im Oktober 1990 vollzogenen Vereinigung schrieb er im *Spiegel*: »So werde ich jetzt also wiedervereinigt, ob es mir paßt oder nicht. Und also, pragmatisch wie unsereins nun mal geworden ist, paßt sie mir, die deutsche Einheit, weil sie mir zu passen hat.«

Abgesehen davon, daß dies wohl eine der schönsten und klarsten Definitionen von Realpolitik überhaupt ist, hatten sich Joschka Fischer und sein realpolitischer Flügel damit gerade noch rechtzeitig an den allgemeinen nationalen Konsens angeschlossen. Weil sie sich allerdings so lange einer Wiedervereinigung entgegengestellt hatten, fehlte den Realos nun die Zeit, diesen erneuten Kurswechsel noch schnell in der gesamten grünen Partei durchzusetzen.

Die Verwirrung war perfekt: Niemand wußte im Bundeswahlkampf 1990 so recht, welche Position die Grünen in der momentan wichtigsten politischen Frage vertraten: Die Realofraktion plädierte pro Einheit, der »Aufbruch«-Flügel um Antje Vollmer lange Zeit für eine lose deutsch-deutsche Konföderation, während die zusehends kleiner werdende linke Fraktion weiter das sich vereinigende Deutschland bekämpfte. Die Folge: Bei der Wahl im Dezember 1990 verweigerten sowohl Einheitsgegner als auch Einheitsbefürworter den Grünen ihre Stimme – die Grünen landeten bei 4,8% und waren damit im neuen Bundestag nicht mehr vertreten. Nichts war es mit dem von Joschka so heiß ersehnten Ministerposten – und ausgerechnet das, was er einst für einen raffinierten politischen Coup gehalten hatte, war ihm selbst und seiner Partei zum Verhängnis geworden.

Etliche politische Kommentatoren wähnten die Grünen nach dem Wahlergebnis am Ende. Für diese Partei der achtziger Jahre, so schallte es über die Allgemeinplätze der Nation, sei offensichtlich kein Platz im größer gewordenen Deutschland. Doch die Propheten sollten sich irren. Joschka Fischer und seine Truppe hatten in der Vergangenheit schon des öfteren eine Niederlage einstecken müssen, aus der sie anschließend um so gestärkter hervorgegangen waren. Auch dieses Mal sollte es nicht anders sein.

Schon wenige Wochen nach der Bundestagswahl konnten die von Fischer angeführten hessischen Grünen mit 8,8% der Stimmen wieder in den Wiesbadener Landtag einziehen – auch im Vergleich zu den diversen Landtagswahlen des Vorjahres ein tadelloses Ergebnis. Zurückzuführen war es wohl darauf, daß der hessische Landesverband wesentlich geschlossener dastand als die Grünen im Bund. Hier wäre ein Streit um die korrekte Haltung zur Wiedervereinigung überhaupt nicht möglich gewesen – zweifellos das Verdienst von Joschkas Truppe, die die Zeit der parlamentarischen Opposition genutzt hatte, um ihre innerparteiliche Herrschaft zu festigen und weiter auszubauen. Nachdem die Fundamentalisten ausgeschaltet worden waren, war man darangegangen, auch realpolitische Funktionsträger von ihren Posten zu verdrängen, die sich den Befehlen aus der Frankfurter Zentrale widersetzten. Bald hatte der hessische Parteivorstand kaum noch etwas zu melden; er verkam mehr und mehr zu einem bloßen Anhängsel der Landtagsfraktion, die wiederum unter der strengen Fuchtel Joschka Fischers stand.

Das gefiel nicht jedem Parteimitglied. »Die Macht bei den hessischen Grünen«, beklagten sich im September 1989 die grünen Landtagsabgeordneten Heike Marie Knodt-Hassanien und Daniela Wagner-Pätzhold im Parteiblatt *stichwort: grün*, »konzentriert sich auf Joschkas Fußvolk, das eifersüchtig darüber wacht, daß kein falscher Gedanke aufkommt.« Jeder, der »jemals auch nur Zweifel an der Richtigkeit der im Frankfurter ›Machtzirkel‹ erarbeiteten Dekrete aufkommen ließ, war fortan nicht mehr wählbar.« Und als ob sie erst gestern in die Partei eingetreten wären, stellten sie »mit Entsetzen« fest, »daß noch viel schlimmere, karrieregeile Schleimer als in anderen Parteien bei uns versuchen, das Sagen zu haben«. Offenbar hatten die beiden Damen bislang, trotz ihrer exponierten Position, von grüner Realpolitik nicht viel mitbekommen, fragten sie sich doch ernsthaft, ob diese Partei es überhaupt nötig habe, »nur stromlinienförmige Menschen und Meinungen zu akzeptieren«.

Nach dem großen Landtagswahlerfolg konnte im Realostammland wieder eine rot-grüne Regierung gebildet werden, und daß Joschka Fischer erneut Minister werden würde, darüber mußte man nicht diskutieren. Auch nicht mit dem Koalitionspartner, der Fischer diesmal neben dem Umweltministerium nicht nur das Ministerium für Bundesangelegenheiten zugestand (so behielt er wenigstens über die hessische Landesvertretung einen Fuß in der Bonner Tür), sondern ihn auch wie selbstverständlich zum stellvertretenden Ministerpräsidenten erkor. Jetzt, so versprach der vor Macht- wie mittlerweile ebenso vor Körperfülle strotzende Joschka, ließe sich in Hessen »ein Regierungsklima erzeugen, in dem wir den sozialen und ökologischen Umbau wirklich angehen können... Hier besteht die Chance zu einem wirklich sozialen und ökologischen Politmix«.

Solche Verheißungen hatte man in der Vergangenheit schon des öfteren gehört – vor der 84er Tolerierung, vor der ersten Koalition 1985 –, wenn auch Joschka seine Politik bis dato nicht mit DJ-Vokabular angepriesen hatte. Was aber das erwähnte »Regierungsklima« anging, so machte Fischer echte Fortschritte. Oder waren es Rückschritte zu seinen alten Spontiwurzeln? Denn vor allem im eigenen Ministerium herrschten bald jene unkonventionellen Umgangsformen, die sich Joschka aus Putzgruppenzeiten bewahrt und in den letzten Jahren als hessischer Realoboß perfektioniert hatte. »Faß dich kurz, meine Zeit ist kostbar«, hörte man ihn immer häufiger aus seinem Büro schnauzen. Auch in aller Öffentlichkeit, etwa in der Landtagscafeteria vor Abgeordneten anderer Parteien, tat sich der Minister keinen Zwang mehr an, wenn ihm gerade danach war, seine Mitarbeiter abzukanzeln. »Fischer«, so berichtete ein anonymer Gefolgsmann 1992 der Zeitschrift *Tempo*, »kann gezeigte Unsicherheit bei anderen nicht ausstehen. Dann neigt er sofort dazu, sich diese Person sichtbar zu unterwerfen.«

Den rüden Ton und die autoritären Allüren konnte sich Joschka nun leisten – gab es doch in Hessen niemanden mehr, für den er, wie noch in den ersten Jahren seiner Parteimitgliedschaft, alternative Kreide hätte fressen müssen. Auch in der Bundespartei war kein ernsthafter Widerstand mehr zu erwarten, wenn Joschka beispielsweise in bewußtem Widerspruch zu alten basisdemokratischen Grundsätzen ganz frank und frei dem *Spiegel* erklärte, er finde durchaus Gefallen daran, als Politiker ein »Machtmensch« zu sein. Jetzt, da es keine grüne Bundestagsfraktion mehr gab, war Joschka Fischer als hessischer Minister mit einem Mal nicht nur der wichtigste grüne Funktionsträger; mit seinem souveränen Landtagswahlsieg galt er auch als der eigentliche Retter der Partei. Mit einigem Recht konnte man ihn ab jetzt als heimlichen Vorsitzenden der Grünen bezeichnen.

Von nun an lief für die Realos fast alles nach Wunsch. Das zeigte sich, nur wenige Wochen nach der Regierungsbildung in Hessen, auf einem grünen Bundesparteitag, der Ende April 1991 im schleswig-holsteinischen Neumünster stattfand. Aus Protest gegen die offenbar unaufhaltsame Rechtsentwicklung der Grünen verließen die radikalen Ökologen um Jutta Ditfurth und Manfred Zieran die Partei. Nachdem schon im Jahr zuvor die Hamburger Ökosozialisten mit Thomas Ebermann und Rainer Trampert an der Spitze geschlossen der Partei den Rücken gekehrt hatten, gab es nun keine nennenswerte innerparteiliche Opposition mehr, die sich den Machtansprüchen von Joschkas Gang widersetzen wollte und konnte. Zwar existierte schon seit einiger Zeit eine neue Fraktion, die unter der Bezeichnung »Linkes Forum« für sich in Anspruch nahm, die Parteilinke zu repräsentieren. Doch ihre Vertreter sollten künftig nur noch mit zeitlicher Verzögerung jene Positionen einnehmen, die die Realos gerade verlassen hatten, um noch weiter nach rechts zu driften.

Zuweilen brachten sie es aber auch fertig, die Realos an Anpassungsbereitschaft noch zu übertreffen, wie zum Beispiel der »Parteilinke« Jürgen Trittin, der, zusammen mit Joschka Fischers Lieblingsrealofrau Waltraud Schoppe, in Niedersachsen schon seit 1990 in einer rot-grünen

Regierung saß: als Bundesratsminister – einem Posten, den Joschka Fischer in Hessen so nebenbei versah –, denn noch nicht einmal das Umweltministerium hatte die SPD hier den Grünen überlassen wollen. Ziemlich schnell hatte Trittin (wie Thomas Ebermann einst Mitglied im Kommunistischen Bund) diese eher demütigenden Bedingungen akzeptiert, denn auch er wollte nun mal irgendwie mitmischen. Von grüner Politik war mithin auch in Niedersachsen nicht viel zu spüren, von »linker« ganz zu schweigen. Während Trittins Amtszeit stimmte die grüne Landtagsfraktion einer ganzen Reihe von Großprojekten zu, die von Umweltschutzinitiativen vor Ort heftig bekämpft wurden, darunter der Bau einer Daimler-Benz-Teststrecke im Emsland, eine dicke Ölpipeline mitten durchs Wattenmeer und die überflüssige Expo 2000 in Hannover.

Diese sogenannten Parteilinken, das machte nicht nur Trittins Mitregentschaft in Niedersachsen deutlich, unterschieden sich von den Realos nur noch qua Rhetorik. Eben die verhalf dem »Linken Forum« auf dem Parteitag in Neumünster immerhin zu einem Sieg: Bei den Wahlen für den grünen Bundesvorstand konnte sich der Vertreter des »Linken Forums«, Ludger Volmer, knapp gegen Joschkas Realofreund Hubert Kleinert durchsetzen. Das mochte Fischer vielleicht für den Moment schmerzen, doch schon zwei Jahre später schwärmte er so für den Mann, daß er ihn unbedingt zur Wiederwahl empfahl: »Mit Ludger Volmer haben wir einen bewährten Sprecher, der in der Frage der inneren Integration hervorragende Arbeit geleistet hat.«

Dieses Lob kam nicht von ungefähr. Hatte doch Joschka in der Zwischenzeit erkannt, daß er aufgrund des begrenzten Umfangs seines Gang-Personals die grüne Bundespartei niemals so vollständig und unmittelbar unter seine Kontrolle bringen würde wie die Grünen in Hessen oder gar in Frankfurt – ja, daß dies nicht einmal wünschenswert sei. Viel nützlicher erwies sich die in Neumünster endgültig etablierte Arbeitsteilung zwischen den sogenannten Parteilinken und den Realos. Während diese mit etwas linkem Budenzauber Teile der grünen Anhängerschaft an sich banden, die von rechter Realpolitik noch nichts wissen wollten, konnte Fischers kleine Gang ziemlich unbehelligt daran arbeiten, ihre politischen Vorstellungen in der Partei durchzusetzen.

Nach dem Parteitag von Neumünster ließ sich all das realisieren, was man in Frankfurt und Umgebung »angedacht« und wie unabsichtlich in die Debatte geworfen hatte, was aber von der Restpartei noch mit großem Getöse zurückgewiesen worden war. Als es beispielsweise nach der Bremer Landtagswahl im September 1991 nicht zu einem rot-grünen Bündnis reichte, steuerte »Aufbruch«-Mann Ralf Fücks ganz selbstverständlich eine Ampelkoalition unter Einschluß der FDP an. Nicht nur, daß er damit Daniel Cohn-Bendits alten Vorschlag endlich in die Tat umsetzte; Fücks demonstrierte auch, daß er sich strategisch einiges von den hessischen Realos abgeguckt hatte. Als nämlich die Bremer Basis den rot-gelbgrünen Koalitionsplan auf einem ersten Landesparteitag ablehnte, ließ er sie drei Tage später einfach noch mal abstimmen. Diesmal hatten sich die Mehrheiten auf magische Weise verändert, die Partei stimmte zu, und die »Ampel« konnte in Betrieb genommen werden.

Das einzige, was Joschkas Truppe innerhalb der Bundespartei auch jetzt noch nicht durchsetzen konnte, war das uneingeschränkte Bekenntnis zur NATO. Selbst viele altgediente Parteimitglieder, die sich längst zur herrschenden Ordnung und zur freien Marktwirtschaft bekannt hatten, wollten von ihrer pazifistischen Grundüberzeugung nicht lassen. Man beharrte darauf, daß nach Ende des kalten Krieges und der Auflösung des Warschauer Paktes auch das westliche Militärbündnis überflüssig geworden und aufzulösen sei. Ihr ganz besonderer Widerstand aber galt der Absicht der Bundesregierung, erstmals nach Ende des Zweiten Weltkriegs wieder deutsche Truppen in alle Welt zu schicken, wenn auch zunächst unter UNO-Kommando. Ein solches Festhalten an alten, noch aus friedensbewegten Zeiten stammenden Überzeugungen mochte diese Grünen ehren; auf dem Weg zum Bundesregieren aber waren sie, das wußten Joschka und die Seinen schon lange, mehr als hinderlich.

So war es kaum verwunderlich, daß sich Daniel Cohn-Bendit als gelernter Tabubrecher der Fischer-Gang bald auch dieses Themas annahm. Als sich Anfang 1993 der jugoslawische Bürgerkrieg in Bosnien-Herzegowina verschärfte, schlug sich der einst so pazifistische Dany demonstrativ auf die Seite der militärisch in Bedrängnis geratenen bosnisch-moslemischen Kriegspartei. Zusammen mit dem gleichschwer überdrehten CDU-Bundestagsabgeordneten Stefan Schwarz und anderen forderte er vehement, das Waffenembargo gegen Bosnien-Herzegowina aufzuheben, die Nachschubwege, Waffendepots und Luftbasen der Serben anzugreifen sowie den Zugang zu allen »Konzentrations- und Internierungslagern« durch internationale Streitkräfte freizukämpfen.

Schon ein Jahr später hatte sich Cohn-Bendit militärstrategisch enorm weitergebildet. Dies legen wenigstens die bis ins Detail ausgearbeiteten Angriffspläne nahe, die er am 20. April 1994 unter der Überschrift »Bombardiert Pale« in der *tageszeitung* dem NATO-Oberkommando unterbreitete. Weil die Stationierung von UNO-Truppen in Bosnien nicht den gewünschten Erfolg gebracht hatten, schlug er nun vor: »Die UNO-Truppen werden aus Bosnien abgezogen, das Waffenembargo für Bosnien wird aufgehoben, und die Nato übernimmt die militärische Aufgabe, per Luftangriff die Serben zu zwingen, einen

Teil der eroberten Gebiete zurückzugeben. Unsere Superdiplomaten setzen sich an einen Tisch mit den Russen, vereinbaren verbindlich als Diktat eine neue Landkarte in Bosnien, teilen diese Karte den Kriegsparteien mit und führen nach 48 Stunden, wenn es notwendig ist, diesen Plan aus.«

Wenig später ging der Hobbystratege und Balkanfuchs noch einen Schritt weiter. Nachdem er im Frühjahr 1994 noch aus Gründen der »historischen Sensibilität« erklärt hatte: »Nach Jugoslawien würde ich [!] keine Deutschen schicken«, fand er es im Dezember desselben Jahres »geradezu lachhaft, wenn wir die deutsche Geschichte zur Legitimation dafür heranziehen, daß wir Menschen in Not nicht retten wollten«. Denn sterben könnten doch auch deutsche Helden gut: »Wenn eine Militärintervention in Bosnien notwendig ist, dann sollten alle daran teilhaben. Warum sollten die Franzosen die Toten haben, und die Deutschen sagen: ›Wißt ihr was, vor 60 Jahren waren wir Schweine, jetzt sollen andere sterben.‹«

Bei diesem tapferen Vorstoß Cohn-Bendits verhielt sich Joschka Fischer wie üblich. Während sein Kumpel in immer lauteres Kriegsgeschrei verfiel, gab sich der einstige »Kriegshäuptling« der Frankfurter Spontis streng pazifistisch und lehnte jedwede militärische Intervention im jugoslawischen Bürgerkrieg ab. Besonders entschieden wandte er sich gegen Danys Argument, um Kriegsverbrechen, ja ein »neues Auschwitz« gar, zu stoppen und Menschenleben zu retten, müßten auch deutsche Truppen eingreifen. »Wir sollten uns sehr davor hüten«, schrieb er im Juni 1994 in der Zeitschrift *Tempo*, »nachdem unsere Väter mit Glanz und Gloria unter dem Zeichen eines irren Nationalsozialismus in die Kriege gezogen sind, das gleiche jetzt unter dem Vorzeichen der Menschenrechte in Bosnien zu tun ... Man kann sehr schnell da enden, wo es, wie etwa in Somalia, nicht um Menschenrechte, sondern um Macht geht.« Deutsche Soldaten hätten im ehemaligen Jugoslawien weder als UN-Blauhelme noch unter einem NATO-Kommando etwas zu suchen.

Auch als zum Jahreswechsel 1994/95 ein großer, in der *tageszeitung* dokumentierter Schlagabtausch zwischen den beiden Gang-Giganten stattfand, blieb Fischer noch bei seiner Position. Eine Beteiligung deutscher Einheiten an militärischen Operationen im Ausland, erklärte er geduldig »dem Dany«, sei eben deshalb so überaus riskant, weil dadurch die »rechtlichen und historischen Barrieren abgeräumt werden zugunsten einer völligen Optionsfreiheit der deutschen Außenpolitik mit militärischen Mitteln«. Gleichzeitig trat Fischer in der *Woche* Cohn-Bendits hysterischer These entgegen, in Serbien wüte ein faschistisches Regime, in dessen Internierungslagern das gleiche geschehe wie einst in deutschen Nazi-Konzentrationslagern: »Wir haben es mit einer inneren Sezession zu tun, wobei man sich auf völkerrechtlich anerkannte Grenzen bezieht, die von den beteiligten Völkern selbst nicht anerkannt wurden ... Mit Auschwitz kann man das überhaupt nicht vergleichen.«

Im August 1995 aber passierte endlich das, was nur den überraschen konnte, der mit der Aufgabenverteilung in Joschkas Gang nicht vertraut war. Als serbische Truppen die UN-Schutzzonen Srebrenica und Zepa überrannten und sich vage, bis zum heutigen Tage nicht einwandfrei bestätigte Nachrichten über ein großes Massaker verbreiteten (selbst die serbenfeindliche *FAZ* konnte im August 1997 immer noch nichts anderes schreiben, als daß das Massaker »vermutlich« stattgefunden hatte), folgte Fischer einmal mehr seinem Kumpanen. Jetzt war auch Joschka zutiefst von dem überzeugt, was er noch ein halbes Jahr zuvor abgestritten hatte: In Serbien habe sich ein »neuer Faschismus« etabliert, gegen den nur noch militärisches Eingreifen helfe. Natürlich schloß er fürs erste eine deutsche Beteiligung aus, um dann auch diese Entscheidung – wer hätte etwas anderes erwartet? – Ende desselben Jahres zu revidieren.

Das Ergebnis dieses seit Spontizeiten geprobten Rollenspiels: Nachdem beide Gang-Mitglieder das Thema durch ihren fulminanten Streit in die grüne Partei getragen und dann, nach vorgeblich hartem Ringen, vor aller Augen gelöst hatten, begann sich die grüne Basis Schritt für Schritt in die gewünschte Richtung zu bewegen. Hatte im Oktober 1993 ein grüner Sonderparteitag trotz oder vielleicht gerade wegen der Intervention Cohn-Bendits – Dany schrie in den Saal, die bosnischen Moslems seien »Menschen von unserem Blute« – jegliches militärische Engagement in Bosnien abgelehnt, stimmte man 1994, nach Joschkas Stellungswechsel, dem Einsatz von (nichtdeutschen) Blauhelmverbänden zu. Wiederum ein Jahr später, im Dezember 1995, sprachen sich immerhin 37% der Parteitagsdelegierten für den Antrag von Joschka Fischer und Hubert Kleinert aus, die Bundeswehr an einem Einsatz in Bosnien zu beteiligen. Und obwohl die Mehrheit des Parteitages auf einer pazifistischen Position beharrte und die Fraktion auf ein Veto verpflichtete, stimmten nur drei Tage später 22 von 48 grünen Bundestagsabgeordneten der Entsendung von 4000 Bundeswehrsoldaten ins ehemaligen Jugoslawien zu.

Selbstverständlich geschah dies nur aus humanitären Gründen. Schon zuvor hatten Fischer und Konsorten immer wieder behauptet, der Bundeswehreinsatz komme für sie nur »als letztes Mittel zur Verhinderung eines drohenden Völkermordes« in Frage. Ansonsten bleibe man natürlich Pazifist. Dagegen hatte die rechtsliberale Publizistin Sibylle Tönnies in der *taz* bereits lakonisch eingewandt: »Nun gehört es zum Charakter des modernen Kriegs, daß ein Volk das andere hinzumorden trachtet, und es bleibt nicht viel Krieg übrig, dem gegenüber man sich abstinent verhält, wenn man seinen Pazifismus bei Völkermord ausschaltet.« Darüber hinaus hatten sich weder Cohn-Bendit noch Fischer dort für Bundeswehreinsätze ausgesprochen, wo beispielsweise Kroaten Serben vertrieben oder Moslems massakrierten. Und so blieb denn bei genauerer Betrachtung von den hochmoralischen Argumenten zur Rechtfertigung grüner Militärpolitik nicht viel übrig als das wilhelminische »Serbien muß sterbien«.

Was Fischers Gang jedoch wirklich zu ihrer Kurswende veranlaßte, verriet Daniel Cohn-Bendit einst in einem Nebensatz. Als Fischer im August 1995 den ersten Schritt weg vom pazifistischen Paulus hin zum »bellizistischen« Saulus getan hatte, aber nach wie vor den Einsatz von Bundeswehreinheiten ausschloß, kommentierte »der Dany«: »Wenn Fischer einmal Außenminister wird, wird er diese Haltung nicht beibehalten können.« Und Joschka selbst begründete seine ursprüngliche Haltung im Dezember 1994 so: »Den Einsatz deutscher Kampfverbände in Bosnien lehne ich mit allem Nachdruck ab. Dies war zu Wochenbeginn auch noch die Auffassung des Bundeskanzlers.« Erst nachdem der Bundeskanzler seine Meinung geändert und auch das Regierungslager Gefallen an deutschen Truppen im ehemaligen Jugoslawien gefunden hatte, vergaß Joschka all seine guten Argumente gegen eine Intervention und entdeckte Humanität und Moral.

Geprobt wurde die Außenministerrolle im Oktober 1996, als Joschka Fischer, Jürgen Trittin (!) und andere Grüne – der immer fixere Dany war schon eine Woche vorher da – die auf kroatischem Territorium stationierte deutsche Bosnientruppe besuchten. Hier ließ sich Joschka mit Bundeswehrhubschraubern durchs Land fliegen, inspizierte fachmännisch die deutschen Einheiten und ihr militärisches Gerät und betrieb im Biwak ein wenig Kraftsport. Derselbe Mann, der 1982 im *PflasterStrand* geschrieben hatte: »Deutsche Helden müßte die Welt, tollwütigen Hunden gleich, einfach totschlagen; dies zeigt unsere ganze Geschichte«, klopfte eben diesen Helden freundschaftlich auf die Schulter, zeigte sich »positiv überrascht« und gab der Bundeswehr nach nur sechstägigem Augenschein die obligatorische Weihe: »Das ist eine demokratische Bürgerarmee.« Daß Soldaten genau dieser Armee sich etwa zur selben Zeit mit Videos auf ihren Einsatz vorbereiteten, in denen das Foltern, Schinden und Exekutieren verherrlicht wurde, daß wenig später für diesen »Friedenseinsatz« vorgesehene Rekruten Ausländer durch die Detmolder Innenstadt prügelten: das alles hat Joschka vielleicht betrübt. An seiner positiven Sicht des deutschen Militärwesens hat es anscheinend nicht viel geändert.

Dennoch konnte Joschkas Gang die Partei in dieser Frage bis heute nicht komplett auf ihre Linie bringen. Als der Bundestag im Dezember 1996 den zweiten Einsatz der Bundeswehr in Bosnien beschloß – im Unterschied zum ersten Einsatz durften die Deutschen nun auch echte Kampfaufträge übernehmen –, befürwortete Fischer zwar die deutsche Beteiligung, mußte aber auf die Stimmung in der Partei Rücksicht nehmen und gegen das neue militärische Mandat stimmen. Und auch bei der Formulierung des grünen Programms für die Bundestagswahl 1998 votierte die Mehrheit nicht für das rückhaltlose Bekenntnis zur NATO. Doch all dies sind bloße Rückzugsgefechte. Selbst Jürgen Trittin paßte an dem zweiten bosnischen Abenteuer der Bundeswehr lediglich nicht, daß es unter dem Oberbefehl der NATO stand. Einem »klassischen UN-Mandat mit allen Konsequenzen«, einem »robusten Blauhelmeinsatz«, an dem auch deutsche Soldaten beteiligt sein könnten, wollte er sich nicht mehr widersetzen.

Die Weichen sind also längst gestellt. Wie bei allen anderen, einst so unverzichtbaren grünen Prinzipien werden die Realos um Joschka Fischer dafür sorgen, daß die Parteimehrheit auch in dieser militärischen Frage ihre Vorstellungen übernimmt. Und zwar genau dann, wenn es um die Macht geht, oder konkreter, wenn Joschka Fischer Innen-, Außen- oder – warum denn eigentlich nicht, als ehemaliger Putzgruppenkämpfer versteht er doch was vom Geschäft – Verteidigungsminister wird. Mal sehen, ob der nächste Auslandseinsatz der Bundeswehr dann ebenso glimpflich verläuft wie der in Bosnien – bisher.

Zurück in die Vergangenheit
(1993–?)

Die Sparstrumpfjahre

Nachdem die NATO ihrem ehrenamtlichen Befehlshaber Daniel Cohn-Bendit weitgehend gefolgt war und einen – bis heute allerdings ziemlich labilen – Waffenstillstand in Bosnien herbeigebombt hatte, war der Multikulti-Kommandeur gleich schon wieder von einer neuen Idee besessen: Die »Weltgemeinschaft, Europa vor allem« sollte »aus dem moslemisch-kroatischen Rest von Bosnien ein neues West-Berlin machen, ein Schaufenster der Lebensmöglichkeiten, das privilegiert und finanziell unterstützt wird«. Schließlich hatte der Kapitalismus und das wilde Metropolenleben selbst einen widerspenstigen Linksradikalen wie »den Dany« von den Vorzügen der Marktwirtschaft überzeugt, da würde auch der rauhe Serbe oder der moslemisch-fundamentalistisch gefährdete Bosnier diesem Heilssystem nicht widerstehen können.

Während aber Cohn-Bendit vor seinem inneren Auge die ehemaligen Feinde bereits Arm in Arm durchs urbanistisch veredelte Sarajewo flanieren sah, steckte zu Hause in Frankfurt die rot-grüne Koalition in einer tiefen Krise. Nachdem man in den ersten beiden Jahren der gemeinsamen Regierung noch einiges Geld in die üblichen Tempo-30-Zonen, den Ausbau von Parks und sogar in den sozialen Wohnungsbau gesteckt hatte, geriet danach das hochfliegende Urbanisierungsprogramm ins Stocken. Wieder einmal zeigte sich: So erfolgreich Joschkas Gang im innerparteilichen Machtkampf und bei der Eroberung von Posten und Positionen auch war, so unfähig erwies sie sich, das zu betreiben, wozu sie angetreten war: Realpolitik.

Symbolisch eingeläutet wurde der Niedergang des »urbanen Projekts« Frankfurt durch den *PflasterStrand*. Dem Blatt, das sich bis zuletzt so pausen- wie besinnungslos für die »Idee Großstadt«, für »polyvalente Metropolenkultur« und »urbanes Lebensgefühl« begeistert hatte, gingen in einem nun wirklich großstädtischen Tempo nach nur acht Monaten jene Mittel aus, die nach den Worten von Chefredakteur Horx nicht so schnell versiegen sollten. Der vermögende Verleger Kierzeck mußte es mit einem banalen Veranstaltungsmagazin fusionieren lassen, um wenigstens einen Rest seines Kapitals zu retten. Unter dem Namen *Journal Frankfurt* fuhr das weitaus bescheidener gestylte Nachfolgeblatt die alte realotreue Linie weiter. Da es aber nun nicht mehr Cohn-Bendit direkt unterstand, konnte man sich zumindest ab und zu eine kritische Bemerkung gegenüber den Grünen erlauben.

Als nächstes trat nach zahlreichen innerparteilichen Querelen Anfang 1991 die Galionsfigur der urbanistischen Umgestaltung, SPD-Oberbürgermeister Volker Hauff, von seinem Amt zurück. Spätestens jetzt war das Projekt sichtbar erledigt. Nachfolger Andreas von Schoeler ließ es in seiner Antrittsrede zwar gleichfalls nicht an den gewohnten Urbanisierungsversprechungen fehlen, doch bei den bloßen Ankündigungen sollte es auch bleiben. Immer wieder wurde die anvisierte Verkehrsberuhigung der Innenstadt verschoben, und die großen kulturellen Vorhaben kamen ebenfalls nicht voran. Aber erst nach den Kommunalwahlen im März 1993 legten die Koalitionäre die Zahlen auf den Tisch. »Wir sind in eine

Krise geschlittert«, konstatierte Tom Koenigs, »weil wir geglaubt hatten, die Einnahmen würden immer weiter wachsen und die Sozialabgaben überschaubar bleiben. Das Gegenteil ist eingetreten.« Immer weiter wachsende Einnahmen, die nur in grüne Bahnen gelenkt zu werden brauchten: Genauso hatte man sich die realexistierende kapitalistische Utopie vorgestellt. Nun aber erwies sich dies als Illusion und die gerade noch so ungeheuer reiche Metropole Frankfurt am Main als die Stadt mit der republikweit höchsten Pro-Kopf-Verschuldung.

Vor vielen, vielen Jahren, in grauer, mythischer Spontizeit, hätten Koenigs und Co. eine solche Entwicklung noch als ganz normale »Krisenerscheinung im Spätkapitalismus« gedeutet und nach einer grundsätzlichen Alternative verlangt; nachdem sie sich aber nun einmal zu den herrschenden ökonomischen Verhältnissen bekehrt hatten, kam diese Sicht der Dinge nicht mehr in Frage. Statt dessen bot Koenigs an, neben dem Umweltdezernat auch das Amt des Stadtkämmerers zu übernehmen. Die Frankfurter SPD, die sich schon seit Jahren in einem desaströsen Zustand befand und Kommunalwahl für Kommunalwahl Stimmen an die Grünen verlor, nahm das Angebot dankbar an. Sie hoffte, daß sich ein Kämmerer, der kein Geld zu verteilen hatte, sehr schnell sehr unbeliebt machen würde. Doch dieses Risiko mußten die Realos eingehen, schließlich galt es zu beweisen, daß einer der ihren auch ein guter Finanzpolitiker sein konnte. Und so wurde Thomas Koenigs unmittelbar nach den Kommunalwahlen im März 1993 zum ersten grünen Stadtkämmerer Deutschlands ernannt – rund ein Jahr vor den nächsten Bundestagswahlen ein deutliches Zeichen, daß man sich in künftigen Regierungen nicht mehr bloß mit dem Umweltressort zufriedengeben würde.

Koenigs, das war klar, würde angesichts des Millionendefizits in den städtischen Kassen rigoros sparen müssen. Doch wie sollte man das der eigenen Wählerklientel verkaufen, der man doch gerade noch die allerschönsten urbanen Hoffnungen gemacht hatte? Für solche Aufgaben war im Realoclan schon immer Mastermind Thomas Schmid zuständig gewesen, der sich auch diesmal prompt mit einem grundlegenden »Essay« im *Journal Frankfurt* (im April 1993) zur Stelle meldete. Dabei ging er zunächst einmal mit dem »epochalen Wunderprogramm« hart ins Gericht, mit dem seine Frankfurter Parteifreunde in die Koalition gestartet waren, ohne freilich zu erwähnen, daß er selbst daran mitgewirkt und mit welch poetischen Worten er es anschließend bejubelt hatte. Aber nun, im nachhinein, wußte es Schmid wieder einmal besser: Statt irgendwelche urbanen Wunderdinge zu versprechen, hätte man die letzten vier Jahre lieber dazu nutzen sollen, »das städtische Publikum so schonend wie möglich und so offen wie nötig auf das Ende der wohlfahrtsstaatlichen Gießkannen-Epoche vorzubereiten«. Jetzt gelte es, das Versäumte schleunigst nachzuholen, »die gängige Philosophie des Sozialstaats... folgenreich zu überdenken« und die »Kunst des Sparens« zum eigentlichen Inhalt grüner Politik zu machen. Schließlich sei das Engerschnallen des Gürtels um ein paar Haushaltslöcher eine durchaus positive Sache, da doch der Sozialstaat dazu neige, »die Empfänger seiner Segnungen zur Klientel, zur Versorgungsmasse zu degradieren«. Sollte man da nicht eher das »Sparen auch als Chance begreifen«? Als Chance z. B., »der Hilfe zur Selbsthilfe wirksam auf die Beine zu helfen«, was wohl nichts anderes heißen sollte als z. B. Sozialhilfeempfänger nicht länger durch Sozialleistungen zu entmündigen.

Auf einen einfachen Nenner gebracht, bedeutete Schmids frohe Sparbotschaft: Wenn die Realos in Frankfurt noch mehr auf die Kräfte des freien Marktes setzten, bekämen sie nicht nur die prekäre Finanzsituation in den

Griff, sondern erhöhten gleichzeitig die Lebensqualität der Metropolenbewohner. Folgerichtig bestand eine der ersten Amtshandlungen des neuen Stadtkämmerers darin, sich direkt an diejenigen zu wenden, die dieses Prinzip schon etwas länger hochhielten. Tom Koenigs nutzte die alten Familienbande zur grauen Bankeneminenz Hermann Josef Abs – immerhin ein Mann, der im »Dritten Reich« als »Chefarisierer der Deutschen Bank« (Otto Köhler) gewirkt hatte – und die ebenso guten Kontakte zum damaligen Vorstandssprecher der Deutschen Bank, Hilmar Kopper, um sich mit Wolfgang Nierhaus einen Mitarbeiter eben dieses Geldinstituts als Berater ins Rathaus zu holen. Nierhaus, unter anderem ehemaliger Fraktionsvorsitzender der CDU im Wiesbadener Stadtparlament, sollte ihm helfen, den städtischen Haushalt zu sanieren.

Hatten die Banken, diese »Orchideen« (Koenigs) unter den kapitalistischen Gewächsen, Frankfurt auch keineswegs vor dem finanziellen Desaster bewahrt, so unterstützten sie die Stadt jetzt doch bei ihrer »Gesundung«. Daß die allerdings ganz anders aussehen sollte, als es die grünen Urbanisten ihrem Publikum vorgeschwärmt hatten, verstand sich beinahe von selbst. Von einer Akademie der Künste, einem Basar, der urbanen Veredelung von Parkhäusern oder einer autofreien Innenstadt war angesichts der knappen Kassen schon längst nicht mehr die Rede, und auch die Umwandlung der Arbeitsgesellschaft in eine Kulturgesellschaft war ziemlich in Vergessenheit geraten. Statt dessen reduzierte der grüne Stadtkämmerer den Kulturetat der Stadt Frankfurt jährlich um zweistellige Millionenbeträge, so daß Museen, Oper, Kulturinitiativen und Theater bald ihre Aktivitäten drastisch reduzieren oder, wie das Städel-Museum, für ihren Erhalt sammeln gehen mußten. Auch im ökologischen Bereich wurde gespart. Kläranlagen wurden nicht weiter ausgebaut, dafür aber die Fahrpreise im öffentlichen Nahverkehr kräftig erhöht. Der soziale Wohnungsbau kam völlig zum Erliegen, und von den geplanten neuen Stadtvierteln (»Wohnen am Fluß«) blieb nur stapelweise Makulatur.

»Jetzt staunen die Leute«, trompetete Daniel Cohn-Bendit nach Tom Koenigs Amtsantritt, »daß ein Grüner richtig sparen kann und trotzdem sozial handelt.« Doch gerade damit war es nicht weit her; auch der Sozialbereich blieb keineswegs von der allgemeinen Sparwut verschont. Frauenprojekten wurden die Zuschüsse gestrichen, Kindertagesstätten mußten mehr Kinder aufnehmen, ohne daß weitere Betreuer eingestellt wurden, städtische Sozialleistungen wie Kleidergeld oder Energiekostenbeihilfe für Bedürftige wurden nicht mehr gewährt, Jugendhäuser und Altenclubs geschlossen oder zusammengelegt. So verstopfte Koenigs ein Loch in der wohlfahrtsstaatlichen Gießkanne nach dem anderen.

Daß er damit eine Politik durchzog, die sich nicht einmal mehr in Nuancen von der der »Altparteien« unterschied, irritierte das grüne Sparbrötchen wenig. Und wenn sich auch Unternehmer und Banker bei der Finanzierung der neuen schönen Stadtwelt nicht sonderlich spendabel gezeigt hatten, blieben Koenigs und die Frankfurter Realos bei dem Grundsatz, nur freies Unternehmertum und kapitalistische Konkurrenz könnten Ökologie, Kultur und Wohlfahrt in Frankfurt wieder auf die Beine helfen. Der Kämmerer baute im großen Stil städtisches Personal ab, verkaufte Teile der kommunalen Energieversorgung, privatisierte die Müllabfuhr. Dabei hörte man nun auch ihn im Einklang mit Thomas Schmid tönen, die Ebbe in der städtischen Kasse sei gar nicht so übel, ja, wenn man es eigentlich recht bedenke, sogar ein echter Segen.

Zum Beispiel für die urbane Kultur, der Geld bekanntlich nur schlecht bekommen sei. Diesen Bereich vor dem

»ökonomischen Druck über sehr lange Zeit zu bewahren, ist jetzt nicht mehr möglich. Und wahrscheinlich noch nicht einmal wünschenswert.« Denn hinderten die Theatersubventionen nicht das wirkliche Genie an seiner Entfaltung? »Leute, wieviel Millionen hatte Shakespeare?« fragte Tom Koenigs jetzt gerne launig, wenn sich verwöhnte Theatermacher wieder einmal über radikale Kürzungen beschwerten. Auch im sozialen Bereich, behauptete er, bewirkten die knappen Kassen nur Gutes, denn »viele soziale Dienste können von Privaten besser oder billiger gemacht werden«. Und ermöglichten nicht erst die mageren Zeiten, daß sich nun wieder viele Frankfurter unter aktiver Einbringung ihrer Arbeitskraft selbst verwirklichen konnten, und zwar ohne sich vom letztlich schnöden Mammon korrumpieren zu lassen? »Es gibt viele Sachen, die die Bürger wieder selbst machen können«, jubelte Koenigs. »Das finde ich hervorragend. Im Frankfurter Palmengarten hat die Direktion die Dauerbesucher zum Teil aktivieren können, die Beete zu pflegen.«

Kaum zu glauben, daß diese Sprüche von demselben Mann stammten, der eben noch das Hohelied der urbanistischen Fülle gesungen hatte – wenn man nicht wüßte, daß genau dies der wohl wichtigste Inhalt von Realpolitik ist: die Politik, die man sowieso notwendigerweise zu machen hat, auch noch schönzureden. In dieser Hinsicht gab sich Koenigs wirklich alle Mühe: »Rezessionszeiten sind auch Reflektionszeiten«, und die könne man ausgezeichnet zur »Modernisierung« der Stadt und seiner Verwaltung nutzen. Wenn alle ein wenig beweglicher würden (»Wir brauchen eine Flexibilitäts-Entwicklungsabteilung«), dann spare das nicht nur bares Geld, sondern komme letztlich allen Bürgern zugute. Natürlich pflichtete auch Daniel Cohn-Bendit, dessen Geschäft ja schon immer die Flexibilisierung von Gedanken bis hin zum völligen Unsinn gewesen war, Koenigs Vorschlägen bei. Auf den Vorhalt des *Spiegels*, dies sei eher ein Plädoyer »für die Rückkehr zum Frühkapitalismus«, erklärte er treuherzig: »Es geht doch nur um etwas mehr Beweglichkeit.« So sehr Tom Koenigs und die Frankfurter Realos auch privatisierten, flexibilisierten, einsparten, reflektierten und dabei weiter tapfer an die alles heilenden Marktkräfte glaubten: für große Teile der städtischen Bevölkerung verschlechterten sich unter dem grünen Stadtkämmerer die Lebensbedingungen. Jahr für Jahr stieg die Zahl der Sozialhilfeempfänger von 30 312 (1990) auf 44 642 (1995) und die der Arbeitslosen von 16 633 (1991) auf 31 768 (Februar 1997). Im Jahr 1997 galt bereits ein Fünftel aller Frankfurter als arm (mit einem durchschnittlichen Monatseinkommen von unter 1100 Mark), und in der Frankfurter Innenstadt war die zunehmende Zahl der um Almosen bettelnden Obdachlosen nicht mehr zu übersehen. Auch im ökologischen Bereich sah es unter dem Umweltdezernenten Koenigs nicht besser aus. Derselbe Mann, der noch 1989 angetreten war, den Automobilverkehr in Frankfurt bis zum Jahr 1997 zu halbieren, und der für die nähere Zukunft »nachweislich die beste Luft aller europäischen Großstädte« durch »offensive CO_2-Verminderung« versprochen hatte, mußte in der *Frankfurter Rundschau* vom 27. Juni 1997 zugeben: »Wir sind ... gegen die Wand eines *zunehmenden* Kraftverkehrs gelaufen. Alles, was wir mit hohem Aufwand gemacht haben, etwa CO_2-Reduzierung durch Wärmedämmung, hat sich dann im Kraftverkehr wieder verschlissen.«

Mochten auch Naturschutzinitiativen und Wohlfahrtsverbände an dieser Art von grüner Realpolitik immer mehr auszusetzen haben, so gab es doch auch einige, die mit ihr in hohem Maße einverstanden waren. »Ich empfinde es als wohltuend, was jetzt passiert«, lobte im November 1993 Wolfgang Nierhaus die Politik seines gelehrigen Schülers. Gründe dafür hatte der Mann von der Deutschen Bank genug. Denn in demselben Maße, in dem sich die Frankfurter Realos für öffentliche Sparmaßnahmen stark machten, kamen sie auch den Interessen von Unternehmen und Banken entgegen. Sie stimmten der (einst so heftig bekämpften) Erweiterung des Frankfurter Flughafens um ein ökologisch besonders umstrittenes neues Luftfrachtzentrum zu oder setzten sich vehement für die Stadt als Sitz der zukünftigen Europäischen Zentralbank ein. Und gegen den Bau neuer Wolkenkratzer hatten die ehemaligen Häuserkämpfer genauso wenig einzuwenden wie gegen die Immobilienspekulation, die bald die halbe Frankfurter Innenstadt in leerstehenden Büroraum verwandelte.»Es geht«, freute sich angesichts solcher Tatsachen Berater Nierhaus,»in Richtung amerikanische Verhältnisse.«

Zu einer Sponsorenpolitik à la USA konnten sich aber Unternehmen und Banken trotz aller von rot-grüner Seite erwiesener Wohltaten nicht durchringen. Dennoch glaubte der Stadtkämmerer unvermindert an den sozialen Auftrag des Kapitals.»Es wird sich zeigen«, darauf beharrte Koenigs noch 1996,»daß die Bewältigung der Finanzkrise auch ein Anliegen der hiesigen Banking-Community ist.« Und auch »der Dany« hielt unbeirrt an seinem Kinderglauben an den kapitalistischen Weihnachtsmann fest, obwohl der in all den Jahren nie zur Bescherung erschienen war. Als der Fußballclub Eintracht Frankfurt 1996 aus der ersten Bundesliga abzusteigen drohte, prophezeite er in einem Kommentar in der *FAZ* und in der ihm eigenen Sprache, dies werde auf jeden Fall verhindert:»Alle werden staunen: Hoechst, die Deutsche Bank und die Dresdner Bank haben die Lektionen längst verstanden. So wie sie einst aus den Ruinen der Alten Oper eine blühende Landschaft erstehen ließen, werden sie aus den Wracks dieser Eintracht mit Kapital und Management die nötigen Peanuts rollen lassen, um unserer blonden [?] Lady den ihr gebührenden Auftritt zu ermöglichen.« Natürlich stieg die Eintracht ab, ohne daß die Genannten auch nur eine müde Mark lockergemacht hätten. Und der grüne Stadtkämmerer mußte finanziell weiter in der Kreisklasse spielen. Warum auch sollten ausgerechnet die Banken der Stadt bei der Bewältigung einer Krise helfen, an der sie doch in Form von kommunalen Zinszahlungen nicht schlecht profitierten? Da die Schecks von der »Banking-Community« weiterhin ausblieben, konnte Tom Koenigs schließlich nicht mehr umhin, den vollständigen Bankrott (nicht nur) seiner Sparpolitik zuzugeben: »Das ganze Finanzierungssystem ist marode. Auch wenn wir alles richtig machen, auch wenn wir alle Preise als die größten Sparer der Nation bekommen, lassen sich die Städte so länger nicht verwalten.«

Wenn wenigstens der Dezernent für Multikulturelles erfolgreicher gewesen wäre, dann hätte die Bilanz der Frankfurter Realogang vielleicht nicht ganz so desaströs ausgesehen. Doch auch von der großspurig angekündigten, auf Integration angelegten neuen Ausländerpolitik der Grünen war bald nichts mehr zu entdecken. Das fanden zumindest diejenigen, die es als unmittelbar Betroffene wissen mußten: die in Frankfurt lebenden Ausländer selbst. Der türkischstämmige ehemalige Landtagskandidat der Grünen und Vorsitzende eines Einwanderertreffs, Cuma Yagmur, trat 1996 mit der Begründung aus der Partei aus, der Einsatz der Frankfurter Grünen für Minderheiten stehe »nur auf dem Papier«. Schon ein Jahr zuvor hatte ein griechisches Mitglied der Kommunalen Ausländervertretung den Rücktritt von Daniel Cohn-Bendit gefordert, da diesem sein Dezernentenposten nur als Plattform zur »Selbstdarstellung, Profilierung und Medienpräsenz« diene. Im Amt für Multikulturelle Angelegenheiten nämlich sei der Herr Stadtrat nahezu nie anzutreffen.

Bei so viel Erfolglosigkeit konnte es nicht verwundern, daß einige Mitglieder des Frankfurter Realoclans sich aus der alten Seilschaft verabschiedeten. Vor allem diejenigen, die sich gegenüber der Clique eine gewisse ökonomische Unabhängigkeit bewahrt oder mittlerweile wieder erworben hatten, gingen auf Distanz. Zu ihnen zählte Matthias Horx, der 1994 im *Journal Frankfurt* dem urbanistischen Unsinn abschwor, den er jahrelang maßgeblich mit verzapft hatte. »Es stimmt: Wir Urbanisten sind gescheitert. In den Hochhaustürmen über der Stadt Frankfurt am Main hat sich das Geld mehr verbarrikadiert denn je; die Schneider-Pleite zeigt, daß die Siebziger-Spekulation nie wirklich vorübergegangen ist.«
 Das allerdings hätte er früher wissen können. Matthias Beltz hatte schon 1987, zu Hochzeiten der urbanen Besoffenheit, geschrieben: »Frankfurt ist weder urban noch Metropole ... Die Frankfurter Inszenierungen seiner eigenen Weltstädtischkeit sind schlecht besetzte und schlecht arrangierte Lokalpossen.« Beltz gehört überhaupt zu den wenigen ehemaligen Spontigrößen, die zwar einst ihren Gang-Kollegen den Weg zur Macht geebnet hatten, ihnen aber zusehends kritischer gegenüberstanden, je länger diese die Macht innehatten. Auch Leute wie der einstige Politredakteur des *PflasterStrands*, Albert Sellner, sahen angesichts der realpolitischen Entwicklung der alten Kumpane schon frühzeitig klarer. Während sich Beltz als Kabarettist über den Werdegang der einstigen Genossen lustig machte, bedauerte jener wenigstens im Rückblick die »exzessive Mitmach-Propaganda«, der sich das »Zentralorgan der Realos« (Sellner) befleißigt hatte.
 Der Rest der grünen Basis aber stand so treu wie eh und je zu ihren alten Führern. »Getan und beschlossen«, so faßte es am 4. April 1996 der Lokalberichterstatter der *FAZ* zusammen, »wurde in Frankfurt ohne Murren, was die Vordenker Joseph Fischer und Thomas Koenigs woll-

ten. Und so folgten die Kreisversammlungen der Grünen stets dem gleichen Muster. Nach zwei Stunden beendete ein Machtwort der beiden stets jede Auseinandersetzung. Das Resultat war immer ein mit großer Mehrheit gefaßter Beschluß.« Daß sich die Frankfurter Grünen so willig von ihren Anführern herumkommandieren ließen und allem und jedem zustimmten, lag nicht nur daran, daß Fischers Gang längst jede innerparteiliche Opposition ausgeschaltet hatten. Anders als die wenigen, die dem Sponti- oder Realoclan im Laufe der Jahre den Rücken kehrten, hatten die grünen Aktivisten (und nur sie waren es, die jetzt noch zu den Versammlungen kamen) durchaus etwas zu verlieren. Die zahlreichen kleineren Ämter, Posten und Positionen in Partei und kommunaler Verwaltung, in deren Genuß nur diejenigen kamen, die sich gegenüber den Patriarchen loyal verhielten – das war mittlerweile der Kleister, der die Grünen in Frankfurt zusammenhielt. Spätestens mit dem Amtsantritt von Tom Koenigs als Stadtkämmerer und dem damit anbrechenden grünen Sparstrumpfzeitalter hatte sich Joschkas Gang die grüne Partei in Frankfurt nicht nur bedingungslos unterworfen, sie hatte auch nahezu jeden aktiven Grünen ihrem weitverzweigten Clan als Mitglied einverleibt.

Auf diesen ebenso disziplinierten wie machthungrigen Haufen konnten und können sich Koenigs, Fischer und Co. blind verlassen. Das zeigte sich etwa, als Tom Koenigs 1995 nach der Wahl der CDU-Kandidatin Petra Roth zur Frankfurter Oberbürgermeisterin dieser seine loyale Mitarbeit anbot. Selbst dagegen erhob sich in der grünen Partei kein größerer Protest mehr. Warum sollte man auch etwas gegen eine Zusammenarbeit mit dem CDU-Stadtoberhaupt haben, wenn man sich inhaltlich kaum noch von dieser Partei unterschied? Außerdem war den Frankfurter Realos klar, daß sie sich auf die Dauer nach einem neuen Regierungspartner umsehen mußten. Denn aufgrund der notorischen Schwäche der heimischen SPD war es absehbar, daß es zukünftig nicht mehr zu einem rot-grünen Bündnis reichen würde.

Und so begann denn der harte Kern der Frankfurter Realogang bereits im Jahr vor den bislang letzten Kommunalwahlen im März 1997 damit, zielstrebig schon lange bestehende Kontakte zur CDU zu verbessern und neue zu knüpfen. Dabei konnten sich auch uralte Gang-Mitglieder, wie z. B. Johnny Klinke, mal wieder verdient machen. Der schloß Freundschaft mit dem neuen Bau- und Ordnungsdezernenten der CDU, Udo Corts. Daß dieser Mann gerade noch gefordert hatte, gegen Obdachlose und Bettler in der Innenstadt härter vorzugehen, sollte die Zuneigung des Ex-Revoluzzers nicht trüben. Gemeinsam riefen beide eine Initiative ins Leben, die man programmatisch »Klimawechsel« taufte. Dieser selbstverständlich »überparteiliche« Zusammenschluß von Frankfurter Kneipiers und einem CDU-Politiker rührte die Trommel für eine Verkürzung der Sperrzeiten in den Frankfurter Kneipen – und hatte, da diese Reform nun wirklich nichts kostete, bald den gewünschten Erfolg.

Noch einmal sah ein Mitglied von Fischers Bande ein neues, besseres Zeitalter anbrechen, zumal jetzt die Oberbürgermeisterin ein Vokabular bemühte, bei dem Klinke die Ohren vor Freude klingeln mußten. »Eine Revolution jenseits von Ärmelschonern und Lineal« nannte Frau Roth den so einvernehmlich erzielten Durchbruch an der Kneipenfront. Johnny gab sich nicht weniger euphorisch, wobei er wohl nicht bedachte, welches Zeugnis er damit allen bisherigen politischen Bemühungen seiner grünen Gang-Kollegen ausstellte: »So eine Veränderung hat's hier seit 20 Jahren nicht mehr gegeben.«

Doch so oft Dezernent Corts und der Hilfsgrüne Johnny Klinke auch zusammen durch Frankfurts Kneipen und Discos auf »Klimatour« gingen, und so sehr sich

Koenigs und seine Partei in Frankfurt bemühten, es den Konservativen in jeder politischen Beziehung recht zu machen: zum Schluß nutzte das alles nichts. Als nach den Kommunalwahlen im März 1997 Rot-Grün die absolute Mehrheit im Frankfurter Rathaus verlor, mochte die Oberbürgermeisterin von einem Klimawechsel nichts mehr wissen und feuerte zu dessen eigener Überraschung stante pede Stadtkämmerer Koenigs. Weniger später bildeten CDU und SPD eine große Koalition. Auch wenn die Grünen weiterhin zwei Dezernenten stellten: das rot-grüne Modell Frankfurt, das einst ein leuchtendes Vorbild für die ganze Republik sein sollte, war damit endgültig Geschichte. Gescheitert war es schon lange zuvor.

Daß aber Joschkas Truppe keineswegs daran denkt, im Kampf um die Macht in der Heimatstadt aufzustecken, versteht sich von selbst. Nur zwei Monate nach dem demütigenden Rauswurf von Tom Koenigs traf sich Daniel Cohn-Bendit wie zufällig mit Johnny Klinkes neuem Freund, dem CDU-Stadtrat Corts, zum Essen. Gemeinsam schmiedete man schon wieder Pläne für ein Bündnis zwischen Konservativen und Grünen. Natürlich konnte Dany das nicht für sich behalten, so daß die *Bild*-Zeitung am nächsten Tag exklusiv vermeldete: »Geheimplan: Mit Corts als CDU-Chef – Römer wird schwarz/grün«. Auch wenn daraus vorerst nichts wurde, stehen in Frankfurt die Chancen für eine schwarz-grüne Zukunft langfristig nicht schlecht. Denn wohl nur mit der CDU werden die Frankfurter Grünen endlich jenes revolutionäre Vorhaben realpolitisch umsetzen können, das Johnny Klinke als gesellschaftspolitischer Sprecher der Fischer-Gang schon mal vorweg formulierte: »Wir fordern die offene Stadt – freies Parken überall, wo die Feuerwehr nicht behindert wird.«

Hessen vorn

Während die grünen Realos in Frankfurt nun höchst unfreiwillig wieder die Rolle der parlamentarischen Opposition spielen mußten, blieb ihnen dies tragische Schicksal auf Landesebene bislang erspart. Zwei Minister stellen die Grünen immer noch in Hessen, doch vom versprochenen »wirklichen« sozialen und ökologischen Umbau ist bis zum heutigen Tag wenig bis nichts zu spüren. Zwar zeigt sich Joschka Fischer seiner Biographin Krause-Burger gegenüber höchst zufrieden über das während seiner Amtszeit Erreichte (»Wenn ich Bilanz ziehe, ist es mehr, als ich gedacht habe«), bei näherem Hinsehen entpuppen sich diese Erfolge jedoch als die übliche, ewig gleiche Realopropaganda.

Den »Chemiestandort Hessen« habe er sicherer gemacht, läßt Fischer verbreiten, während ganze Unfallserien bei der Frankfurter Hoechst AG diese Behauptung mit schöner Regelmäßigkeit widerlegen. Auch die endgültige Schließung der Hanauer Atomfabriken verbucht er auf seinem Konto, obwohl sich deren Betreiber hauptsächlich aus Rentabilitätsgründen zu diesem Schritt entschlossen haben. Besonders stolz aber ist Fischer darauf, in Hessen eine Ökosteuer auf Sondermüll sowie eine Grundwasserabgabe eingeführt zu haben. Dabei vergißt er freilich zu erwähnen, daß die Müllsteuer mit Rücksicht auf die hessische Industrie niemals erhoben und die ökologische Zweckbindung der Grundwasserabgabe schon nach kurzer Zeit wieder abgeschafft wurde. Ähnliches passierte mit einer Verordnung, die den Einsatz des umstrittenen Kunststoffs PVC bei öffentlichen Bauvorhaben verbieten sollte; auf Druck der SPD hob man sie wieder auf.

Auch bei den Atomkraftwerken in Biblis blieb alles beim alten. Jene Reaktoren, die Joschka schon 1985 stillegen wollte, laufen bis zum heutigen Tag, und das, obwohl es nach Auskunft des Realoorgans *stichwort: grün* hier am 17. Dezember 1987 beinahe zu einem »Supergau« gekommen wäre. Dafür konnten bald auch in Hessen Freilandtests mit gentechnisch verändertem Getreide durchgeführt werden. Und daß die hessische Landesregierung im Bundesrat dem Bau der mehr als zweifelhaften Wissmann-Transrapid-Strecke von Berlin nach Hamburg zustimmte, mochte vielleicht den einen oder anderen Basisgrünen noch verärgern; in der »Erfolgskoalition« (SPD-Ministerpräsident Hans Eichel) kam deswegen noch lange keine Mißstimmung auf.

»Der ›ökologische Umbau der Industriegesellschaft‹ hat also nicht stattgefunden«, konstatierte selbst Danys Freund Klaus-Peter Klingelschmitt nach sechs Jahren rotgrüner Regierung in Hessen in der *taz,* und resümierte: »Es wurde also Realpolitik in Reinkultur praktiziert. Die Fassade steht – als Potemkinsches Dorf. Politische Inhalte – Fehlanzeige.« Zugestehen muß man allerdings, daß Fischers Gang beim sozialen Umbau weiter die allergrößten Anstrengungen unternahm, wenn dies auch auf etwas andere Weise geschah, als vom Gros der grünen Wähler erwartet. Als Joschka Fischer im Oktober 1994 seinen Dienst als Doppelminister quittierte, um künftig wieder im Bundestag dieselben Versprechungen zu machen, die er schon in Hessen gebrochen hatte, setzte er sich mit dem üblichen Erfolg dafür ein, daß mit Rupert von Plottnitz das nächste Mitglied seiner Truppe angemessen versorgt wurde.

Der hatte zwar nie das faustgeschmückte Banner des Revolutionären Kampfes getragen, doch immerhin schon Anfang der siebziger Jahre als Anwalt den rebellischen Dany immer wieder und mit einigem Erfolg vor Gericht vertreten. Nicht nur (aber auch) deshalb durfte er, den man nicht umsonst »Knecht Rupert« *(Journal Frankfurt)* nannte, jetzt als Joschkas Nachfolger den Umweltminister und wenig später den republikweit ersten grünen Justizminister geben. Im September 1995 mußte Iris Blaul, die reichlich unbedarfte grüne Ministerin für Jugend, Familie, Gesundheit und Umwelt in Hessen nach einem mit bester Altparteiengesinnung gemachten »Familienfilz«-Skandal zurücktreten. Umgehend wurde sie durch Alt-Spontifrau Margarethe Nimsch ersetzt. Und als schließlich im April 1997 Tom Koenigs zum Sprecher der hessischen Grünen gewählt wurde, war der von Joschka Fischer eingeleitete soziale Umverteilungsprozeß von unten nach oben abgeschlossen. Endlich waren in Hessen alle grünen Spitzenpositionen mit Ex-Spontis aus der alten Gang besetzt.

Allerdings sollte diese Troika bereits im Februar 1998 wieder zerbrechen. Wie schon ihre Vorgängerin, so mußte auch »Superministerin« *(Bild)* Nimsch zurücktreten. Sie hatte zwei Parteifreundinnen, mit denen sie selbstverständlich seit alten Spontizeiten verbunden war, bei der Vergabe von Regierungsaufträgen begünstigt. Der Firma der grünen Stadtverordneten Claudia Weigt (neben Joschka Fischer und Tom Koenigs bis zur Aufdeckung des Skandals die dritte Direktkandidatin der Frankfurter Grünen für die Bundestagswahl 1998) sollte ohne öffentliche Ausschreibung für ein Projekt rund eine halbe Million Mark zugeschanzt werden. Erst in letzter Minute konnte Nimschs Staatssekretär diesen Fall von »Cousinenwirtschaft« *(Frankfurter Rundschau)* verhindern. Regina Walch dagegen hatte bereits 1997 vom Ministerium 51 000 Mark erhalten, und zwar für eine dubiose »Initiative zur Stärkung des Ehrenamts«. Frau Walch ist nicht nur die ehemalige Parteivorsitzende der Frankfurter Grünen, sondern auch die (getrennt lebende) Frau von Tom Koenigs, der selbstredend von dem ganzen Vorgang nichts wußte. Dabei nennt sich die Firma seiner Frau

»Büro für interaktive Kommunikation«. Eigentlich auch ein schöner Name für Fischers Frankfurter Clan.

Die grüne Nation

Seit 1968 war Fischers wilder Haufen unterwegs, den Staat, die »Scheißarbeit« und die Ausbeutung ein für allemal abzuschaffen. Auf revolutionärem Wege wollte man »das Kapital zerschlagen« und »die Welt endlich bewohnbar machen«. In der zweiten Hälfte der Siebziger setzte man auf die Alternativbewegung, die die herrschenden Verhältnisse langsam und schleichend zersetzen sollte. Danach sollte es in einem großen Spontiland freier, gerechter und menschenfreundlicher zugehen. Noch bis in die achtziger Jahre hinein versprachen Fischers Leute, diese grundsätzlichen Ziele im Parlament oder in der Regierung auf dem Weg der Reformen durchzusetzen. Als dies nicht mehr praktikabel erschien, wurde kurzerhand erklärt, die grundlegende Umgestaltung der Gesellschaft sei längst geglückt. Nunmehr sollte es nur noch darum gehen, einige wenige Mißstände abzustellen, ein paar ökologische Fehlentwicklungen rückgängig zu machen und die Welt ein wenig schöner und lebenswerter zu gestalten. Alles in allem hatten sich damit sowohl die politischen Inhalte der ehemaligen Spontitruppe als auch die Methoden zu ihrer Durchsetzung fast vollständig verändert. Doch wenigstens in einem Punkt war sich Fischers Gang bis dahin treu geblieben: dem Versprechen nämlich, daß nach ihrer Machtübernahme oder mit ihrer Regierungsbeteiligung die Verhältnisse auf irgendeine Weise toller, besser und angenehmer würden.

Das änderte sich Mitte der neunziger Jahre. An den praktischen Beispielen Frankfurt und Hessen hatten die regierenden Realos erfahren müssen, daß das realkapitalistische System keineswegs die vermeintlich gut funktionierende Maschinerie war, die unablässig Wohlstand für alle produzierte. Zwar hatte man das zu Spontizeiten auch gewußt oder zumindest geahnt, in der Zwischenzeit aber aus vielerlei Gründen längst vergessen und verdrängt. Doch bei stetig steigenden Arbeitslosenzahlen, immer stärker um sich greifender Armut und damit einhergehendem Abbau von Sozialleistungen konnten die Realos nicht länger verleugnen, daß irgend etwas schiefgelaufen war. So entsetzt wie naiv stellte Cohn-Bendit 1996 fest: »Man kann nicht weiter diskutieren wie bisher. Es ist nicht wahr, daß mit einem Zuwachs an Produktivität in Zukunft automatisch Arbeitsplätze geschaffen werden.« Fischer sah 1996 im *Stern* sogar noch schwärzer: »Wir nähern uns dem Abgrund.« Und schuld daran sei die Globalisierung des Marktes.

Nun hatte es zwar schon immer einen Weltmarkt gegeben, doch Fischers Realos erschien diese Globalisierung als etwas völlig Neues, äußerst Mysteriöses. So übermächtig war dieses Phänomen, daß Joschka nur ein Rezept dagegen wußte: »Unter den Bedingungen der Globalisierung werden wir im Standortwettbewerb vieles von dem, was wir heute halten können, nicht halten können, vor allem bei den Arbeitskosten.« Und er prophezeite: »Die Einkommen werden sinken.« Damit gab er erstmals zu, daß sich die soziale Lage der meisten Deutschen auch unter grüner Regierungsbeteiligung keinesfalls verbessern würde. Warum aber sollte da noch jemand die Grünen wählen, wo doch Helmut Kohl genauso redete wie der grüne Boß?

Weil es sonst, so lautete Fischers patente Antwort, noch viel schlimmer kommen würde. »Die Konfrontation, welches Modell von Kapitalismus unser Zukunftsmodell sein soll, wird sich zuspitzen. Es geht darum, ob die soziale Marktwirtschaft unter den Bedingungen der Globalisierung unsere verbindliche Grundordnung bleibt oder ob wir dann einen deutschen Thatcherismus bekommen.« Sollte die CDU nämlich 1998 die Bundestagswahl gewinnen, werde mit ziemlicher Sicherheit der Sozialstaat komplett demontiert, ganz so, wie es Margaret Thatcher in England oder Ronald Reagan bzw. auch Bill Clinton in den USA vorgemacht hätten. Vor dieser Entwicklung aber graute selbst dem sonst so furchtlosen Joschka: »Die soziale Kälte, die in Amerika herrscht, schreckt mich.«

Ein interessanter Satz. Denn galt nicht vor wenigen Jahren jener »Konsumkapitalismus«, der zweifellos auch in Amerika herrschte, als »realisierte Utopie« schlechthin? Und hatte nicht Fischer selbst noch 1993 unter der Überschrift »Wo bleibt der Clinton von Bonn?« auf den bunten Seiten des *Sterns* für Deutschland ein »umfassendes Modernisierungsprogramm« nach dem Vorbild der USA gefordert? Auch das war wieder einmal vergessen, verdrängt und erledigt. Jetzt komme es darauf an, erklärte Fischer Anfang 1997 unter anderem dem *Spiegel*, gegen diese drohende üble Variante des Kapitalismus die Errungenschaften des guten, heimischen, sozial verträglichen zu verteidigen, die er, weil er den Begriff bei einem französischen Soziologen aufgeschnappt hatte und es so schön gemütlich klang, hinfort nur noch den »rheinischen Kapitalismus« nannte. Das aber hieß nichts anderes, als daß es schon ein Riesenfortschritt sei, wenn alles beim alten bliebe. Die Forderung nach Erhalt des Status quo war also am Ende alles, was von den sozialen Utopien der einstigen Revolutionäre übriggeblieben war.

Doch selbst das Versprechen, für den Erhalt des formidablen »rheinisch-kapitalistischen« Sozialstaats zu kämpfen, war letztlich nichts anderes als Realopropaganda. Das machte nicht nur Fischers Ankündigung deutlich, auch unter einer rot-grünen Regierung müsse der Gürtel enger geschnallt werden. Noch klarer wird, wie Fischer und Konsorten tatsächlich regieren werden, wenn man die Sozialspar- und Privatisierungspolitik betrachtet, die Fischers Gang in Frankfurt betrieben hat. Und es lohnt sich, genau hinzuhören, wenn Realos über die Zukunft reden: »Das Niveau der Renten kann nicht so bleiben, wie es ist«, erklärte Tom Koenigs im Juli 1997 der *Woche*. Und Hubert Kleinert meinte angesichts des sich verschärfenden weltweiten Wettbewerbs im März desselben Jahres: »Wir können nicht warten, bis die Portugiesen unsere Sozialstandards erreicht haben«, und forderte deshalb – nein, keineswegs den Abbau von Sozialleistungen – »die bürgergesellschaftliche Umorganisation von Sozialstaatlichkeit«, wahrscheinlich auf das Niveau Portugals. Andere grüne Kollegen fanden in letzter Zeit Kürzungen der Lohnfortzahlung im Krankheitsfall ganz in Ordnung oder hielten den bestehenden Kündigungsschutz für Arbeiter und Angestellte für stark übertrieben. Das alles weist den wirklichen Weg, den die bundesregierenden Grünen einschlagen werden: zurück mit Margaret Joschka und Bill Koenigs in die sozialpolitische Vergangenheit.

Aber wird es bei einer zukünftigen Regierungsbeteiligung der Grünen nicht wenigstens in der Umweltpolitik vorangehen? Auch das hat Joschka Fischer in den letzten Jahren immer wieder versprochen: »Wir Grünen nennen dies ökologischen Umbau.« Wie ernst allerdings solche Verheißungen zu nehmen sind, hat sich schon in Hessen gezeigt. Damit es aber im Bund erst gar nicht dazu kommt, daß man eine Ökosteuer nur erläßt, um sie nicht zu erheben, haben die grünen Realos vorgesorgt. Beabsichtigt ist, nur einen äußerst geringen Teil der geplanten Ökoabgaben tatsächlich in ökologische Projekte fließen zu lassen. Wie der Bielefelder Grüne Martin Künkler

1997 nachwies, soll »ein gutes Drittel zur Senkung der Sozialversicherungsbeiträge und ein weiteres Drittel zur Senkung der Einkommens- und Unternehmenssteuern« verwendet werden. Solch vorauseilender Gehorsam wird einem künftigen grünen Umweltminister peinliche Rückzieher mit Sicherheit ersparen.

Überhaupt scheinen die grünen Realos unter einer ökologischen Wende mittlerweile etwas anderes zu verstehen, als mit diesem Begriff gemeinhin assoziiert wird. Zwar erklärte Fischer, der geplante »ökologische Umbau« solle der Beginn einer großen »Strukturrevolution« sein, doch diese Strukturen kommen einem reichlich bekannt vor. Es sei nötig, forderte Joschka z. B. 1995 in einem vom *Spiegel* zitierten Strategiepapier, daß die Grünen nun endgültig ihre Industriefeindlichkeit überwänden und ein eigenes Programm zur Modernisierung des »Standorts Deutschland« durchdeklinierten. Selbst die Erfahrungen, die man mittlerweile in Stadt und Land mit diversen Banken und Großunternehmen gesammelt hatte, genügten offenbar nicht, um die Realos eines Besseren zu belehren. Immer noch verbreiteten sie: Wenn man dem Kapital nur genügend Wohltaten erweise und ihm recht freundlich zurede (Fischer, 1992: »Man muß auch mal mit der deutschen Industrie reden.«), würden sich seine Vertreter über kurz oder lang zu selbstlosen Vorreitern der großen ökologischen Umgestaltung entwickeln. Es war kein dogmatischer Marxist oder »Fundi«, sondern ein gestandener Unternehmer, der angesichts solch kruder Vorstellungen nur den Kopf schütteln konnte: »Sehen Sie«, erklärte 1997 der Schweizer Industrielle Stephan Schmidheiny in einem in der *Frankfurter Rundschau* abgedruckten Streitgespräch Joschka Fischer, »in der Wirtschaft gibt es nur ein Argument: den Gewinn.«

Es ist kaum anzunehmen, daß Joschka Fischer und seinem Anhang über die Jahre hinweg diese Tatsache entgangen ist. Und so verstärkt sich der Eindruck, daß das, was die grünen Realos »ökologischen Umbau« nennen, nur die Kehrseite des bereits angekündigten grünen Sozialabbaus ist: nichts weiter als die Fortsetzung der von Helmut Kohl begonnenen Umverteilungspolitik von unten nach oben, allerdings in wohlklingender ökologischer Verbrämung.

Welche Folgen eine solche Politik langfristig haben wird, das war auch Fischer einmal klar – zumindest solange sie der politische Gegner betrieb. Gerade hatte Daniel Cohn-Bendit noch festgestellt, daß nur der »real existierende Kapitalismus« in der Lage sei, ein historisch ungeahntes Maß an demokratischen Freiheiten zu garantieren. Und Fischer selbst hatte betont, die Bundesrepublik sei »in ihrer politischen Kultur durch und durch zivil geprägt und unangefochten demokratisch parlamentarisch und rechtsstaatlich«. Nun aber warnte Joschka in seinem Buch »Risiko Deutschland« (1994) eindringlich: »Wenn in Kontinentaleuropa die Sozialstaatsintegration für die breite Masse der abhängig Beschäftigten ernsthaft gefährdet wird, dann droht in zahlreichen europäischen Ländern die Gefahr der Wiederkehr – gewiß nicht in allen, aber ganz gewiß in Deutschland – nicht nur eines militanten Nationalismus und Rassismus, sondern am Ende gar eines neuen Faschismus.« Wenn eine absehbare Wirtschaftskrise in der Lage sein sollte, unsere Gesellschaft in relativ kurzer Zeit zurück in eine faschistische zu verwandeln, dann muß man sich allerdings fragen, ob sie tatsächlich jemals durch und durch zivil und unangefochten demokratisch gewesen ist.

Immerhin: Die Realos begannen darüber nachzudenken, wie man den Lebensstandard der deutschen Bevölkerung auf einem noch annehmbaren Niveau halten könnte, um wenigstens den drohenden Zusammenbruch der adretten zivilgesellschaftlichen Fassade zu verhindern. Und schon bald deutete sich an, wohin sie dieses Nachdenken führen würde. Die Richtung hatte Joschka Fischer bereits vorgegeben, als er sich für die Stärkung des »Standorts Deutschland« gegen die gewachsene internationale Konkurrenz aussprach. Hatte er Anfang 1991 im *Spiegel* noch klar und deutlich erklärt: »Die nationale Frage ist in Deutschland nicht von links zu besetzen. Sorry, bei aller Bewunderung für Willy Brandt und sein Lebenswerk – an dem Punkte mache ich nicht mit«, hörte man nur drei Jahre später von ihm, daß auch für die Linke »die Zeit der bequemen Distanz zur Nation in Deutschland seit 1989 nolens volens vorbei« sei. »Man kann es drehen und wenden, wie man will, ein besseres Deutschland wird es nicht *gegen*, sondern nur *mit* diesem Land geben.« Daniel Cohn-Bendit war seinem Kumpel auch auf diesem Terrain vorausgeeilt. Bereits 1990 befand er: »Mit der Erinnerung an Auschwitz hat die deutsche Linke das Nationale lange Zeit tabuisiert ... und es sich damit zu einfach gemacht. Wer so verfährt, unterschätzt einfach das Bedürfnis nach einer heimatlichen Identifikation.« Selbst Tom Koenigs meldete sich zu dem Thema zu Wort. Er trat plötzlich wie ein alter Schlesier für das »Recht auf Land, Heimat und Nation« ein, wenn auch vorerst nur für die indianischen Völker am Amazonas, weshalb die Bemerkung nicht weiter auffiel.

Auch Fischers Leute hatten also schließlich »die Nation« für sich entdeckt. Aber selbstverständlich verfielen die grünen Realos nicht in einen traditionellen Seppelhosen-Nationalismus. Ihnen war genauso wie dem Bundeskanzler klar, daß Deutschland auf dem Weltmarkt gegen die USA oder die wirtschaftlich wachsenden asiatischen Staaten nur in einem ökonomisch starken und geeinten Europa eine Chance haben würde. So propagierten Fischer und Co. nach Sozialismus, alternativer Umwälzung und Ökokapitalismus schon wieder ein neues Ideal, das zu den gerade erst erwachten nationalen Gefühlen im glatten Gegensatz zu stehen schien, es aber bei genauerem Hinsehen nicht war: den »europäischen Gedanken«.

Dabei tat sich ganz besonders Daniel Cohn-Bendit hervor, der von seiner Gang 1994 zum grünen Europaabgeordneten befördert worden war. Zwar glänzte er im europäischen Parlament wie anderswo mehr durch Abwesenheit, so daß ihm nach einem halben Jahr noch nicht einmal die Namen seiner wenigen grünen Mitparlamentarier geläufig waren – den keineswegs adeligen Ökobauern Graefe zu Baringdorf nannte er in einem Artikel »Graf von Baringhausen« –, dafür machte er um so größeren Lärm: »Ich bin davon überzeugt, daß der europäische Gedanke eine der letzten Utopien ist, wofür es sich zu kämpfen lohnt.«

Allerdings sollte, wie Joschka Fischer erläuterte, in diesem Ideal-Europa »Deutschland jetzt, nachdem es friedlich und zivil geworden ist, all das, was ihm Europa, ja die Welt in zwei großen Kriegen erfolgreich verwehrt hat, nämlich eine Art ›sanfter Hegemonie‹ über Europa«, bekommen, eine Übermacht, die ihm aufgrund »seiner Größe, seiner wirtschaftlichen Stärke und seiner Lage« auch zustehe.

Nimmt man Fischer beim Wort, kann das nur heißen: Die Grünen an der Regierung sollen genau das auf die sanfte Tour vollenden, was den Deutschen auf kriegerische Weise bisher nicht geglückt ist: ein von Deutschland dominiertes vereinigtes Europa. Dieses soll offenbar eine Art grüne »Über-Nation« bilden, ein Bollwerk, mit dem es sich sowohl gegen das Elend des Rests der Welt als auch gegen außereuropäische wirtschaftliche Konkurrenz wirksamer schützen läßt. In diese Logik paßt, daß Daniel Cohn-Bendit 1994 im *Spiegel* als nebenberuflicher Filmexperte etwa dafür eintrat, »daß Europa sofort einen Beschluß fassen müßte, nach dem 50 Prozent seiner Fernsehproduktionen, öffentliche und private inbegriffen, aus seinen Mitgliedsstaaten stammen müssen. Hollywood hat große Fähigkeiten, nur manchmal führt es auch zur absoluten Zerstörung des Geschmacks. Dagegen muß sich Europa wehren.« Abgesehen von der üblichen Schwammdiktion, in der es möglich ist, daß »manchmal« etwas »absolut« zerstört wird, ist diese Vision von einem Europa unter deutscher Führung, das sich gegen dekadente amerikanische Geschmacksverirrungen zur Wehr setzt, bereits mehr als bedenklich. Daß Fischer in »Risiko Deutschland« eine verbreitete nationalistische Parole variierte (»Europa zuerst!«) und Cohn-Bendit sich 1997 in der *FAZ* für einen europäischen Arbeitsdienst starkmachte (»Jeder junge Mensch, Mann oder Frau, leistet ein Jahr lang einen ökologischen und sozialen Dienst«), rundet das Bild nur ab. Am Ende eines verworrenen Weges, der die ehemaligen Revolutionäre von links außen immer weiter nach rechts geführt hat, ist man bei Ideen gelandet, die in dieser Ecke schon immer großen Anklang gefunden haben.

Das gilt auch für die Ressentiments, die man mittlerweile dem Parteiensystem entgegenbrachte. In einer Vision, die er vom zukünftigen Frankfurter Stadtparlament entwarf, kannte Tom Koenigs keine Parteien mehr: »Daß man jetzt nur noch Personen wählt, ist wirklich ein Fortschritt. Auf Ideologien und Parteiprogramme, hinter denen letztenendes doch niemand steht, mag sich niemand mehr verlassen.« Cohn-Bendit träumte »von einer politischen Konstellation, in der man sich aus der Umklammerung des Fraktionszwanges befreien und endlich nach inhaltlichen Mehrheiten suchen kann – also die absolut offene Beziehung«. Wahrscheinlich fiel es ihnen schon gar nicht mehr auf. Genauso hatten gerade deutsche Potentaten schon immer geredet, wenn sie ihren Untertanen weismachen wollten, daß Parteienhader nur schade, da doch letztlich alle, ob arm oder reich, in einer Nation dieselben Interessen hätten und am gleichen Strang ziehen müßten. Für diejenigen jedoch, die in dieser alt-neuen grünen Volksgemeinschaft dennoch das Gefühl haben sollten, zu kurz zu kommen, hat Joschka Fischer einen Trost parat, der ebenfalls schon etwas älteren Datums ist: das Jenseits. »Weil eine gewaltige Leere« klaffe, empfahl er den »christlichen Kirchen« dringend, sich verstärkt um die Beantwortung der »Frage nach Transzendenz« zu kümmern. Offenbar fand auch Fischer (ganz wie einige rechtskatholische Kreise), daß sich die Kirchen in den letzten Jahren allzusehr um diesseitige, soziale Probleme gekümmert hätten. Bitter beklagte er, die Kirchen erwiesen sich als auf ihre eigentliche Aufgabe »so gut wie überhaupt nicht vorbereitet«, so daß sich ein »Glaubensvakuum abzuzeichnen droht«.

Bei Joschkas Truppe aber zeichnete sich etwas ganz anderes ab. Denn schließlich konnte niemand annehmen, daß nach allem, was sie in ihrem Leben schon an Überzeugungen vertreten hatte, diese relativ neuen nationalen und klerikalen Ansichten nun ihre wahren, ganz eigentlichen waren. Viel wahrscheinlicher ist, daß man sie nur deshalb so demonstrativ in die Welt blies, um in der eigenen Partei Stimmung für jenes »konservativ-ökologische Bündnis« (Cohn-Bendit) zu machen, das Tom Koenigs und Daniel Cohn-Bendit seit einiger Zeit in Frankfurt angepeilt hatten. Auch Joschka Fischer hatte 1995 der SPD damit gedroht, daß sich »auf mittlere Sicht und mit Macht« eine »schwarz-grüne Debatte« entwickeln werde, falls sie sich gegen ein Bündnis mit den Grünen sperren oder es für Rot-Grün nicht reichen sollte.

Aber noch hat die CDU kein allzu großes Interesse an einer schwarz-grünen Koalition. Sie weiß nicht, wie sie ihrer Wählerschaft ein solches Bündnis vermitteln soll, und betont deshalb Differenzen zu den Grünen, die schon längst nicht mehr existieren. Auch die FDP kann die Verbindung CDU und Grüne nicht dulden, weil sie selbst dann im Koalitionsgefüge vollends überflüssig würde. Doch Fischer setzt auf Zeit: »Ich glaube nicht, daß es auf Dauer zwei freisinnige Parteien geben wird.« Wenn aber die andere liberale Partei verschwunden sein wird, dann werden die Grünen endlich deren machtpolitische Rolle übernehmen können. Das Umfallen haben die neuen Liberalen – dank Joschka Fischer, Tom Koenigs, Daniel Cohn-Bendit und Anhang – längst und äußerst gründlich gelernt.

Die große Illusion

»Der Marsch durch die Illusionen«, so ist die Joschka Fischer-Biographie von Sybille Krause-Burger betitelt. Darin lesen wir die Geschichte eines zunächst verblendeten jungen Revoluzzers, dem auf einem langen, beschwerlichen Leidensweg langsam die Augen geöffnet werden und der sich schließlich zu einem höchst erfolgreichen Realpolitiker mausert. Das ist er, wie die Tatsachen zeigen, nicht.

Und er kann und wird es auch niemals sein. Dies ist nicht etwa die Behauptung eines fundamentalistischen Kritikers, sondern eine Erkenntnis, die Joschka Fischer selbst hin und wieder verbreitet. Zum Beispiel 1986, als der hessische Umweltminister seiner ökologische Fortschritte anmahnenden Parteibasis erklärte, daß sie »endlich begreifen« müsse, daß auch er »zu 90 Prozent in Sachzwängen gebunden« sei und »nur die restlichen zehn Prozent zum Gestalten« habe. Als er 1989 gerade ohne

Amt war, stellte er fest, daß »von wirklichen umweltpolitischen Durchbrüchen mitnichten die Rede sein« könne, »im Gegenteil, es kam schlimmer, und alles spricht gegenwärtig dafür, daß es auch in Zukunft schlimmer wird«. Das aber liege »vor allem in einer völligen Handlungsunfähigkeit gegenüber mächtigen ökonomischen Interessen und Gewohnheiten begründet«.

Selbst der Bundesumweltminister dürfe »weder an die Ursachen ran« noch verfüge er »über die Organisation und schon gar nicht über die finanziellen Mittel, um an die Ursachen wirklich heran zu kommen«. Und als nach dem Unglück von Tschernobyl die grüne Basis wieder einmal den sofortigen Ausstieg aus der Atomenergie fordert, notiert Fischer entnervt in seinem Tagebuch: »Wer hat hier [in diesem Land] eigentlich das Sagen, eine grüne Bundesversammlung oder der Vorstand der Deutschen Bank oder der Siemens AG?« Natürlich weiß Fischer die Antwort, und die lautet, »daß selbst eine absolute Mehrheit der GRÜNEN im Deutschen Bundestag und ein grüner Umweltminister oder eine grüne Umweltministerin, wenn die Gewichte zwischen Ökonomie und Ökologie wie gegenwärtig und unverändert verteilt bleiben, zwar manches besser, aber grundsätzlich nichts wirklich anders machen könnten in der Umweltpolitik«.

Fischer persönlich räumt also ein, daß er und die Seinen nichts Wesentliches erreichen und verändern können; das ginge nur, wenn sie sich tatsächlich mit denen, die real »das Sagen« haben, anlegen würden, um die Verteilung der Gewichte zu verändern. Daran aber, das zeigen u. a. Fischers Verlautbarungen (»Die stärkere Besteuerung produktiven Besitzes würde den produktiven Besitz nur vertreiben«), haben sie schon längst jedes Interesse verloren. Und so wird der oberste aller Realos wohl mit seiner Prognose recht behalten, daß es in Zukunft auch mit grünen Ministern in Bonn oder Berlin ökologisch nicht besser, sondern nur schlimmer werden wird. Wäre da »Die große (Realo)-Illusion« nicht der treffendere Titel für Joschkas Lebensgeschichte gewesen?

Betrachtet man die Entwicklung der Grünen vom heutigen Standpunkt, dann zeigt sich recht deutlich, daß in den Tagen der fundamentalistischen Verweigerung mehr erreicht worden ist als heute, da sie Minister stellen und mitregieren. Natürlichen waren die Erscheinungsformen dieser außer- und innerparlamentarischen Opposition oft grotesk, die Sonnenblumenästhetik des Widerstandes meist grauenhaft und ein Großteil der Anti-AKW-, Friedens- oder Startbahnkämpfer bis zur Schmerzgrenze naiv. Auch der moralische Rigorismus und der Hang zu grobgestrickten Endzeitvisionen steigerten nicht gerade die Attraktivität jener Bewegung. Aber ihr Druck verhinderte z. B. Großprojekte wie die Wiederaufbereitungsanlage in Wackersdorf im CSU-regierten Bayern oder den schnellen Brüter in Kalkar im SPD-dominierten Nordrhein-Westfalen. Im rot-grün regierten Hessen dagegen wird der Rhein-Main-Flughafen (zeitweilige Mitglieder im Aufsichtsrat der Betreibergesellschaft: Joschka Fischer und Daniel Cohn-Bendit; aktuelles Mitglied: Tom Koenigs) ausgebaut, der Autobahnring um Frankfurt geschlossen oder neuerdings mit genmanipuliertem Getreide herumexperimentiert.

Es war 1976, als Joschka Fischer sich selbst und seine Spontitruppe, teils aus begründeter Verzweiflung, teils, weil das Verrücktsein gerade ein wenig en vogue war, mit dem Ausruf charakterisierte: »Wir Linksradikalen ..., wir sind die Wahnsinnigen ...« Heute könnte er diesen Befund vielleicht folgendermaßen präzisieren: »Wir von Joschkas gefürchteter Bande, wir sind die Schizophrenen ...« Denn wie sonst ließe es sich verstehen, daß man einerseits immer wieder verbreitet, man habe in diesem

Land politisch schon irre viel verändert und verbessert und werde dies auch zukünftig tun, gleichzeitig aber eingesteht, daß man selbst mit einer absoluten grünen Mehrheit gar nichts erreichen könnte? Gibt es eine vernünftige Erklärung dafür, daß man angesichts einer Gesellschaft, die sich offensichtlich sozial und ökologisch zurückentwickelt, immer weiter dieselbe »Real«politik betreibt? Die Antwort ist simpel: Joschka und Anhang machen Realpolitik, weil sie von Anfang an nichts anderes getan haben und gar nicht wissen, wie es grundsätzlich anders ginge. Im Grunde unterscheidet sich die politische Praxis der revolutionären Spontis nicht von der der staatstragenden Realos. Anstatt greifbare Ziele konsequent zu verfolgen, reagierte man schon immer nur auf das, was man für die Wirklichkeit hielt – und zwar mit Anpassung.

Solange die Zeichen auf Revolution standen und Fischer und seine Leute glaubten, als Revolutionäre auf der Seite der zukünftigen Sieger zu stehen, waren sie Revolutionäre. Sie intervenierten an gesellschaftlichen Brennpunkten, wo man sich revolutionären Erfolg versprach. Blieb der aus, hielten sie sich nicht lange auf, sondern versuchten es eben woanders. Als die Alternativszene größer und stärker wurde und das Revolutionärsein etwas riskanter, entwickelten sie sich zu soften Alternativen. Als die Alternativbewegung sich als wenig vielversprechend erwies, entdeckten sie ihr Faible für die erfolgreiche grüne Partei und begannen, Parteipolitik zu machen. Sahen sie als Parteimitglieder, daß bestimmte Inhalte, für die die Partei stand, nicht so einfach durchzusetzen waren und zudem dem eigenen gesellschaftlichen Aufstieg im Wege standen, änderten sie die Inhalte so lange, bis sie mit den ursprünglichen nichts mehr zu tun hatten. Ständig hechelten sie dem gesellschaftlichen Trend hinterher, der jeweils am stärksten zu sein schien – doch nicht so stark, daß sie in der jeweiligen »Bewegung« selbst keine tragende Rolle mehr spielen würden.

Max Horkheimer schrieb einst über die Aktivisten der APO: »Die deutschen oppositionellen Studenten sind Positivisten, die aus Universitäten Fachschulen machen wollen, an denen sie mitzureden haben. Sie dreschen große Phrasen über die Veränderung der Gesellschaft und den Kampf gegen das Establishment, ohne klare Zielvorstellungen oder eine einzige Aktion gegen konkrete Mißstände. Um jeden Preis machen sie Reklame für sich selbst.« Aus den Studenten wurden nach einigen Umwegen grüne Politiker, aus den Universitäten Parlamente, aus dem so lauthals geführten Kampf gegen das Establishment ein ziemlich verzweifelter für dessen Erhalt. Sonst aber hat sich in dreißig Jahren nicht viel verändert.

Daß dieser nahezu grenzenlose Opportunismus nur wenigen auffällt, liegt nicht zuletzt an der alten Spontiattitüde, mit der die Ex-Revolutionäre ihre politischen Vorstellungen bis heute verkaufen. Am besten versteht sich darauf der Klassenclown der Fischer-Gang, Daniel Cohn-Bendit: Wenn er sich zu Parlament, Kapitalismus, NATO, dem »europäischen Gedanken«, verlängerten Ladenschlußzeiten, veränderter Asylgesetzgebung usw. bekehrt, verkauft er das immer als provokante These. Dabei ist es bloß eine windelweiche Anpassung an die herrschende Meinung. Fast immer ist Cohn-Bendit der erste »Linke«, der sagt, was angeblich keiner zu denken wagt. Schreit dann aber jemand empört »Tabubruch«, erscheint »der Dany« einmal mehr als der ewig unbequeme, undogmatische Geist, der nach vorne weist. So bleibt den Spontirealos der Nimbus der Radikalität erhalten, gelten sie allenthalben – und insbesondere den Medien – als furchtlose Querdenker. Diese Inszenierung aber, verbunden mit dem üblichen Benditschen Jargon, verbirgt den eigentlichen Inhalt des angeblich so radikal Gedachten. Vergleicht man einmal die verschiedenen Aufführungen der letzten dreißig Jahre, erkennt man das gleichförmige Muster. Und bemerkt, daß es sich bei Cohn-Bendit und Konsorten nicht um innovative Vordenker, sondern um überaus trantütige Hinterherdenker handelt.

Die Spontirealos aus Frankfurt haben über Welt, Gesellschaft und Politik in einem solchen Schneckentempo nachgedacht, daß sie bald ein halbes Leben brauchten, um mit ihren politischen Meinungen und – so man sie ihnen denn überhaupt zubilligen mag – »Überzeugungen« endlich da zu landen, wo die große Mehrheit der Politiker schon 1968 stand. Betrachtet man diesen recht langwierigen Prozeß, denkt man an all die politischen Aktionen und Kämpfe, die Reden und die Unmengen an beschriebenem Papier, so erkennt man eine gigantische Energieverschwendung. Sparsam ist Fischers Bande wirklich nicht umgegangen mit ihren und anderer Ressourcen, und gute Ökologen waren sie sicherlich niemals. Auch 1968 gab es schon eine FDP. Wieviel effektiver wäre es doch gewesen, wenn die jungen Revoluzzer damals dort eingetreten wären.

Und doch verbreiten Joschka Fischer und seine ehemaligen Spontis zu jedem 68er Jubiläum, sie hätten den Lauf der Welt letztlich zum Besseren gewendet. Es gehe in diesem Land demokratischer, sozialer, umweltgerechter zu als noch vor dreißig Jahren. Und das sei unter anderem ihr Verdienst. Deshalb sei der betriebene Aufwand nicht umsonst, sondern durchaus notwendig und wertvoll gewesen. Die Fakten sprechen dagegen. Das ist die Crux mit der Realität: Sie verändert sich in den Augen derjenigen, die ihren Standort verändern. Schien sie den Beherrschten barbarisch und unmenschlich, scheint sie denen, die selbst Herrschaft ausüben, human und vernünftig: Einen besseren Überblick haben da diejenigen, die ihre Position nicht verändert haben. Klaus Kinkel erzählt die Geschichte von den vegetarischen Erben einer Wurstfabrik. Ignatz Bubis, der zu denen gehört, deren Häuser einst von den Revolutionären Kämpfern besetzt wurden, sagt es lakonischer: »Ich gehöre nach wie vor zu den Hausbesitzern, aber Joschka Fischer nicht mehr zu den Besetzern. Er hat sich geändert, nicht ich.«

In der Realpolitik hält Joschkas Bande aber noch etwas ungleich Banaleres: das schöne Geld. Sie alle sind gesellschaftliche Aufsteiger, die erst relativ spät die Karriereleiter erklommen haben und so in den Genuß der materiellen Vorteile kamen, die sie früher demonstrativ verachteten. Gerade deshalb hängen sie jetzt um so mehr an ihren irdischen Gütern. Sie kassieren mittlerweile recht ordentliche Bezüge, die sie – auch das ein Unterschied zu früheren Prinzipien – keineswegs mehr gewillt sind zu teilen oder abzuführen. Gab sich Daniel Cohn-Bendit zum Beispiel noch 1993 mit einem Verdienst von 5000 Mark brutto zufrieden (»Das reicht für meine Bedürfnisse. Ich will nicht von der Politik leben«), durfte es im Jahr darauf schon das Doppelte sein, eine Summe, die er allein als Europaparlamentarier einstrich. Solche Verdienstspannen sind in Frankfurt, wie nicht zuletzt die Vettern- und Cousinenwirtschaft im Dunstkreis der Ministerin Nimsch bewiesen hat, auch Ansporn für den Rest der Partei. Hier sind die Grünen, so freut sich der *FAZ*-Herausgeber und Lokalchef des Blattes, Hugo Müller-Vogg, »schon längst eine ganz normale Partei. Ihre Normalität gilt im Positiven ... wie im Negativen, nämlich bei ihrem hochentwickelten Sinn für Selbstbedienung und Selbstversorgung.« Aus Berufsrevolutionären sind inzwischen ganz normale Berufspolitiker geworden.

Alle Macht den Drögen!

Als im Mai 1968 der Schriftsteller Louis Aragon in Paris vor den rebellierenden Studenten sprechen wollte, drängten ihn Danys Haufen vom Mikrofon weg: »Hau ab, alter Bart«, beschied man ihm. »Ihr werdet«, lautete Aragons kühle Antwort, »noch selber alte Bärte.« Das war nun keine allzu gewagte Prophezeiung. Wahrscheinlich aber ahnte der Dichter nicht, mit welcher Geschwindigkeit diejenigen vergreisen würden, die dort vor ihm, dem 72jährigen Résistance-Kämpfer und Kommunisten, die zu allem entschlossenen Revolutionäre markierten.

Dreißig Jahre später, auf der Geburtstagsfeier der Grünen in Bonn, sind die alten Bärte des deutschen Flügels der Protestbewegung live zu besichtigen. Doch auch ein kleiner Trupp Jugendlicher, etwa im selben Alter wie die Revolutionäre damals, hat sich auf die Veranstaltung verirrt. Es sind Mitglieder des »Grün-Alternativen-Jugendbündnisses«, der Nachwuchsorganisation der Grünen. Und es ist ihr Auftritt, der den schauerlichen Höhepunkt dieser an Peinlichkeiten nicht eben armen Familienfeier bildet.

Wie Trachtengruppen auf Vertriebenentreffen oder Junge Pioniere auf Parteitagen der SED, so ist auch dieses Fähnlein Junggrüner uniform gekleidet. Sie haben sich

T-Shirts mit dem großen »Ü« übergezogen, das zum Erkennungszeichen der Grünen im Bundestagswahlkampf '98 werden soll, das aber sonst keiner im Saal trägt. Und wie gescheitelte Kinder im Verwandtenkreis Gedichte oder anderes aufsagen, so steuert auch dieser Trupp auf der Bühne seinen Teil zur Unterhaltung der Versammlung bei. Man gibt sich ein wenig aufmüpfig und kokett, genau so, wie es grüne Eltern von ihrem Nachwuchs erwarten. Doch brav bleiben die Worte, die zwei Mädchen als Sprecherinnen der Gruppe an die Altvorderen richten, im gesteckten Frohsinnsrahmen. Auch diese beiden Girlies fiebern der ersten rot-grünen Bundesregierung entgegen. »Wir freuen uns aufs erste Mal«, gluckst die Blonde. Und die Rothaarige rät angesichts der Erfahrungen mit der SPD: »Seid gut – und verhütet vorher.« So was gefällt dem alten Schnauzbart Jürgen Trittin ganz hervorragend. Und er wischt sich bei jedem anzüglich doppeldeutigen Spruch ein Lachtränchen aus dem Gesicht oder aber hält sich wie erschrocken die Hand vor den offenen Mund. Da staunt der Onkel.

Wie herausragend peinlich diese Nummer ist, verspürt niemand im Saal. Auch fällt keinem so recht auf, daß die Anwesenheit der wenigen Vorzeigejugendlichen auf der Bühne schlaglichtartig verdeutlicht, daß diese Altersgruppe unter den Partygästen nahezu gänzlich fehlt. Kaum einer der Feiernden ist unter 35 Jahre alt, die meisten hier versammelten grünen Funktionsträger marschieren stramm auf die Fünfzig zu oder haben sie bereits überschritten. Die Grünen sind eben nichts anderes als die Partei einer ganz bestimmten Generation.

Und das wird diese Partei auch bleiben. Denn zumindest die Jüngeren haben erkannt, daß sich die Grünen längst nicht mehr von anderen etablierten Parteien unterscheiden. Nur sehr wenige drängt es dazu, auf einer solchen Party ein albernes T-Shirt zu tragen oder den Kasper für die grünen Honoratioren zu machen. Der Anteil der Jungwähler, die sich für die Grünen entscheiden, geht stetig zurück. Für die meisten der 18- bis 30jährigen steht das neue Wahrzeichen der Grünen, das »Ü«, einfach für »überflüssig«. Auch das ein Ergebnis von Joschka Fischers Macht- und Realpolitik.

Andererseits ist es unzweifelhaft gerade Joschka und seiner Realogefolgschaft zu verdanken, daß die Grünen im Moment noch einigen Wahlerfolg zu verzeichnen haben. Denn auch gewählt werden die Grünen hauptsächlich von der Generation, der sie selbst entstammen. Diese Wähler erkennen sich und ihren gesellschaftlichen Aufstieg, ihre Anpassung an die »Realitäten« in den Biographien der Fischers, Koenigs' oder auch Trittins wieder; mit einem grünen Wahlkreuzchen stimmen sie nicht lediglich *für* diese, sondern auch sich selber zu. Sie alle sind Angehörige eines neuen, gutsituierten Mittelstandes, die schon längst keine Veränderung der Verhältnisse mehr wollen, weil die ihnen, so wie sie sind, angenehm sind.

Natürlich grämt sie bisweilen der Zustand der Nordsee oder des Regenwaldes. Auch deswegen wählen sie die Grünen, denn die, so reden sie sich ein, tun was. Doch hauptsächlich dient ihre Stimme der eigenen Entlastung. Einst stand an den Türen ihrer Wohngemeinschaften geschrieben: Wir sind diejenigen, vor denen uns unsere Eltern immer gewarnt haben. Heute sind sie das, was sie nie sein wollten. Indem sie grün wählen (und hin und wieder für Greenpeace spenden), gaukeln sie sich weiter Unangepaßtheit, Engagiertsein und politischen Durchblick vor, fühlen sich immer noch ein wenig dissident und revolutionär schick. Ein Gefühl, das sich beim FDP-Wählen nicht so recht einstellen will.

Selbstverständlich gibt es auch noch andere Motive, die Grünen zu wählen. Etliche geben der Partei seit einiger Zeit nur mit heftigem Bauchgrimmen die Stimme. Es sind

Leute, denen der liberal-kapitalistische Kurs der Grünen schon lange nicht mehr paßt, die aber immer noch meinen, im Zweifel sei eine rot-grüne Regierung besser als eine konservativ-liberale. Für sie sind die Grünen jenes kleinere Übel, das die SPD für viele Linke in den siebziger Jahren war. Da die Grünen noch immer nicht die Chance hatten, dieses Lager als Mitglieder einer Bundesregierung nachhaltig zu enttäuschen, sind ihnen auch die Stimmen dieser Bauchschmerzenwähler bei der kommenden Bundestagswahl gewiß.

Und so stehen denn die Chancen für Joschka Fischer und Co. so gut wie nie zuvor, im September 1998 endlich das ersehnte Ziel zu erreichen. Natürlich ist Joschkas ursprüngliche Gang bestens präpariert. Der treue Tom Koenigs kandidiert 1998 erstmals für den Bundestag, weil er, wie er der *FAZ* jüngst anvertraute, beim Regierungswechsel unbedingt »mitmachen« will. Schon jetzt ist er für ein Ministeramt im Gespräch, zumindest aber für einen hübschen Taschenrechnerposten bei der Bundesbank oder bei der Kreditanstalt für Wiederaufbau. Joschka selbst will Außenminister werden, mag er das auch, wie üblich, dementieren. Er würde sich aber, so weiß es der *Spiegel*, auch mit dem Finanzministerium zufriedengeben. Mit ihm freut sich Daniel Cohn-Bendit auf die Machtübernahme. Er erhofft sich, einfach noch öfter im Fernsehen rumturnen zu dürfen, und vielleicht ernennt ihn Joschka ja zu so etwas wie seinem Sondergesandten. Auch Jürgen Trittin weiß, weshalb er, der »Parteilinke«, seit ein paar Jahren redet, als stammte er aus dem Frankfurter Nordend: Er ist als Umweltminister im Gespräch.

Doch es wird wohl auch die letzte Chance für Joschka und seine Kumpane sein. Denn mit hoher Wahrscheinlichkeit werden die Grünen nach dem Wahljahr 1998 den Zenit ihrer Popularität überschritten haben. Das liegt zum einen an der stetig nachwachsenden Schar junger

Wähler, die der öden grünen Partei den Rücken zukehrt; andererseits wird sich auch der wohlhabende Mittelstand von der Partei in dem Maße abwenden, wie er im Zuge der unaufhaltsam voranschreitenden Arbeitslosigkeit selbst seinen Wohlstand verliert.

Genau deshalb, weil eine solche Chance für die Grünen nie wieder kommen wird, sollte man sie unbedingt wählen. Auch diejenigen, die sich schon längst von der Partei abgewandt haben oder dies nach der Lektüre dieses Buches vorhaben – auch sie sollten sich überwinden und auf ihrem Wahlzettel noch einmal Kandidaten und Liste der Grünen ankreuzen. Natürlich nicht, weil vielleicht doch eine klitzekleine Möglichkeit besteht, daß sich unter Rot-Grün etwas zum Besseren wendet. Nein, aus anderen Gründen.

Denn wieviel Vergnügen wird es uns bereiten, endlich einmal neues politisches Personal vor den Fernsehkameras agieren zu sehen. Was werden wir lachen, wenn sich nicht mehr Norbert Blüm vor dem Bundestag wegen seiner Rentenpolitik windet, sondern Tom Koenigs. Wie werden wir im Fernsehsessel vor Begeisterung prusten, wenn wir Joschka Fischer beim Abschreiten einer militärischen Formation beobachten können. Oder wenn wir ihm dabei zusehen, wie er beim Abspielen des Deutschlandliedes vor einer schwarz-rot-goldenen Fahne Haltung annimmt. Allein schon deshalb, weil grüne Minister den Unterhaltungswert unserer Nachrichtensendungen steigern werden, muß man im Herbst 1998 die Grünen wählen.

Aber auch aus Gründen der Belehrung muß Joschkas Bande endlich dieses Land regieren. Wie erhellend wird es für künftige Generationen sein, wenn ausgerechnet Daniel Cohn-Bendit – eventuell in seiner Sendung »Pflaster-Strand TV« – die Abschiebung von kurdischen Flüchtlingen durch einen rot-grünen Minister als humanitäre Tat preist. (Dieser Gedanke ist keineswegs so abwegig: Der grüne hessische Justizminister von Plottnitz lobte bereits 1995 ein hessisches Abschiebegefängnis mit den Worten, dort gehe es sehr »freizügig« zu.) Wie aufschlußreich wird es für demonstrierende Arbeitslose sein, wenn die Polizei im Auftrag einer rot-grünen Regierung gegen sie vorgeht, so wie es im Winter 1997/98 bereits in Frankreich geschah. Und wie tief wird manchem Ökologen die Kinnlade herunterklappen, wenn Bundesumweltminister Trittin ihm erklärt, daß die deutschen Atomkraftwerke leider noch weitere zehn oder fünfzehn Jahre betrieben werden müssen, weil die Energiekonzerne etwas gegen eine frühere Stillegung einzuwenden haben. So fände der vielbesungene Aufstand der Bürgersöhne und -töchter von 1968 endlich sein konsequentes und unrühmliches Ende, und manch einer wüßte dann zumindest, wie es nicht geht.

Bibliographie

Amt für Statistik, Wahlen und Einwohnerwesen: Statistisches Jahrbuch Frankfurt/M. Jahrgänge 1990–1997
Baier, Lothar u. a.: Die Früchte der Revolte. Über die Veränderung der politischen Kultur durch die Studentenbewegung. Berlin 1988. (Mit Beiträgen von Reimut Reiche, Thomas Schmid, Joscha Schmierer u. a.)
Beltz, Matthias: Schwarze Politik. Pamphlet gegen die öffentlichen Harmoniestifter. Frankfurt/Main 1987.
Brauerhoch, Frank-Olaf (Hg.): Frankfurt am Main. Stadt, Soziologie und Kultur. Frankfurt/M. 1991.
Cohn-Bendit, Daniel: Der große Basar. München 1975.
Cohn-Bendit, Daniel; Kraushaar, Wolfgang: Eine Schwalbe macht noch keinen Sommer. Eine Diskussion mit Daniel Cohn-Bendit. In: Wolfgang Kraushaar (Hg.): Autonomie oder Getto. Kontroversen über die Alternativbewegung. Frankfurt/M. 1978.
Cohn-Bendit, Daniel: Wir haben sie so geliebt, die Revolution. Frankfurt/M. 1987.
Cohn-Bendit, Daniel; Mohr, Reinhard: 1968: Die letzte Revolution, die noch nichts vom Ozonloch wußte. Berlin 1988.
Cohn-Bendit, Daniel; Schmid, Thomas: Heimat Babylon. Hamburg 1992.
Cohn-Bendit, Gabriel; Cohn-Bendit, Daniel: Linksradikalismus, Gewaltkur gegen die Alterskrankheit des Kommunismus. Reinbek bei Hamburg 1968.
Dräger, Klaus; Hülsberg, Werner: Aus für Grün? Die grüne Orientierungskrise zwischen Anpassung und Opposition. Frankfurt/M. 1986.

Fichter, Tilman; Lönnendonker, Siegward: Kleine Geschichte des SDS. Berlin 1977.
Fichter, Tilman; Lönnendonker, Siegward: Von der »Neuen Linken« zur Krise des Linksradikalismus. In: Die Linke und der Rechtsstaat, Bd. 2. Berlin 1979.
Fischer, Joschka: Häuserkampf-Tribunal. Redebeiträge zur Strategie-Diskussion. In: redaktion diskus (Hg.): Küss den Boden der Freiheit. Berlin – Amsterdam 1992.
Fischer, Joschka: Von grüner Kraft und Herrlichkeit. Reinbek bei Hamburg 1984.
Fischer, Joschka: Statt Fundamentalopposition: grüne Bündnispolitik. Ein Gespräch mit Joschka Fischer. In: Scherer, Klaus-Jürgen; Vilmar, Fritz: Ökosozialismus? Rot-grüne Bündnispolitik. Berlin 1985. S. 92–102.
Fischer, Joschka (Hg.): Der Ausstieg aus der Atomenergie ist machbar. Reinbek bei Hamburg 1986.
Fischer, Joschka: Regieren geht über Studieren. Ein politisches Tagebuch. Frankfurt/M. 1987.
Fischer, Joschka: Ökologischer Realismus. Die Definition des Unverzichtbaren. In: Fischer, Joschka (Hg.): Ökologie im Endspiel. München 1989.
Fischer, Joschka: Der Umbau der Industriegesellschaft. Plädoyer wider die herrschende Umweltlüge. Frankfurt/M. 1989.
Fischer, Joschka: Die Linke nach dem Sozialismus. Hamburg 1993.
Fischer, Joschka: Risiko Deutschland. Krise und Zukunft der deutschen Politik. Köln 1994.
Gatter, Peter: Die Aufsteiger. Ein politisches Porträt der Grünen. Hamburg 1987.
Gilcher-Holtey, Ingrid: Die Phantasie an die Macht. Mai 68 in Frankreich. Frankfurt/M. 1995.
Häuserrat und Asta der Universität Frankfurt (shb/sf): Kettenhofweg 51. Wohnungskämpfe in Frankfurt. Frankfurt/M. 1973.
Herding, Richard: Zur Theorieproduktion der Frankfurter Linken Bohème. Teil I und Teil II, in: Kommune, H. 8, S. 67–73, H. 9, S. 65–71.
Horkheimer, Max: Gesammelte Schriften Bd. 14: Nachgelassene Schriften 1949–1972. Frankfurt/M. 1986.
Horn, Stephanie: Abschied vom Kollektiv. Der Frankfurter PflasterStrand. Frankfurt/M. 1989.
Hüllen, Rudolf van: Ideologie und Machtkampf bei den Grünen. Untersuchung zur programmatischen und innerorganisatori-

schen Entwicklung einer deutschen »Bewegungspartei«. Bonn 1990.
Initiativgruppe Umweltschutz: Atomzentrum Hanau. Hanau 1986.
Internationales Jugendzentrum: Dokumentation Hausbesetzung in Rüsselsheim. Rüsselsheim 1973. (Kontakt: Josef Fischer, Waldstr. 33, 609 Rüsselsheim)
Johnsen, Björn: Von der Fundamentalopposition zur Regierungsbeteiligung. Die Entwicklung der GRÜNEN in Hessen 1982–1985. Marburg 1988.
Kleinert, Hubert: Vom Protest zur Regierungspartei. Die Geschichte der Grünen. Frankfurt/M. 1992.
Koenigs, Tom: Tagträume und Nachtschichten. Umweltpolitik in einer großen Stadt. Köln 1992.
Koenigs, Tom (Hg.): Leben in Frankfurt 2010. Frankfurt/M. 1992.
Koenigs, Tom: Vision offener Grünräume. GrünGürtel Frankfurt. Frankfurt/M. 1991.
Krause-Burger, Sibylle: Joschka Fischer – Der Marsch durch die Illusionen. Stuttgart 1997.
Kraushaar, Wolfgang: Autonomie oder Getto? Kontroversen über die Alternativbewegung. Frankfurt/M. 1978.
Kraushaar, Wolfgang (Hg.): Was sollen die Grünen im Parlament? Frankfurt/M. 1983.
Kraushaar, Wolfgang, (Hg.): Die neue Leutseligkeit. In: Dubiel, Helmut (Hg.): Populismus und Aufklärung. Frankfurt/M. 1986.
Kraushaar, Wolfgang: Realpolitik als Ideologie. Von Ludwig August von Rochau zu Joschka Fischer. In: 1999. Zeitschrift für Sozialgeschichte des 20. Jahrhunderts. 3. Jg. H. 3/1988, S. 79–137.
Kraushaar, Wolfgang: Revolte und Reflexionen. Aufsätze. Frankfurt/M. 1990.
Languth, Gerd: Die Entwicklung der Protestbewegung in der Bundesrepublik 1968–1975. Diss. Rheinische Friedrich-Wilhelms-Universität 1975.
Lotta Continua: Arbeiterautonomie in Westdeutschland. Gaiganz: Politladen Erlangen 1974.
Mettke, Jörg S. (Hg.): Die Grünen. Regierungspartner von morgen? Reinbek bei Hamburg 1982.
Mohr, Reinhard: Zaungäste. Frankfurt/M. 1992.
Mosler, Peter: Was wir wollten, was wir wurden. Zeugnisse der Studentenrevolte. Reinbek bei Hamburg 1988 (erweiterte Fassung).
Mündemann, Tobias: Die 68er ... und was aus ihnen geworden ist. München 1988.

Negt, Oskar: Achtundsechzig. Politische Intellektuelle und die Macht. Göttingen 1995.
Ökologiegruppe Frankfurt/M.: Kleines Handbuch für Atomkraftwerksgegner. Ein Leitfaden für den Widerstand. München 1977.
Presse- und Informationsamt der Stadt Frankfurt am Main: Dokumentation zum Polizeieinsatz um das Haus Kettenhofweg 51. Frankfurt/M. 1973.
Raschke, Joachim: Die Grünen, wie sie wurden, was sie sind. Köln 1993.
redaktion diskus (Hg.): Küss den Boden der Freiheit. Texte der neuen Linken. Berlin – Amsterdam 1992.
Reiche, Reimut: Was heißt: Proletarische Familie? Siegburg 1972.
Revolutionärer Kampf (BPG Frankfurt): Arbeitspapiere: 1. Untersuchung – Aktion – Organisation 2. Zur politischen Einschätzung von Lohnkämpfen. Berlin 1971.
Rote Hilfe (Verantwortlich: Ralf W. Scott): Dokumentation der Roten Hilfe zur unmittelbaren Unterdrückung durch Polizei und Justiz. Frankfurt/M. 1972.
Roth, Jürgen; Wenzel, Axel; Häuserrat Frankfurt: Frankfurt Zerstörung – Terror – Folter. Mit Beiträgen von G. Zwerenz, D. Cohn-Bendit, H. Brandt, K. Voigt, J. Fischer. Frankfurt/M. 1974.
Roth, Roland: Frankfurt am Main – Skizzen einer Bewegungsmetropole. In: Frank-Olaf Brauerhoch (Hg.): Frankfurt am Main. Stadt, Soziologie und Kultur. Frankfurt/M. 1991. S. 149–167.
Schehl, Hellmuth: Vor uns die Sintflut? Ökologie, Marxismus und die herrschende Zukunftsgläubigkeit. Berlin 1977.
Schneider, Franz (Hg.): Dienstjubiläum einer Revolte. »1968« und 25 Jahre. München 1992.
Schroeren, Michael (Hg.): Die Grünen. 10 bewegte Jahre. Wien 1990.
Schütte, Johannes: Revolte und Verweigerung. Zur Politik und Sozialpsychologie der Spontibewegung. Gießen 1980.
Sellner, Albert: Die Genossen werden Gourmets. Über die »Frankfurter Szene«. In: Merian – Frankfurt. Hamburg 1985. S. 134–135.
Tolmein, Oliver (Hg.): Ökorepublik Deutschland. Erfahrungen und Perspektiven rot-grüner Zusammenarbeit. Hamburg 1986.
Voigt, Karsten D.: Der Mythos der politischen Kontinuität. Vom Frankfurter SDS zum realpolitischen Flügel der Grünen. In: Die neue Gesellschaft – Frankfurter Hefte 33. Jg. Nr. 6 (Juni 1986)
Weiss, Heipe: Fuchstanz. Frankfurt/M. 1996.

Zeitschriften
(ohne Zeitschriften mit überregionaler Verbreitung)

Autonomie. Frankfurt/M. Jahrgang 1975–1978
Die neue Gesellschaft – Frankfurter Hefte. Bonn. Jahrgang 1986–1987
Diskus. Frankfurt/M. Jahrgang 1968, 1971–1972, 1973–1977
Grüne Hessenzeitung. Frankfurt/M. Jahrgang 1983–1985
ID – Informationsdienst zur Vertreibung unterbliebener Nachrichten. Frankfurt/M. Jahrgang 1975–1978
Journal Frankfurt. Frankfurt/M. Jahrgang 1990–1998
Kommune. Frankfurt/M. Jahrgang 1985
Neue Hanauer Zeitung. Hanau. Jahrgang 1986–1987
PflasterStrand. Frankfurt/M. Jahrgang 1976–1990
stichwort: grün. Frankfurt/M. Jahrgang 1988
Wir wollen alles. München. Jahrgang 1973–1975